REFORMA TRIBUTÁRIA
PEC 45/2019 DESVENDADA E COMENTADA
Texto encaminhado ao Senado Federal em 03/08/2023

Bonafé

Mário Bonafé Jr.

REFORMA TRIBUTÁRIA
PEC 45/2019 DESVENDADA E COMENTADA
Texto encaminhado ao Senado Federal em 03/08/2023

REFORMA TRIBUTÁRIA   -   PEC 45/2019 DESVENDADA E COMENTADA
Mário Bonafé Jr
1ª edição - Setembro de 2023

Dados Internacionais de Catalogação na Publicação (CIP)
(Câmara Brasileira do Livro, SP, Brasil)

Bonafé Jr., Mário
        Reforma tributária : PEC 45/2019 : desvendada e comentada : texto encaminhado ao Senado Federal em 03/08/2023 / Mário Bonafé Jr. - Campinas, SP : Ed. do Autor, 2023.

        ISBN 978-65-00-81236-7

        1. Direito tributário 2. Reforma tributária
3. Reforma tributária - Brasil I. Título.

23-173533   CDU-34:336.2(81)

Índices para catálogo sistemático:
1. Brasil : Reforma tributária : Direito tributário 34:336.2(81)

Tábata Alves da Silva - Bibliotecária - CRB-8/9253

contato@bonafe.net.br   reformatributaria@bonafe.net.br

Agradecimentos

Agradeço a todos que me apoiaram no projeto deste livro, Prof^a. Dr^a. Liney de Mello Gonçalves pela revisão, Alessandra Bonafé Vageler pela diagramação, Carlos Vageler, Dr. Marcelo Gonçalves, Dr. Rodrigo Martins Rosa pelas valiosas sugestões, Ricardo Lotufo Tozzi, Marcelo Baldove, Kamyar Abrarpour, Bráulio Bacchi, amigos e familiares, pelo apoio e incentivo.

Agradeço, em especial, à minha esposa Guacira pelo companheirismo e estímulo, para que este livro pudesse ser elaborado.

Este livro é dedicado
à minha esposa Guacira Lotufo Bonafé

O futuro é moldado pelas ações e decisões do presente.

SUMÁRIO

PREFÁCIO

Toda mudança traz um frio na barriga. Pior ainda, se com um novo panorama, a situação econômico-financeira do indivíduo puder ser afetada. Considerando todo o contexto macro e microeconômico do mundo pós pandemia, com alteração abrupta do panorama mundial, estamos vivenciando um dos momentos legislativos mais relevantes desde a promulgação da Constituição de 1988: a reforma tributária.

Em que pese toda a relevância da matéria, é inegável que não houve tempo suficiente para debater e analisar profundamente os mecanismos propostos e aprovados pela Câmara dos Deputados. Resta-nos agora tentar correr atrás do prejuízo enquanto a matéria ainda está em discussão no Senado.

O autor deste livro, Mário Bonafé Júnior, conseguiu desvendar o complexo emaranhado de normas, siglas e números que compõem a PEC 45/2019. Ele organizou e democratizou o estudo da reforma, trazendo à tona, para o público em geral, a verdadeira armadilha legislativa (ou talvez não) que enfrentaremos com a aprovação do texto pelo Congresso Nacional.

Com uma visão pragmática, fundamentada em anos de experiência na Fazenda Pública, o livro explora o impacto e a relevância do tema na vida de todos os cidadãos. Ele desfaz a ideia de que a matéria tributária diz respeito apenas às grandes empresas, demonstrando que as mudanças na legislação podem tanto melhorar quanto piorar a vida da população em geral.

Lado outro, este é um momento de reflexão em relação ao Poder Judiciário, uma vez que, certamente haverá interpretações na aplicação da lei por parte da justiça, devido à judicialização em massa movida pelos setores mais afetados, que já estão se mobilizando.

Devemos questionar se temos *segurança jurídica* sob a perspectiva da *teoria da tripartição dos poderes* diante de uma mudança tão significativa, ou se iremos presenciar novas interpretações e resultados divergentes do legislador no decorrer do tempo, à medida que uma nova jurisprudência for construída.

Igualmente pertinente, dentro do cenário atual, aproveitar os tópicos e comentários da obra em epígrafe para pensar sobre as formas transversais de arrecadação, exemplificadas pelos fundos estaduais, como o Fundo de Transporte e Habitação (FETHAB) no Mato Grosso, o Fundo Estadual da Infraestrutura (FUNDEINFRA) em Goiás e o Fundo de Desenvolvimento do Sistema Rodoviário do Estado de Mato Grosso do Sul (FUNDERSUL). Será que não poderemos presenciar outras novas modalidades de arrecadação por parte dos entes federativos e respectivos municípios como consequência e resposta à reforma, considerando uma queda na receita?

Enfim, desejo ao leitor sucesso em suas reflexões, que não serão fáceis, e ao Brasil, sorte, sendo iluminado pelo grande arquiteto do universo, já que nossa nacionalidade, dizem, é idêntica. Parabenizo o autor pela coragem de se debruçar em obra autêntica e inédita, em um cenário de incertezas.

Rodrigo Martins Rosa
Advogado e Administrador Judicial
Pós-graduado em Direito Tributário e Processo Tributário
Pós-graduado em Direito Agrário e do Agronegócio
Pós-graduando em MBA em Agronegócios

PRÓLOGO

Estamos numa fase crucial da História do Brasil, em que o Congresso Nacional prepara uma reforma no sistema tributário, com consequentes repercussões econômicas e sociais.

Uma reforma pode ser feita aperfeiçoando o sistema vigente e ajustando os pontos falhos ou de forma revolucionária, abandonando toda experiência acumulada, mudando os paradigmas e tentando algo novo.

A ação do homem e suas escolhas podem repercutir positivamente ou podem ter resultados catastróficos. Não é possível prever o futuro, mas podemos analisar o que se propõe e, sabendo como se comportam as leis de mercado, deduzir o que poderá advir.

O imposto estadual atual, o ICMS, beneficia a origem e destino nas operações interestaduais. O IBS, imposto sobre bens e serviços, passará a beneficiar somente o ente federado de destino da operação com bens ou com serviços.

A legislação tributária, atualmente com milhares de leis e decretos federais, estaduais e municipais, diminuirá drasticamente, passando a ser quase que totalmente de âmbito federal.

Sobre toda operação sujeita ao IBS haverá a incidência da CBS, contribuição social sobre bens e serviços. Ambos os tributos terão o mesmo fato gerador e a mesma base de cálculo. A alíquota da CBS será de 12%, se aprovada a PL 3887/2020.

A alíquota do IBS será única para operações com bens ou com serviços, mas cada ente federado, ou seja, cada Estado, Distrito Federal e cada Município fixará sua alíquota própria deste tributo.

A arrecadação, que é da competência de cada ente federado, passa a ser da responsabilidade de um órgão novo a ser criado, o Conselho Federativo, de estrutura e atribuições similares às de um poder legislativo, ou seja, parte de seus membros será eleita e parte indicada, suas decisões serão de observância obrigatória, não estará subordinado a nenhum órgão federal, estadual ou municipal, tendo independência técnica, administrativa, orçamentária e financeira, também editando normas infralegais relacionadas ao IBS, entre outras atribuições.

Esta obra foi pensada para desvendar todos os meandros da PEC 45/2019 e torná-la de fácil entendimento.

O livro pretende ser útil para todos os que desejam entender com clareza o conteúdo do projeto de Reforma Tributária em pauta.

Mário Bonafé Jr.

INTRODUÇÃO

Esta obra destina-se a todos os que querem entender o que está nos meandros, nas linhas e nas entrelinhas da proposta da Reforma Tributária, além de esclarecer o que está em jogo, instigando a discussão.

As opiniões expressas não são definitivas. Amanhã, face à boa argumentação, podem ser alteradas. Mas urge conhecer do que se trata a proposta de Emenda Constitucional de Reforma Tributária.

Cada capítulo do livro reúne os dispositivos da PEC 45/2019 referentes a um assunto específico: IBS, CBS, Benefícios Fiscais, etc.

Cada tópico da PEC 45/2019 aparece no livro na forma:

a) Texto do dispositivo proposto (artigo, inciso ou alínea), como aparece redigido na PEC;

b) Texto do dispositivo, como está redigido na Constituição Federal em vigor, nos casos de proposta de alteração constitucional;

c) Síntese, parte importante, pois nela pode-se saber exatamente o que se pretende acrescentar ou alterar na Constituição. Na Síntese o dispositivo proposto é transcrito juntando de forma coerente e inteligível as citações legais eventualmente existentes no texto original constante na PEC;

d) Análise ou comentário, se cabível, do tópico e de suas eventuais consequências.

Poderá estar transcrito em mais de um capítulo o dispositivo da PEC que referir-se a mais de um assunto, como por exemplo, IBS e Benefícios Fiscais.

Assim, quem quiser analisar determinado assunto, encontrará reunidos num só capítulo os principais tópicos da PEC 45/2019, a ele referentes.

Mas quem quiser conhecer as sínteses dos tópicos da PEC na mesma ordem em que nela aparecem, pode se reportar ao Apêndice 1, onde temos cada dispositivo ou tópico da PEC 45/2019, na ordem sequencial original, relacionado com os Capítulos do livro onde ele é sintetizado e, quando cabível, analisado e comentado.

A Reforma Tributária proposta extingue alguns tributos e institui outros.

Haverá um novo imposto de competência dos Estados, Distrito Federal e Municípios, o IBS, em substituição ao ICMS e ao ISS,

E serão criados dois novos tributos, de competência da União, a CBS e o imposto sobre produção, comercialização ou importação de bens e serviços prejudiciais à saúde ou ao meio-ambiente, em substituição aos tributos IPI, PIS, "Contribuição Social do empregador incidente sobre sua receita ou faturamento" e "Contribuição Social do importador de bens ou serviços".

Objetivos:

Alguns dos objetivos propalados desta reforma:

- simplificação na legislação e na cobrança de tributos;
- tornar o sistema mais transparente, de forma que a população saiba quais tributos está pagando e seus valores;
- manter o montante decorrente da arrecadação dos tributos que serão extintos, mas reduzir a carga tributária sobre as indústrias e sobre o comércio;
- ter uma só alíquota para todos os produtos e serviços, eliminando as 27 alíquotas dos Estados;
- evitar a cumulatividade;
- acabar com a "guerra fiscal".

Seriam estes propósitos alcançados com a aprovação da PEC 45/2019? Seria essa a melhor forma de alcançar estes objetivos?

Simplificação na legislação e na cobrança de tributos:

Para alcançar a simplificação, está previsto que somente leis federais legislariam sobre o IBS e a CBS, com exceção da fixação das alíquotas, de competência do legislativo de cada ente federado.

Um dos maiores problemas da tributação com o ICMS no Brasil é a sua não uniformidade. A Constituição Federal permitiu que os Estados criassem leis e decretos referentes ao ICMS, versando sobre a forma de incidência, os benefícios fiscais, as isenções, etc., o que tornou sua aplicação extremamente complexa. Há necessidade urgente de reformular e reduzir a legislação. A reforma proposta, ao limitar ao Congresso a competência de criar leis sobre o imposto, poderá tornar a legislação menos complexa.

Sistema mais transparente:

A transparência nas operações existe quando o consumidor sabe quanto está pagando sobre o preço de um bem ou serviço. Provavelmente lei complementar irá determinar como estes valores deverão constar no documento fiscal emitido.

Arrecadação:

A PEC 45/2019, em diversos de seus artigos, prevê que seja mantida a arrecadação nos mesmos níveis atuais.

Será criado um Conselho Federativo, responsável pela arrecadação do IBS e pela distribuição aos entes federados de destino.

Ou seja, o montante arrecadado no Brasil inteiro será distribuído por este Conselho a todos os 26 Estados, Distrito Federal e mais de 5.560 Municípios de destino das operações com bens ou serviços, seguindo as regras estabelecidas na Constituição Federal e em leis complementares.

Cada ente federado analisará as variáveis envolvidas e fixará sua alíquota própria do IBS, podendo assim alterar sua arrecadação ou mantê-la nos mesmos níveis atuais. Entretanto, considerando que parte da arrecadação com o IBS será destinada à implantação e manutenção do Conselho Federativo, haverá aumento da carga tributária, para que não seja reduzido o montante cabível a cada ente federado.

Manter a arrecadação e simultaneamente reduzir a carga tributária sobre a indústria, o comércio ou outro setor da economia somente será possível aumentando a carga tributária sobre outro setor.

De fato, a carga tributária sobre o setor de serviços irá aumentar expressivamente. Atualmente as operações com serviços são oneradas, pelos tributos que serão extintos, em cerca de 8,65%, uma vez que em média as alíquotas praticadas são: 5% a alíquota referente ao ISS, 3% ao COFINS e 0,65% ao PIS.

Veremos que, com o IBS incidindo concomitantemente com a CBS, as operações com serviços serão oneradas em mais de 28%.

Alíquotas:

A PEC 45/2019 determina que cada ente federado fixe sua alíquota própria do IBS. Assim, os 26 Estados, o Distrito Federal e os mais de 5.560 Municípios deverão fixar suas próprias alíquotas. A alíquota do IBS a ser cobrado em cada Município será a soma da sua alíquota própria com a alíquota própria de seu Estado. Desta forma poderemos ter centenas ou milhares de alíquotas diferentes. Uma empresa, ao vender um bem, por exemplo, deverá calcular o IBS a pagar considerando a alíquota do IBS do município de destino. Assim, se um dos objetivos da reforma é reduzir o número de alíquotas, a PEC deverá ser repensada neste aspecto.

Como as alíquotas do IBS serão fixadas pelos entes federados, um Município mais próspero que pretenda manter a mesma arrecadação, se tiver contingente expressivo de consumidores de maior poder aquisitivo, poderá fixar alíquotas menores que os Municípios com consumidores de menor poder aquisitivo.

Por outro lado, um Município cuja população tenha menor capacidade de consumo, para manter a mesma arrecadação dos exercícios anteriores à implantação do IBS, deverá ter alíquota maior. Essa população concentrará seu consumo, provavelmente, em produtos alimentícios para os quais a PEC 45 prevê redução ou isenção do imposto, pouco acrescendo à arrecadação municipal.

Evitar a cumulatividade:

Existe a não-cumulatividade, quando o tributo incide somente sobre o valor adicionado do bem ou do serviço, afastando o "efeito em cascata", em que incide também sobre tributos anteriormente pagos, distorcendo e aumentando o preço final.

O ICMS, o IBS e a CBS são tributos não-cumulativos.

Conforme publicação do Banco Interamericano de Desenvolvimento - BID, numa época em que poucos países utilizavam este tipo de tributação, o Brasil adotou o imposto sobre o valor adicionado (IVA) em nível estadual, em 1967, como ICM, renomeado, em 1988, como ICMS.

Guerra Fiscal:

Como vimos, a arrecadação do IBS beneficiará o destino.

Isso terá profundos reflexos na Zona Franca de Manaus, nos Municípios menos desenvolvidos e nos Municípios que progrediram graças à "guerra fiscal".

Essas regiões são grandes produtoras de bens, mas pouco consomem. Como o IBS não privilegia a produção, mas sim o consumo, as regiões de destino destes produtos receberão o produto da arrecadação com este imposto.

Deve-se atentar para a alegação de que este tipo de tributação é adotado em inúmeros países desenvolvidos. Mas, como todo economista sabe, receita igual para pacientes diferentes pode não ser sempre eficaz. De fato, nos países em que essa receita deu certo, existe certa homogeneidade entre suas regiões, diferentemente do Brasil, com suas dimensões continentais.

A União tomou inúmeras iniciativas para levar o desenvolvimento ao Estado do Amazonas, como incentivos e benefícios fiscais.

Como não poderia fazer isso em todas as regiões carentes do país, muitos Estados e Municípios criaram, eles próprios, incentivos e benefícios fiscais para atrair indústrias, propiciando o surgimento de novos empregos e melhorando a vida da população local. Apesar de amparados pela legislação tributária, possibilitaram concorrência considerada desleal entre empresas e prejuízos a outros estados da federação.

Essas regiões tornaram-se polos industriais, grandes produtoras de bens, mas não são grandes consumidoras. Como vemos, "Guerra Fiscal" é o rótulo dado a um mecanismo que tem objetivos similares aos que levaram à criação da Zona Franca de Manaus. O IBS acabará com a guerra fiscal existente atualmente.

Antes de implantar uma alteração dessa magnitude deve-se analisar as possíveis consequências na estrutura social e econômica dos entes federados, nos índices de desenvolvimento e bem-estar da população, além dos reflexos em setores como a indústria, o comércio e a prestação de serviços.

Como a alíquota para operações com bens será a mesma para operações com serviços, o tratamento fiscal referente à compra de qualquer objeto, que o adquirente eventualmente pode dispensar, será o mesmo tratamento dado ao pagamento por um serviço, que pode não ser dispensável, como serviços médicos, dentários, advocatícios, etc.

Um bem geralmente é de consumo opcional e não de uma necessidade urgente. A população passará a pagar cerca de 3 vezes mais de tributos por uma prestação de serviços.

Será oportuno cobrar sobre um serviço o mesmo imposto que o cobrado sobre um bem?

Que consequências teremos ao destinar a arrecadação com o IBS aos locais de consumo? Vamos analisar isso:

Para a instalação de novas indústrias são considerados inúmeros fatores, entre os quais o custo dos insumos e a proximidade com os centros consumidores, o que barateará o frete.

O custo dos insumos em grandes centros consumidores tenderá a ser menor, uma vez que nestas regiões as alíquotas do IBS tenderão ser mais baixas do que nas regiões menos desenvolvidas do país, como vimos.

Assim, entre os fatores que influenciam decisões sobre a instalação de novas indústrias, teremos os custos menores com fretes e insumos nas proximidades de polos consumidores maiores.

Da mesma forma, as indústrias existentes poderão considerar estes fatores no momento de decidir a conveniência de continuar com suas atividades em outros locais.

Prevendo redução da arrecadação na Zona Franca de Manaus, a PEC 45/2019 estabelece mecanismos de compensação.

Os Municípios que progrediram graças aos incentivos e benefícios fiscais que puderam implementar devem pensar também em mecanismos de compensação.

Outros aspectos da PEC 45/2019 serão comentados neste livro, ao analisar assuntos específicos da PEC como, por exemplo, o referente à implantação do Conselho Federativo e consequências possíveis.

Capítulo 1 - IBS – INSTITUIÇÃO

Art. 156- A

a) PEC 45/2019 Art. 1º - vigência: imediata

"*Art. 156-A. Lei complementar instituirá imposto sobre bens e serviços de competência dos Estados, do Distrito Federal e dos Municípios.*"

b) Constituição Federal - redação atual

Art. 156-A - não há

c) Síntese

O Imposto sobre Bens e Serviços (IBS), de competência dos Estados, Distrito Federal e Municípios será instituído em lei complementar.

d) Análise - Comentários

A Constituição delega à lei complementar a incumbência de instituir o imposto sobre bens e serviços (IBS), de competência dos Estados, Distrito Federal e Municípios.

A competência dos entes federados não é de institui-lo. Não é também de arrecadá-lo ou regulamentá-lo, uma vez que, conforme veremos, essas competências serão de Leis Complementares ou do Conselho Federativo. Este irá arrecadar o imposto e terá independência técnica, administrativa, orçamentária e financeira, com o poder de impor aos entes federativos as regras fiscais, etc. É verdade que 27 membros deste Conselho serão indicados pelos Estados e Distrito Federal e 27 serão eleitos pelos mais de 5.560 Municípios do país, mas as suas resoluções serão de aplicação obrigatória, não importando o que os Poderes Executivo e Legislativo, de um ou mais dos entes federados, julguem ser-lhes mais conveniente.

As competências dos Estados, Distrito Federal e Municípios, conforme proposto nesta PEC, limitam-se na fixação de suas alíquotas e no gerenciamento de parte da arrecadação que o referido Conselho destinar a cada um dos entes federados.

Em outras palavras, com exceção da fixação das alíquotas, não haverá Leis ou Decretos referentes ao IBS, promulgadas pelos Estados, Distrito Federal ou Municípios. Da mesma forma, com exclusividade, o Conselho Federativo expedirá normas e regulamentações, que serão uniformes e de obediência obrigatória em todo o país.

Art. 156-A § 1º I e II

a) PEC 45/2019 Art. 1º - vigência: imediata

"§ 1º O imposto previsto no caput atenderá ao seguinte:

I - incidirá sobre operações com bens materiais ou imateriais, inclusive direitos, ou com serviços;

II - incidirá também sobre a importação de bens materiais ou imateriais, inclusive direitos, ou de serviços realizada por pessoa física ou jurídica, ainda que não seja contribuinte habitual do imposto, qualquer que seja a sua finalidade;"

b) Constituição Federal - redação atual

Art. 156-A § 1º I - não há

c) Síntese

O IBS incidirá sobre operações com bens materiais, imateriais, direitos e serviços, incluindo as importações realizadas por pessoa física ou jurídica.

d) Análise - Comentários

Bens e serviços terão igual tratamento, o mesmo imposto e a mesma alíquota.

Entretanto, bens e serviços são elementos de naturezas distintas, que aparentemente requerem tratamentos distintos. Colocar num mesmo patamar bens e serviços poderá afetar a estrutura econômica atual.

Seria como se, numa banca de supermercado, para simplificar a exposição dos produtos, fossem colocados na mesma prateleira alimentos de naturezas distintas: bananas e peixes, por exemplo.

Atualmente as alíquotas do imposto sobre circulação com bens são, em média, são superiores a 17% e as com serviços, limitadas a 5%.

Com uma só alíquota para operações com bens e operações com serviços, a carga tributária sobre serviços irá aumentar.

O setor de serviços é um dos motores que movem a sociedade. Atualmente já é considerável no orçamento doméstico o peso financeiro do tributo sobre serviços, incidente sobre consultas médicas, advocatícias, sobre serviços das oficinas mecânicas, elétricas e demais prestadores de serviços que diariamente atendem à população. Com o novo imposto o peso financeiro sobre serviços deverá, no mínimo, triplicar, se considerarmos somente o IBS. Atrelado ao IBS, necessariamente estará a CBS, onerando mais ainda este setor.

No Apêndice 3, temos uma projeção estimando as alíquotas a serem praticadas.

Art. 156-A § 1º III
a) PEC 45/2019 Art. 1º - vigência: imediata

"III - não incidirá sobre as exportações, assegurada ao exportador a manutenção dos créditos relativos às operações nas quais seja adquirente de bem, material ou imaterial, ou de serviço, observado o disposto no § 5º, III;"

b) Constituição Federal - redação atual

Art. 156-A § 1º III - não há

c) Síntese

O IBS não incidirá sobre as exportações, assegurada a manutenção e o aproveitamento dos créditos relativos às operações e prestações anteriores, na forma a ser disposta em lei complementar.

d) Análise - Comentários

O IBS não incidirá sobre exportações. O exportador poderá manter o crédito referente às operações anteriores ocorridas com essa mercadoria.

Art. 156-A § 1º IV
a) PEC 45/2019 Art. 1º - vigência: imediata

"IV - terá legislação única aplicável em todo o território nacional, ressalvado o disposto no inciso V;"

b) Constituição Federal - redação atual

Art. 156-A § 1º IV - não há

c) Síntese

O IBS terá legislação única aplicável em todo o território nacional, com exceção das alíquotas deste imposto, que serão fixadas por leis próprias de cada Município, Estado e Distrito Federal.

d) Análise - Comentários

Pretende-se que não exista legislação estadual, distrital e municipal para o IBS, mas tão somente federal, com exceção da que se referir à fixação de alíquotas deste imposto.

Da mesma forma, toda normatização será elaborada pelo Conselho Federativo, órgão independente, não subordinado a algum ente federado, conforme o texto da PEC 45.

No caso do ICMS, a Constituição e as Leis federais facultaram aos entes federados a possibilidade de instituírem leis tributárias diversas, o que resultou em milhares de normas a serem seguidas.

No caso do IBS pretende-se manter a legislação restrita à Constituição e Leis Complementares. As normas e regulamentações, por outro lado, serão de competência do Conselho Federativo do IBS.

Esse Conselho Federativo, de forma semelhante aos poderes legislativos previstos na Constituição, terá seus membros eleitos e suas decisões terão força legal. Terá um papel equivalente ao Poder Legislativo, portanto, encarregado de criar regras tributárias que deverão ser necessariamente obedecidas pelos entes federados e pelos contribuintes.

Art. 156-A § 1º V

a) PEC 45/2019 Art. 1º - vigência: imediata

"V - cada ente federativo fixará sua alíquota própria por lei específica;"

b) Constituição Federal - redação atual

Art. 156-A § 1º V - não há

c) Síntese

Cada Estado, o Distrito Federal e cada Município deverá fixar sua alíquota do IBS, através de lei específica.

d) Análise - Comentários

Não haverá uma alíquota única de IBS no país.

Os 26 Estados, o Distrito Federal e os mais de 5.560 Municípios do Brasil deverão, cada um deles através de leis próprias, fixar sua alíquota, que poderá ser diferente da dos demais entes federados.

Para fixar suas alíquotas, os entes federados deverão analisar, inclusive, como será feita a distribuição da arrecadação do IBS, minimizando a possibilidade de ter perda de receita. Esta distribuição será regulamentada na Constituição nos termos da PEC 45 /2019 e em Leis Complementares.

Art. 156-A § 1º VI

a) PEC 45/2019 Art. 1º - vigência: imediata

"VI - a alíquota fixada pelo ente federativo na forma do inciso V será a mesma para todas as operações com bens ou serviços, ressalvadas as hipóteses previstas nesta Constituição;"

b) Constituição Federal - redação atual

Art. 156-A § 1º VI - não há

c) Síntese

Cada ente federativo fixará uma só alíquota, que será aplicada em todas as operações com bens ou com serviços, ressalvando eventual previsão neste sentido constante na Constituição Federal.

d) Análise - Comentários

Num mesmo Município de destino, as operações com bens e as operações com serviços terão a mesma alíquota do IBS, com exceção das hipóteses previstas na Constituição.

Observa-se que, como cada ente federado fixará sua alíquota, ela poderá não ser a mesma em todos os mais de 5.560 municípios do país.

Art. 156-A § 1º VII

a) PEC 45/2019 Art. 1º - vigência: imediata

"VII - será cobrado pelo somatório das alíquotas do Estado e do Município de destino da operação;"

b) Constituição Federal - redação atual

Art. 156-A § 1º VII- não há

c) Síntese

A alíquota do IBS a ser aplicada, para cada operação com bem ou com serviço, será a resultante da soma da alíquota fixada pelo Município de destino da referida operação com a alíquota fixada pelo seu Estado.

d) Análise - Comentários

A alíquota do IBS em cada Município será igual à soma da alíquota própria deste Município com a alíquota própria de seu Estado.

Temos mais de 5.560 Municípios no Brasil e poderemos ter alíquotas diferentes em cada um deles.

Da mesma forma, os Estados, o Distrito Federal e os Municípios terão liberdade para fixar suas alíquotas.

As alíquotas fixadas pelos entes federados deverão ser fixadas de forma a preservar a receita que auferiam antes da extinção do ICMS e do ISS.

Como veremos, ao fixar suas alíquotas os entes federados deverão levar em conta, entre outras variáveis, a variação da receita, positiva ou negativa, devido ao fato de que a incidência do imposto passará a ser integralmente no destino, privilegiando assim os municípios de maior consumo. Será importante, por outro lado, levar em conta as regras de distribuição da receita com o IBS. Até 2098, o montante arrecadado não irá integralmente ao ente de destino das operações sujeitas ao IBS, mas será distribuído nos termos dos artigos do ADCT.

Art. 156-A § 1º VIII

a) PEC 45/2019 Art. 1º - vigência: imediata

"VIII - com vistas a observar o princípio da neutralidade, será não cumulativo, compensando-se o imposto devido pelo contribuinte com o montante cobrado sobre todas as operações nas quais seja adquirente de bem, material ou imaterial, inclusive direito, ou de serviço, excetuadas exclusivamente as consideradas de uso ou consumo pessoal, nos termos da lei complementar, e as hipóteses previstas nesta Constituição;"

b) Constituição Federal - redação atual

Art. 156-A § 1º VIII - não há

c) Síntese

O IBS será não-cumulativo, compensando-se o tributo devido com o montante anteriormente cobrado, exceto nas operações consideradas de uso e consumo do adquirente, nos termos da lei complementar e nas hipóteses previstas na Constituição Federal.

d) Análise - Comentários

A exemplo do ICMS, o contribuinte pagará o IBS somente sobre o valor agregado. O contribuinte, situado em qualquer localidade, deverá saber a alíquota do IBS de cada um dos locais de destino de seus produtos ou serviços, uma vez que cada Município do país poderá ter uma alíquota diferente dos demais.

Para possibilitar a fiscalização dos lançamentos, provavelmente o Conselho Federativo irá estabelecer regras para o contribuinte lançar em sua escrita fiscal os valores de IBS debitados, indicando cada um dos Municípios de destino de seus produtos ou serviços, com suas respectivas alíquotas. E lançará a crédito todos os valores de IBS referentes às suas aquisições de insumos, bens ou serviços, que foram recolhidos a favor Município onde está estabelecido.

Art. 156-A § 1º IX

a1) PEC 45/2019 Art. 1º - vigência: imediata

"IX - não integrará sua própria base de cálculo nem a dos tributos previstos nos arts. 153, VIII, 155, II, 156, III, e 195, V;"

Art. 156-A § 1º IX

a2) PEC 45/2019 Art. 4º - vigência: 2033

"IX - não integrará sua própria base de cálculo nem a dos tributos previstos nos arts. 153, VIII e 195, V;"

b) Constituição Federal - redação atual

Art. 156-A - não há

c) Síntese

O IBS não integrará sua própria base de cálculo, nem a base de cálculo dos tributos:

- Imposto sobre produção, comercialização ou importação de bens e serviços prejudiciais à saúde ou ao meio-ambiente,
- ICMS (até 31/12/2032),
- ISS (até 31/12/2032) e
- CBS.

d) Análise - Comentários

O IBS não integrará sua própria base de cálculo. Não integrará também a base de cálculo dos tributos: IBSP (imposto sobre produção, comercialização ou importação de bens e serviços prejudiciais à saúde ou ao meio-ambiente), ICMS, do ISS e CBS.

Art. 156-A § 1º X

a) PEC 45/2019 Art. 1º - vigência: imediata

"X - não será objeto de concessão de incentivos e de benefícios financeiros ou fiscais relativos ao imposto ou de regimes específicos, diferenciados ou favorecidos de tributação, excetuadas as hipóteses previstas nesta Constituição;"

b) Constituição Federal - redação atual

Art. 156-A § 1º X - não há

c) Síntese

O IBS não será objeto de concessão de incentivos e benefícios financeiros ou fiscais relativos ao imposto ou de regimes específicos, diferenciados ou favorecidos de tributação, excetuadas as hipóteses previstas nesta Constituição.

d) Análise - Comentários

Fica reservada à Constituição Federal a concessão de incentivos e benefícios financeiros ou fiscais relativos ao IBS ou de regimes específicos, diferenciados ou favorecidos de tributação.

Art. 156-A § 1º XI

a) PEC 45/2019 Art. 1º - vigência: imediata

"XI - não incidirá nas prestações de serviço de comunicação nas modalidades de radiodifusão sonora e de sons e imagens de recepção livre e gratuita; e"

b) Constituição Federal - redação atual

Art. 156-A § 1º XI - não há

c) Síntese

O IBS não incidirá nas prestações de serviço de comunicação nas modalidades de radiodifusão sonora e de sons e imagens de recepção livre e gratuita.

d) Análise - Comentários

O IBS não incidirá nos serviços de comunicação das TVs abertas ou emissoras de rádio. A imunidade em questão implica a anulação do crédito relativo às operações anteriores, salvo se houver previsão em contrário em lei complementar.

Art. 156-A § 1º XII

a) PEC 45/2019 Art. 1º - vigência: imediata

"XII - resolução do Senado Federal fixará alíquota de referência do imposto para cada esfera federativa, nos termos de lei complementar, que será aplicada salvo disposição em contrário em lei específica, nos termos do disposto no inciso V deste parágrafo."

b) Constituição Federal - redação atual

Art. 156-A § 1º XII - não há

c) Síntese

O IBS terá uma alíquota de referência para cada esfera federativa, que, nos termos de lei complementar, será fixada por Resolução do Senado Federal.

Lei específica do ente federado poderá fixar alíquota própria diferente da alíquota de referência fixada pelo Senado, conforme determina o inciso V deste parágrafo.

d) Análise - Comentários

A alíquota própria, no período de 2029 a 2098, fixada por cada Estado, Distrito Federal ou Município, não poderá ser inferior a 90,3% da sua alíquota de referência, conforme determina o artigo 131 do ADCT.

As alíquotas de referência do IBS, fixadas pelo Senado, por outro lado, poderão ser adotadas pelos entes federados na fixação da alíquota própria do IBS.

Art. 156-A § 2º

a) PEC 45/2019 Art. 1º - vigência: imediata

"§ 2º Para fins do disposto no § 1º, V, o Distrito Federal exercerá as competências estadual e municipal na fixação de suas alíquotas."

b) Constituição Federal - redação atual

Art. 156-A § 2º- não há

c) Síntese

O Distrito Federal fixará duas alíquotas, a alíquota própria referente à sua competência estadual e a de competência municipal, que somadas resultarão na alíquota de IBS a ser ali aplicada.

Art. 156-A § 3º

a) PEC 45/2019 Art. 1º - vigência: imediata

"§ 3º Lei complementar poderá definir como sujeito passivo do imposto a pessoa que concorrer para a realização, a execução ou o pagamento da operação, ainda que residente ou domiciliada no exterior."

b) Constituição Federal - redação atual

Art. 156-A § 3º- não há

c) Síntese

O sujeito passivo do IBS será definido em lei complementar, podendo ser quem concorra para a realização, a execução ou o pagamento da operação, ainda que residente ou domiciliado no exterior.

d) Análise - Comentários

A lei complementar definirá quem é sujeito passivo do IBS, podendo ser qualquer pessoa que concorrer para a realização de uma operação, execução ou pagamento, ainda que residente ou domiciliado no exterior.

Por exemplo, um intermediador de venda ou locação poderá ser considerado sujeito passivo do IBS. Uma plataforma de vendas pela Internet, mesmo que tenha sua sede no exterior, pode ser enquadrada na definição de sujeito passivo do IBS, uma vez que concorre para a realização de operações com bens, gerenciando ou não os pagamentos ocorridos.

Art. 156-A § 4º I

a) PEC 45/2019 Art. 1º - vigência: imediata

"§ 4º Para fins de distribuição do produto da arrecadação do imposto, o Conselho Federativo do Imposto sobre Bens e Serviços:

I - reterá montante equivalente ao saldo acumulado de créditos do imposto não compensados pelos contribuintes ou não ressarcidos ao final de cada período de apuração; e"

b) Constituição Federal - redação atual

Art. 156-A § 4º I - não há

c) Síntese

Para fins de distribuição do produto da arrecadação do IBS, o Conselho Federativo do Imposto sobre Bens e Serviços reterá montante equivalente ao saldo acumulado de créditos do imposto não compensados pelos contribuintes ou não ressarcidos ao final de cada período de apuração.

d) Análise - Comentários

O Conselho Federativo, ao final de cada período de apuração, contabilizará os montantes de saldo credor do IBS de todos os contribuintes que eventualmente os tiverem, e reterá valor correspondente à soma deles (ver também a análise do Art. 156-A § 4º II).

Art. 156-A § 4º II

a) PEC 45/2019 Art. 1º - vigência: imediata

"II - distribuirá o montante excedente ao ente federativo de destino das operações que não tenham gerado creditamento na forma prevista no § 1º, VIII, segundo o disposto no § 5º, I e IV, ambos do art. 156-A."

b) Constituição Federal - redação atual

Art. 156-A § 4º II - não há

c) Síntese

O Conselho Federativo do Imposto sobre Bens e Serviços deduzirá da arrecadação o montante referente aos créditos não compensados e distribuirá o excedente ao ente federado de destino das operações que não tenham gerado creditamento.

d) Análise - Comentários

Ao final de cada período de apuração, o valor arrecadado do IBS será distribuído aos entes federados de destino das operações, mas será retido, antes disso, o valor correspondente à soma dos saldos não compensados de todos os contribuintes que eventualmente os tiverem.

As regras gerais de distribuição da arrecadação entre os entes federados, no período de transição, estão dispostas no ADCT.

Entende-se por crédito não compensado, de cada contribuinte, o saldo credor que ocorrerá quando, ao final de um período de apuração, o débito referente às suas saídas for inferior ao crédito referente às suas entradas.

Nos termos do inciso VIII do § 1º, não geram crédito do imposto as operações nas quais consumidores finais sejam adquirentes de bem, material ou imaterial, inclusive direito, ou de serviço. Assim, ao usar a expressão "operações que não tenham gerado creditamento" o inciso II deste § 4º poderá ser interpretada como: o Conselho Federativo, após as retenções previstas, distribuirá ao ente federado somente o montante correspondente às aquisições feitas por consumidores finais ou em casos previstos na Constituição, uma vez que somente as operações destinadas a consumidores finais não geram direito ao crédito.

Art. 156-A § 5º I

a) PEC 45/2019 Art. 1º - vigência: imediata

"§ 5º Lei complementar disporá sobre:

I - as regras para a distribuição do produto da arrecadação do imposto, disciplinando, entre outros aspectos:

a) a sua forma de cálculo;

b) o tratamento em relação às operações em que o imposto não seja recolhido tempestivamente;

c) as regras de distribuição aplicáveis aos regimes específicos e diferenciados de tributação previstos nesta Constituição;"

b) Constituição Federal - redação atual

Art. 156-A § 5° I - não há

c) Síntese

A lei complementar disporá sobre as regras para a distribuição do produto da arrecadação do IBS, tais como a forma de cálculo, o tratamento em relação às operações em que o imposto não seja recolhido tempestivamente e as regras de distribuição aplicáveis aos regimes específicos e diferenciados de tributação.

Art. 156-A § 5° II

a) PEC 45/2019 Art. 1° - vigência: imediata

"II - o regime de compensação, podendo estabelecer hipóteses em que o aproveitamento do crédito ficará condicionado à verificação do efetivo recolhimento do imposto incidente sobre a operação, desde que:

a) o adquirente possa efetuar o recolhimento do imposto incidente nas suas aquisições de bens ou serviços; ou

b) o recolhimento do imposto ocorra na liquidação financeira da operação;"

b) Constituição Federal - redação atual

Art. 156-A § 5° II - não há

c) Síntese

Lei complementar disporá sobre o regime de compensação do IBS, podendo estabelecer hipóteses condicionando o aproveitamento do crédito à verificação do efetivo recolhimento do imposto incidente sobre a operação, desde que o adquirente possa recolher o imposto ou o recolhimento do imposto ocorra no momento do pagamento da operação.

d) Análise - Comentários

A lei complementar poderá condicionar o aproveitamento do crédito à verificação do efetivo recolhimento do imposto. Neste caso, para poder se creditar, o contribuinte deverá certificar-se antes se o imposto foi devidamente recolhido. A lei complementar deverá indicar como fazer essa comprovação para cada operação sujeita ao IBS.

Art. 156-A § 5º III

a) PEC 45/2019 Art. 1º - vigência: imediata

"III - a forma e o prazo para ressarcimento de créditos acumulados pelo contribuinte;"

b) Constituição Federal - redação atual

Art. 156-A § 5º III - não há

c) Síntese

Lei complementar disporá sobre como o contribuinte deve proceder para ser ressarcido do crédito acumulado do IBS e que prazo terá para tanto.

d) Análise - Comentários

Para evitar acúmulo de crédito não compensado, a lei complementar deverá dispor sobre prazos e mecanismos para transferência ou ressarcimento dos montantes correspondentes.

Art. 156-A § 5º IV

a) PEC 45/2019 Art. 1º - vigência: imediata

"IV - os critérios para a definição do ente de destino da operação, que poderá ser, inclusive, o local da entrega, da disponibilização ou da localização do bem, o da prestação ou da disponibilização do serviço ou o do domicílio ou da localização do adquirente do bem ou serviço, admitidas diferenciações em razão das características da operação;"

b) Constituição Federal - redação atual

Art. 156-A § 5º IV - não há

c) Síntese

Lei complementar definirá o conceito de "ente de destino da operação" sujeita ao IBS. Poderá definir este conceito levando em conta o local da entrega do bem, o local da prestação do serviço, o local da disponibilização dos mesmos, a localização do adquirente, as características do bem etc.

d) Análise - Comentários

A arrecadação com o IBS beneficia o ente federado de destino das operações com bens ou serviços. A lei complementar disporá sobre a definição de ente federado de destino das operações sujeitas ao IBS.

No caso do ICMS, em operações interestaduais, são beneficiados com a arrecadação ambos os Estados envolvidos: parte da arrecadação fica com o Estado de origem e parte com o Estado de destino. Em operações dentro do Estado, o beneficiado com a arrecadação é o próprio Estado, origem e destino da operação.

No caso do ISS, a lei complementar 116/2003 determina quem fica com a arrecadação do ISS, podendo ser o Município onde se localiza o prestador de serviço ou o Município de destino, onde o serviço é prestado.

Qual seria o melhor sistema de distribuição da arrecadação: aquele que beneficia a origem e a produção? Aquele que beneficia o consumo? Ou aquele que reparte a arrecadação entre os Municípios que produzem, origem dos bens, e os Municípios que consomem, destino dos bens?

O melhor sistema, provavelmente, é o que promove homogeneamente o desenvolvimento das regiões do país.

Art. 156-A § 5º V "a"

a) PEC 45/2019 Art. 1º - vigência: imediata

"V - os regimes específicos de tributação para:

a) combustíveis e lubrificantes sobre os quais o imposto incidirá uma única vez, qualquer que seja a sua finalidade, hipótese em que:

1. serão uniformes as alíquotas em todo o território nacional, podendo ser específicas, por unidade de medida, e diferenciadas por produto, admitida a não aplicação do disposto no § 1º, V a VII;

2. será vedada a apropriação de créditos em relação às aquisições dos produtos de que trata esta alínea destinados a distribuição, comercialização ou revenda; e

3. será concedido crédito nas aquisições dos produtos de que trata esta alínea por contribuinte do imposto, observado o disposto no item 2 e no § 1º, VIII;"

b) Constituição Federal - redação atual

Art. 156-A § 5º V "a"- não há

c) Síntese

Lei complementar disporá sobre regimes específicos de tributação do IBS para Combustíveis e Lubrificantes.

Para esses produtos o IBS incidirá uma só vez, podendo haver uma alíquota para cada produto. Essa alíquota será uniforme em todo território nacional, não se aplicando as alíquotas fixadas pelos entes federados.

Na distribuição, comercialização ou revenda desses produtos não será admitida a apropriação do crédito do IBS.

A apropriação do crédito será permitida para contribuintes do IBS, desde que não seja para distribuição, comercialização ou revenda.

d) Análise - Comentários

A lei complementar irá definir regime específico de tributação para combustíveis e lubrificantes, sendo que o IBS incidirá uma única vez.

As alíquotas serão uniformes em todo território nacional, não sendo aplicadas as fixadas pelos entes federados.

Fica vedado o crédito do imposto se a aquisição for feita para distribuição, comercialização ou revenda. Nos demais casos de aquisição por contribuinte do IBS, será permitido o crédito.

Conclui-se que, além das inúmeras alíquotas previstas com a possibilidade de sua fixação por cada um dos Municípios, Estados e Distrito Federal, existirão outras, como a aqui prevista, fixadas por lei complementar, que os fornecedores de bens e serviços deverão utilizar em suas operações.

Art. 156-A § 5º V "b"

a) PEC 45/2019 Art. 1º - vigência: imediata

"b) serviços financeiros, operações com bens imóveis, planos de assistência à saúde e concursos de prognósticos, podendo prever:

1. alterações nas alíquotas, nas regras de creditamento e na base de cálculo, admitida, em relação aos adquirentes dos bens e serviços de que trata esta alínea, a não aplicação do disposto no § 1º, VIII;

2. hipóteses em que o imposto será calculado com base na receita ou no faturamento, com alíquota uniforme em todo o território nacional, admitida a não aplicação do disposto no § 1º, V a VII, e, em relação aos adquirentes dos bens e serviços de que trata esta alínea, também do disposto no § 1º, VIII;"

b) Constituição Federal - redação atual

Art. 156-A § 5º V "b"- não há

c) Síntese

Lei complementar disporá sobre regime específico de tributação do IBS para:

Serviços Financeiros

Operações com Bens Imóveis

Planos de Assistência à Saúde

Concursos de Prognósticos

Lei complementar disporá sobre essas operações, podendo prever alterações nas alíquotas aplicáveis, alteração nas regras de creditamento e alteração na base de cálculo. Determinará também as hipóteses em que o IBS incidirá sobre a receita ou faturamento, com alíquota uniforme em todo o país, não se aplicando as alíquotas fixadas pelos entes federados.

Em relação aos adquirentes dos bens e serviços, poderá não ser aplicado, também, o princípio da não-cumulatividade do IBS.

Regulamentação Constitucional
Ref.: Art. 156-A § 5º V "b"
a) PEC 45/2019 Art. 10 I - vigência: imediata

"Art. 10 - Para fins do disposto no art. 156-A, § 5º, V, 'b', da Constituição Federal, consideram-se:

I - serviços financeiros:

a) operações de crédito, câmbio, seguro, resseguro, consórcio, arrendamento mercantil, faturização, securitização, previdência privada, capitalização, arranjos de pagamento, operações com títulos e valores mobiliários, inclusive negociação e corretagem, e outras que impliquem captação, repasse, intermediação, gestão ou administração de recursos; e

b) outros serviços prestados por entidades administradoras de mercados organizados, infraestruturas de mercado e depositárias centrais, e por instituições autorizadas a funcionar pelo Banco Central do Brasil, na forma de lei complementar;"

b) Síntese

Lei complementar disporá sobre regime específico de tributação do IBS para os serviços financeiros que seguem relacionados:

a) operações de crédito, câmbio, seguro, resseguro, consórcio, arrendamento mercantil, faturização, securitização, previdência privada, capitalização, arranjos de pagamento, operações com títulos e valores mobiliários, inclusive negociação e corretagem, e outras que impliquem captação, repasse, intermediação, gestão ou administração de recursos; e

b) outros serviços prestados por entidades administradoras de mercados organizados, infraestruturas de mercado e depositárias centrais, e por instituições autorizadas a funcionar pelo Banco Central do Brasil, na forma de lei complementar.

Regulamentação Constitucional
Ref.: Art. 156-A § 5º V "b"
a) PEC 45/2019 Art. 10 II - vigência: imediata

"Art. 10 II - operações com bens imóveis:

a) construção e incorporação imobiliária;

b) parcelamento do solo e alienação de bem imóvel;

c) locação e arrendamento de bem imóvel; e

d) administração e intermediação de bem imóvel."

b) Síntese

Lei complementar disporá sobre regime específico de tributação do IBS para as operações com bens imóveis que seguem relacionadas:

a) construção e incorporação imobiliária;

b) parcelamento do solo e alienação de bem imóvel;

c) locação e arrendamento de bem imóvel; e

d) administração e intermediação de bem imóvel

Regulamentação Constitucional

Ref.: Art. 156-A § 5º V "b"

a) PEC 45/2019 Art. 10 § Único - vigência: imediata

"Art. 10 Parágrafo único. Em relação às instituições financeiras bancárias:

I - não se aplica o regime específico de que trata o art. 156-A, § 5º, V, 'b', da Constituição Federal aos serviços remunerados por tarifas e comissões, observado o disposto nas normas expedidas pelas entidades reguladoras; e"

II - os demais serviços financeiros sujeitam-se ao regime específico de que trata o art. 156-A, § 5º, V, 'b', da Constituição Federal, devendo as alíquotas e a base de cálculo ser definidas de modo a não elevar o custo das operações de crédito relativamente à tributação da receita decorrente de tais serviços na data da promulgação desta Emenda Constitucional."

b) Síntese

Em relação às instituições financeiras bancárias:

O regime específico de tributação do IBS a ser regulamentado por lei complementar não se aplica aos serviços remunerados por tarifas e comissões relacionados a instituições financeiras bancárias, observado o disposto nas normas expedidas pelas entidades reguladoras.

Os demais serviços financeiros realizados por instituições financeiras bancárias sujeitam-se a regime específico de tributação do IBS a ser regulamentado por lei complementar , devendo as alíquotas e a base de cálculo ser definidas de modo a não elevar o custo das operações de crédito relativamente à tributação da receita decorrente de tais serviços na data da promulgação desta Emenda Constitucional.

Art. 156-A § 5º V "c"

a) PEC 45/2019 Art. 1º - vigência: imediata

"c) operações contratadas pela administração pública direta, por autarquias e por fundações públicas, podendo prever hipóteses de:

1. não incidência do imposto e da contribuição prevista no art. 195, V, admitida a manutenção dos créditos relativos às operações anteriores; e

2. destinação integral do produto da arrecadação do imposto e da contribuição prevista no art. 195, V, ao ente federativo contratante, mediante redução a zero das alíquotas dos demais entes e elevação da alíquota do ente contratante em idêntico montante;"

b) Constituição Federal - redação atual

Art. 156-A § 5º V "c"- não há

c) Síntese

Lei complementar disporá sobre regime específico de tributação do IBS sobre operações contratadas pela administração pública direta, por autarquias e por fundações públicas. Este regime de tributação:

- poderá prever a possibilidade de não incidência do IBS e da CBS, podendo ser mantido os créditos relativos a operações anteriores e
- poderá prever a possibilidade de destinação integral do valor do IBS e da CBS arrecadados ao ente federativo contratante; neste caso as alíquotas dos demais entes serão reduzidas a zero e a alíquota do ente contratante será elevada em igual montante.

d) Análise - Comentários

A lei complementar disporá sobre o regime específico de tributação sobre operações contratadas por entidades relacionadas com a administração pública.

Assim, poderá haver a não incidência do IBS e da CBS nas operações em questão. Neste caso, os créditos dos fornecedores de produtos e serviços, referentes a operações anteriores, poderá ser mantido.

Há também a possibilidade de destinar a arrecadação integral do IBS e da CBS ao ente federado contratante, ou seja:

- As operações contratadas por entidades relacionadas com a administração pública federal terão a alíquota do IBS reduzida a zero e o montante correspondente destinado integralmente à União.
- As operações contratadas por entidades relacionadas com a administração pública estadual terão a parcela municipal da alíquota do IBS reduzida a zero e a parcela estadual elevada no mesmo valor, sendo que o montante da CBS federal teria destinação integral ao Estado em questão.
- As operações contratadas por entidades relacionadas com a administração pública municipal terão a parcela estadual da alíquota do IBS reduzida a zero e a parcela municipal elevada no mesmo valor, sendo que o montante da CBS federal teria destinação integral ao Município em questão.

Art. 156-A § 5º V "d"

a) PEC 45/2019 Art. 1º - vigência: imediata

"d) sociedades cooperativas, que será optativo, com vistas a assegurar sua competitividade, observados os princípios da livre concorrência e da isonomia tributária, definindo, inclusive:

1. as hipóteses em que o imposto não incidirá sobre as operações realizadas entre a sociedade cooperativa e seus associados, entre estes e aquela e pelas sociedades cooperativas entre si quando associadas para a consecução dos objetivos sociais; e

2. o regime de aproveitamento do crédito das etapas anteriores;"

b) Constituição Federal - redação atual

Art. 156-A § 5º V "d" - não há

c) Síntese

Lei complementar disporá sobre regime específico de tributação do IBS para sociedades cooperativas, que será optativo, definindo as hipóteses em que o IBS não incidirá sobre as operações realizadas entre a sociedade cooperativa e seus associados e entre sociedades cooperativas quando associadas para a consecução dos objetivos sociais. A lei complementar deverá também dispor sobre o regime de aproveitamento do crédito das etapas anteriores.

d) Análise - Comentários

Na redação dada temos: "... operações realizadas entre a sociedade cooperativa e seus associados, entre estes e aquela ...".

"Operações entre a cooperativa e seus associados" e "entre os associados e a cooperativa" parece ser a mesma coisa.

Talvez o legislador quisesse dizer "... operações realizadas entre a sociedade cooperativa e seus associados, bem como as realizadas entre os seus associados ..." - a conferir.

Art. 156-A § 5º V "e"

a) PEC 45/2019 Art. 1º - vigência: imediata

"e) serviços de hotelaria, parques de diversão e parques temáticos, bares e restaurantes e aviação regional, podendo prever hipóteses de alterações nas alíquotas e nas regras de creditamento, admitida a não aplicação do disposto no § 1º, V a VIII;"

b) Constituição Federal - redação atual

Art. 156-A § 5º V "e" - não há

c) Síntese

Lei complementar disporá sobre regimes específicos de tributação do IBS para serviços de hotelaria, parques de diversão e parques temáticos, restaurantes e aviação regional. Nestes casos poderá haver alteração das alíquotas, não se aplicando as alíquotas fixadas pelos entes federados. Poderá não ser aplicado, também, o dispositivo da não-cumulatividade do IBS.

Art. 156-A § 5º VI

a) PEC 45/2019 Art. 1º - vigência: imediata

"VI - a forma como poderá ser reduzido o impacto do imposto sobre a aquisição de bens de capital pelo contribuinte;"

b) Constituição Federal - redação atual

Art. 156-A § 5º VI - não há

c) Síntese

A lei complementar disporá sobre a forma de reduzir o impacto do IBS sobre a aquisição de bens de capital.

d) Análise - Comentários

Lei complementar deverá definir como reduzir o impacto da incidência do IBS sobre aquisição de bem de capital.

Art. 156-A § 5º VII

a) PEC 45/2019 Art. 1º - vigência: imediata

"VII - o processo administrativo fiscal do imposto;"

b) Constituição Federal - redação atual

Art. 156-A § 5º VII - não há

c) Síntese

Lei complementar determinará como será regulamentado o processo administrativo fiscal do IBS.

Art. 156-A § 5º VIII

a) PEC 45/2019 Art. 1º - vigência: imediata

"VIII - as hipóteses de devolução do imposto a pessoas físicas, inclusive os limites e os beneficiários, com o objetivo de reduzir as desigualdades de renda; e"

b) Constituição Federal - redação atual

Art. 156-A § 5º VIII - não há

c) Síntese

Para reduzir desigualdades de renda, Lei Complementar disporá sobre como será devolvido o IBS a pessoas físicas, em que limites e como selecionar os beneficiários.

d) Análise - Comentários

Devolver algo indica que esse algo foi cobrado ou tirado anteriormente.

No que respeita ao Imposto sobre a Renda fica mais simples eventualmente devolver o tributo pago por contribuintes com menor renda, como ocorre em alguns países desenvolvidos.

No caso do IBS, a tarefa é mais complexa, pois, para devolvê-lo a pessoas físicas, há que se identificar, em primeiro lugar, cada um que fará jus à devolução e, a seguir conferir cada um dos comprovantes dos valores por ela pagos, em aquisições que fez, oneradas pelo imposto. O custo para manter uma estrutura de checagem poderia tornar esse método inviável.

Uma alternativa a essa devolução, no caso de ser impossível saber o valor cabível a ser devolvido, seria identificar os bens e serviços comumente utilizados por pessoas físicas menos favorecidas e reduzir a zero as alíquotas dos tributos que neles incidem.

Art. 156-A § 5º IX

a) PEC 45/2019 Art. 1º - vigência: imediata

"IX - as hipóteses de diferimento do imposto aplicáveis aos regimes aduaneiros especiais e às zonas de processamento de exportação."

b) Constituição Federal - redação atual

Art. 156-A § 5º IX - não há

c) Síntese

Lei complementar definirá em que hipóteses haverá diferimento do pagamento do IBS aplicáveis a regimes aduaneiros especiais e às zonas de processamento de exportação.

Art. 156-A § 6º I e II

a) PEC 45/2019 Art. 1º - vigência: imediata

"§ 6º A isenção e a imunidade do imposto previsto no caput:

I - não implicarão crédito para compensação com o montante devido nas operações seguintes; e

II - acarretarão a anulação do crédito relativo às operações anteriores, salvo, na hipótese da imunidade, quando determinado em contrário em lei complementar."

b) Constituição Federal - redação atual

Art. 156-A § 6º I e II - não há

c) Síntese

A isenção e a imunidade não implicarão em créditos a serem aproveitados em operações subsequentes e anularão créditos relativos às operações anteriores.

Mas no caso de "imunidade", lei complementar poderá prever em que casos poderão ser aproveitados os créditos relativos às operações anteriores.

Art. 156-A § 7º

a) PEC 45/2019 Art. 1º - vigência: imediata

"*§ 7º Para fins do disposto neste artigo, a lei complementar de que trata o caput poderá estabelecer o conceito de operações com serviços, seu conteúdo e alcance, admitida essa definição para qualquer operação que não seja classificada como operação com bens.*"

b) Constituição Federal - redação atual

Art. 156-A § 7º - não há

c) Síntese

Lei complementar referente ao IBS poderá definir o conceito de operações com serviços. Neste caso, poderá definir como sendo todas as operações que não forem classificadas como operação com bens.

d) Análise - Comentários

A definição dos conceitos "operações com serviços" e "operações com bens" é importante em caso de ser prevista tributação diferente para elas.

Art. 156-A § 8º I

a) PEC 45/2019 Art. 1º - vigência: imediata

"*§ 8º Qualquer alteração na legislação federal que reduza ou eleve a arrecadação do imposto previsto no caput:*

I - deverá ser compensada pela elevação ou redução, pelo Senado Federal, das alíquotas de referência de que trata o § 1º, XII, de modo a preservar a arrecadação das esferas federativas, nos termos de lei complementar;"

b) Constituição Federal - redação atual

Art. 156-A § 8º I - não há

c) Síntese

O Senado Federal deverá elevar ou reduzir as alíquotas de referência sempre que houver qualquer alteração na legislação federal que reduza ou eleve a arrecadação do IBS. As alíquotas de referência serão calculadas de forma a preservar a arrecadação dos Estados, Distrito Federal e Municípios, nos termos de lei complementar.

d) Análise - Comentários

Se a legislação federal conceder, por exemplo, um benefício fiscal a um setor de atividades, podendo assim diminuir a arrecadação, o Senado deverá aumentar as alíquotas de referência estaduais e municipais para preservar a arrecadação. Por outro lado, a alteração da alíquota de referência não implica em que os Estados e Municípios sejam obrigados a alterar suas alíquotas, desde que respeitem o limite mínimo equivalente a 90,3% daquela fixada pelo Senado.

Art. 156-A § 8º II

a) PEC 45/2019 Art. 1º - vigência: imediata

"II - somente entrará em vigor com o início da produção de efeitos do ajuste das alíquotas de referência de que trata o inciso I;"

b) Constituição Federal - redação atual

Art. 156-A § 8º II - não há

c) Síntese

Qualquer alteração na legislação federal que possa reduzir ou elevar a arrecadação do IBS somente entrará em vigor quando entrarem em vigor as alterações das alíquotas de referência estaduais e municipais, estabelecidas pelo Senado Federal.

Art. 156-A § 9º

a) PEC 45/2019 Art. 1º - vigência: imediata

"§ 9º Os Estados, o Distrito Federal e os Municípios poderão optar por vincular suas alíquotas à alíquota de referência de que trata o § 1º, XII."

b) **Constituição Federal - redação atual**

Art. 156-A § 9º - não há

c) Síntese

Os Estados, o Distrito Federal e os Municípios poderão optar por vincular suas alíquotas às alíquotas de referência fixada pelo Senado.

Art. 156-A § 10

a) PEC 45/2019 Art. 1º - vigência: imediata

§ 10. Projeto de lei complementar em tramitação no Congresso Nacional que reduza ou aumente a arrecadação do imposto somente será apreciado se acompanhado de estimativa de impacto no valor das alíquotas de referência de que trata o § 1º, XII.

b) Constituição Federal - redação atual

Art. 156-A § 10- não há

c) Síntese

Eventual projeto de lei complementar em tramitação no Congresso Nacional que reduza ou aumente a arrecadação do imposto somente será apreciado se acompanhado de estimativa de impacto no valor da alíquota de referência fixada pelo Senado Federal.

d) Análise - Comentários

Observa-se que um eventual projeto de lei complementar que reduza ou eleve a arrecadação do IBS, se aprovado, somente entrará em vigor se for atendido o disposto no § 8º deste artigo, isto é, a alíquota de referência deverá obrigatoriamente ter sido revisada e ter entrado em vigor.

Art. 156-A § 11

a) PEC 45/2019 Art. 1º - vigência: imediata

"§ 11. A devolução de que trata o § 5º, VIII, não será considerada nas bases de cálculo de que tratam os arts. 29-A, 198, § 2º, 204, parágrafo único, 212, 212-A, II, e 216, § 6º, não se aplicando a ela, ainda, o disposto no art. 158, IV, 'b'."

b) Constituição Federal - redação atual

Art. 156-A § 11 - não há

c) Síntese

O montante da devolução do IBS a pessoas físicas para reduzir desigualdade de renda não será considerado na base de cálculo do:

* percentual da receita tributária do ente destinado ao poder legislativo respectivo (deputados, vereadores, por ex)
* percentual da receita tributária destinada à saúde
* percentual da receita tributária destinada ao programa de apoio à inclusão e promoção social
* percentual da receita tributária destinada ao ensino
* percentual da receita tributária destinada ao ensino e à remuneração de seus profissionais
* percentual da receita tributária destinada à cultura.
* percentual da arrecadação de cada Estado destinada aos Municípios

d) Análise - Comentários

Os valores devolvidos às pessoas físicas de determinado município serão deduzidos da arrecadação respectiva. Assim, os percentuais que obrigatoriamente seriam distribuídos às diversas entidades (poder legislativo, saúde, ensino, cultura, etc.) somente serão calculados após essa dedução.

O mesmo ocorrerá em relação ao respectivo Estado.

Capítulo 2 - IBS - DISPOSIÇÕES DIVERSAS

Art. 61 § 3º

a) PEC 45/2019 Art. 1º - vigência: imediata

"Art. 61.

...

§ 3º A iniciativa de lei complementar que trate do imposto previsto no art. 156-A também caberá ao Conselho Federativo do Imposto sobre Bens e Serviços a que se refere o art. 156-B." (NR)"

b) Constituição Federal - redação atual

Art. 61, § 3º - não há

c) Síntese

O Conselho Federativo do IBS poderá propor Leis Complementares referentes ao Imposto sobre Bens e Serviços, além de qualquer membro ou Comissão da Câmara dos Deputados, do Senado Federal ou do Congresso Nacional, do Presidente da República, do Supremo Tribunal Federal, dos Tribunais Superiores, do Procurador-Geral da República e dos cidadãos, na forma e nos casos previstos nesta Constituição.

Art. 105 inc I "j"

a) PEC 45/2019 Art. 1º - vigência: imediata

"Art. 105 ...

I

...

j) os conflitos entre entes federativos, ou entre estes e o Conselho Federativo do Imposto sobre Bens e Serviços, relacionados ao imposto previsto no art. 156-A;"

b) Constituição Federal - redação atual

Art. 105 inc I "j" - não há

c) Síntese

Compete ao Superior Tribunal de Justiça julgar eventuais conflitos, relacionados ao IBS, entre entes federativos, ou entre estes e o Conselho Federativo do Imposto sobre Bens e Serviços.

Art. 146 inc III "c"

a) PEC 45/2019 Art. 1º - vigência: imediata

"Art. 146.

...

III - ...

c) adequado tratamento tributário ao ato cooperativo praticado pelas sociedades cooperativas, inclusive em relação aos tributos previstos nos arts. 156-A e 195, V; e"

b) Constituição Federal - redação atual

Art. 146 inc III "c" - adequado tratamento tributário ao ato cooperativo praticado pelas sociedades cooperativas.

c) Síntese

Cabe à lei complementar estabelecer normas gerais sobre o adequado tratamento tributário ao ato cooperativo praticado pelas sociedades cooperativas, inclusive em relação ao IBS e à CBS.

d) Análise - Comentários

A Constituição determina que lei complementar seja editada para regulamentar o Ato Cooperativo. Na alteração proposta ao artigo 146 inc III "c", a lei complementar deverá incluir, na regulamentação do Ato Cooperativo, tratamento tributário adequado incluindo o IBS e a CBS aos outros tributos.

Ato Cooperativo é aquele praticado entre a cooperativa e seus associados, entre os associados e a cooperativa e por cooperativas associadas entre si, com vistas ao atendimento de suas finalidades sociais (art. 79 da Lei nº5.764/71).

Art. 146 III "d"

a1) PEC 45/2019 Art. 1º - vigência: imediata

"d) definição de tratamento diferenciado e favorecido para as microempresas e para as empresas de pequeno porte, inclusive regimes especiais ou simplificados no caso dos impostos previstos nos arts. 155, II, e 156-A, das contribuições sociais previstas no art. 195, I e V, e § 12, e da contribuição a que se refere o art. 239."

Art. 146 III "d"

a2) PEC 45/2019 - Art. 3º - vigência: 2027

"Art. 146 ... III - ...

d) definição de tratamento diferenciado e favorecido para as microempresas e para as empresas de pequeno porte, inclusive regimes especiais ou simplificados no caso dos impostos previstos nos arts. 155, II, e 156-A e das contribuições previstas nos art. 195, I e V."

Art. 146 III "d"

a3) PEC 45/2019 Art. 4º - vigência: 2033

"Art. 146 ... III - ...

d) definição de tratamento diferenciado e favorecido para as microempresas e para as empresas de pequeno porte, inclusive regimes especiais ou simplificados no caso do imposto previsto no art. 156-A, e das contribuições sociais previstas nos art. 195, I e V."

b) Constituição Federal - redação atual

"Art. 146 inc III "d" - definição de tratamento diferenciado e favorecido para as microempresas e para as empresas de pequeno porte, inclusive regimes especiais ou simplificados no caso do imposto previsto no art. 155, II, das contribuições previstas no art. 195, I e §§ 12 e 13, e da contribuição a que se refere o art. 239."

c) Síntese

Cabe à lei complementar estabelecer normas tributárias gerais com definição de tratamento adequado para microempresas e empresas de pequeno porte, incluindo casos de regimes especiais ou simplificados, no caso dos seguintes tributos:

* ICMS (até 31/12/2032),
* IBS,
* Contribuição Social de empregadores, empresas e entidades equiparadas a empresas, incidentes sobre folhas de salários ou pagamentos
* Contribuição Social sobre a receita ou faturamento (até 31/12/2026)
* CBS e
* PIS (até 31/12/2026).
*

Art. 146 § 2º I e II

a) PEC 45/2019 Art. 1º - vigência: imediata

"Art. 146

...

§ 2º Na hipótese de o recolhimento dos tributos previstos nos arts. 156-A e 195, V, ser realizado por meio do regime único de que trata o § 1º, enquanto perdurar a opção:

I - não será permitida a apropriação de créditos dos tributos previstos nos arts. 156-A e 195, V, pelo contribuinte optante pelo regime único; e

II - será permitida ao adquirente de bens e serviços do contribuinte optante a apropriação de créditos dos tributos previstos nos arts. 156-A e 195, V, em montante equivalente ao cobrado por meio do regime único."

b) Constituição Federal - redação atual

Art. 146 § 2° - não há

c) Síntese

Na lei complementar que regulamentará o IBS e a CBS deverá constar que, se o contribuinte optar pelo Regime Único de arrecadação:

- o contribuinte (ME ou EPP) optante não poderá apropriar-se do crédito referente a suas aquisições em operações tributadas pelo IBC e pela CBS;
- o adquirente de bens ou serviços do contribuinte optante, pode se creditar de montante equivalente ao cobrado pelo Regime Único.

d) Análise - Comentários

O inciso I determina taxativamente que não será permitida a apropriação de créditos de IBS e da CBS. Entretanto, no § 3° deste artigo está prevista uma exceção ao referido inciso.

Art. 146 § 3°

a) PEC 45/2019 Art. 1° - vigência: imediata

"§ 3° O contribuinte optante pelo regime único de que trata o § 1° poderá recolher separadamente os tributos previstos nos arts. 156-A e 195, V, não se aplicando o disposto no § 2° deste artigo, nos termos de lei complementar."

b) Constituição Federal - redação atual

Art. 146 § 3° - não há

c) Síntese

Na lei complementar que regulamentará o IBS e a CBS deverá constar que, mesmo que o contribuinte opte pelo Regime Único de arrecadação, poderá recolher o IBS e a CBS separadamente dos outros tributos vinculados ao Regime Único de arrecadação, não se aplicando a vedação de apropriação de créditos referentes a operações anteriores pelo contribuinte.

d) Análise - Comentários

Apesar da vedação constante no inciso I do § 2° deste artigo, o contribuinte optante pelo Regime Único de arrecadação poderá recolher o IBS e a CBS separadamente dos outros tributos vinculados ao Regime Único de arrecadação. Neste caso este contribuinte poderá apropriar-se do crédito referente a suas aquisições em operações anteriores tributadas pelo IBC e pela CBS e o adquirente desses bens ou serviços poderá se creditar do montante recolhido.

Mário Bonafé Jr.

Art. 149-B

a) PEC 45/2019 Art. 1º - vigência: imediata

"Art. 149-B. Os tributos previstos no art. 156-A e no art. 195, V, terão:

I - os mesmos fatos geradores, bases de cálculo, hipóteses de não incidência e sujeitos passivos;

II - as mesmas imunidades;

III - os mesmos regimes específicos, diferenciados ou favorecidos de tributação; e

IV - as mesmas regras de não cumulatividade e de creditamento.

Parágrafo único. Para fins do disposto no inciso II, serão observadas as imunidades previstas no art. 150, VI, não se aplicando a ambos os tributos o disposto no art. 195, § 7º."

b) Constituição Federal - redação atual

Art. 149-B - não há

c) Síntese

O IBS e a CBS terão os mesmos fatos geradores, bases de cálculo, hipóteses de não incidência e sujeitos passivos; terão as mesmas imunidades, os mesmos regimes específicos, diferenciados ou favorecidos de tributação e as mesmas regras de não-cumulatividade e de creditamento.

Serão também observadas imunidades já previstas na Constituição, tais como as dos:

- entes federados,
- entidades religiosas, templos de qualquer culto, incluindo suas organizações assistenciais e beneficentes,
- patrimônio, renda ou serviços dos partidos políticos, inclusive suas fundações,
- entidades sindicais dos trabalhadores,
- instituições de educação e de assistência social sem fins lucrativos, atendidos os requisitos da lei,
- livros, jornais, periódicos e o papel destinado a sua impressão e
- fonogramas e videofonogramas musicais produzidos no Brasil.

Entretanto, no caso de entidades beneficentes de assistência social, que atendam às exigências estabelecidas em lei, somente haverá isenção da CBS.

d) Análise - Comentários

As entidades beneficentes de assistência social estarão isentas somente da CBS, não se estendendo a elas a imunidade ao IBS.

As organizações assistenciais e beneficentes pertencentes a entidades religiosas, templos de qualquer culto terão imunidade ao IBS e à CBS.

Art. 150 § 6º

a) PEC 45/2019 Art. 4º - vigência: 2033

"Art. 150 ...

§ 6º Qualquer subsídio ou isenção, redução de base de cálculo, concessão de crédito presumido, anistia ou remissão, relativos a impostos, taxas ou contribuições, só poderá ser concedido mediante lei específica, federal, estadual ou municipal, que regule exclusivamente as matérias acima enumeradas ou o correspondente tributo ou contribuição."

b) Constituição Federal - redação atual

"Art. 150 § 6º Qualquer subsídio ou isenção, redução de base de cálculo, concessão de crédito presumido, anistia ou remissão, relativos a impostos, taxas ou contribuições, só poderá ser concedido mediante lei específica, federal, estadual ou municipal, que regule exclusivamente as matérias acima enumeradas ou o correspondente tributo ou contribuição, sem prejuízo do disposto no art. 155, § 2.º, XII, g."

c) Síntese

Na redação proposta suprimiu-se a citação "sem prejuízo do disposto no art. 155, § 2.º, XII, g" uma vez que este dispositivo estará revogado em 2033.

d) Análise - Comentários

Este parágrafo deve ser analisado observando os artigos 156-A § 1º inciso X e 195 § 15, que determinam que o IBS e a CBS não serão objeto de concessão de incentivos e de benefícios financeiros ou fiscais, ou de regimes específicos, diferenciados ou favorecidos de tributação, excetuadas as hipóteses previstas na Constituição

Art. 153 § 6º

a1) PEC 45/2019 Art. 1º - vigência: imediata

"§ 6º O imposto previsto no inciso VIII:

I - não incidirá sobre as exportações;

II - integrará a base de cálculo dos tributos previstos nos arts. 155, II, 156, III, 156-A e 195, V; e

III - poderá ter o mesmo fato gerador e a mesma base de cálculo de outros tributos."

Art. 153 § 6º

a2) PEC 45/2019 Art. 4º - vigência: imediata

"Art. 153 ... § 6º ...

II - integrará a base de cálculo dos tributos previstos nos arts. 156-A e 195, V; e"

b) Constituição Federal - redação atual

Art. 153 § 6º - não há

c) Síntese

O Imposto sobre a produção, importação ou comercialização de bens e serviços prejudiciais à saúde ou ao meio-ambiente:

- não incidirá sobre as exportações
- integrará a base de cálculo dos tributos: ICMS (até 31/12/2032), ISS (até 31/12/2032), IBS e CBS
- poderá ter o mesmo fato gerador e base de cálculo de outros tributos.

Art. 155 § 3º

a1) PEC 45/2019 Art. 1º - vigência: imediata

"§ 3º À exceção dos impostos de que tratam o inciso II do caput deste artigo e os arts. 153, I, II e VIII, e 156-A, nenhum outro imposto poderá incidir sobre operações relativas a energia elétrica, serviços de telecomunicações, derivados de petróleo, combustíveis e minerais do País."

Art. 155 § 3º

a2) PEC 45/2019 Art 20 - vigência: imediata

"Art. 20. Ficam revogados:

...

II - em 2033:

a) os arts. 153, IV e § 3º, 155, II e §§ 2º a 5º, 156, III e § 3º, 158, IV, 'a', e § 1º, e 161, I, todos da Constituição Federal;"

b) Constituição Federal - redação atual

"Art. 155 § 3º - À exceção dos impostos de que tratam o inciso II do caput deste artigo e o art. 153, I e II, nenhum outro imposto poderá incidir sobre operações relativas a energia elétrica, serviços de telecomunicações, derivados de petróleo, combustíveis e minerais do País."

c) Síntese

Até 31/12/2032, sobre as operações relativas a energia elétrica, serviços de telecomunicações, derivados de petróleo, combustíveis e minerais do País, somente incidirão os impostos:

- ICMS (até 31/12/2032)

- Imposto sobre Importação
- Imposto sobre Exportação
- Imposto sobre produção, comercialização ou importação de bens e serviços prejudiciais à saúde ou ao meio-ambiente,
- IBS

d) Análise - Comentário

Até 31/12/2032 somente os impostos acima relacionados poderão incidir sobre a energia elétrica, serviços de telecomunicações, derivados de petróleo, combustíveis e minerais do País.

Esse dispositivo fica revogado em 2033, conforme o artigo 20da PEC 45/2019.

Pelo que se infere da redação enfocada, sendo revogada essa limitação de incidência de impostos a partir de 2033, outros poderão incidir após essa data.

Art. 156-B § 5º

a) PEC 45/2019 Art. 1º - vigência: imediata

"§ 5º O Conselho Federativo do Imposto sobre Bens e Serviços, a administração tributária da União e a Procuradoria-Geral da Fazenda Nacional compartilharão informações fiscais relacionadas aos tributos previstos nos arts. 156-A e 195, V, e atuarão com vistas a harmonizar normas, interpretações e procedimentos a eles relativos."

b) Constituição Federal - redação atual

Art. 156-B § 5º - não há

c) Síntese

O Conselho Federativo do IBS, a administração tributária da União e a Procuradoria-Geral da Fazenda Nacional compartilharão informações fiscais relacionadas aos IBS e CBS e atuarão com vistas a harmonizar normas, interpretações e procedimentos a eles relativos.

d) Análise - Comentários

O Conselho Federativo do IBS e a Receita Federal compartilharão os dados das operações com bens e serviços que forem objeto de recolhimento do IBS e da CBS, uma vez que ambos os tributos tem os mesmos fatos geradores e incidem simultaneamente sobre todas as operações, como regra geral.

Os órgãos citados deverão também atuar de forma a harmonizar normas, interpretações e procedimentos relativos ao IBS e à CBS.

Art. 158 IV "b"

a1) PEC 45/2019 Art. 1º - vigência: imediata

"b) do produto da arrecadação do imposto previsto no art. 156-A distribuída aos Estados."

Regulamentação Constitucional

a2) PEC 45/2019 Art. 6º - vigência: imediata

"Até que lei complementar disponha sobre a matéria:

*I - o crédito das parcelas de que trata o **art. 158, IV, "b"**, da Constituição Federal, obedecido o § 2º do mesmo artigo, com redação dada pelo art. 1º desta Emenda Constitucional, observará, no que couber, os critérios e os prazos aplicáveis ao Imposto sobre Operações relativas à Circulação de Mercadorias e sobre Prestação de Serviços de Transporte Interestadual e Intermunicipal e de Comunicação da Lei Complementar nº 63, de 11 de janeiro de 1990, e respectivas alterações;"*

b) Constituição Federal - redação atual

Art. 158 IV "b" - não há

c) Síntese

Pertence aos Municípios 25% do IBS arrecadado, correspondente ao respectivo Estado.

Até que lei complementar disponha sobre a matéria, a parcela do IBS pertencente aos Municípios será creditada para eles segundo os critérios e prazos aplicáveis ao ICMS.

d) Análise - Comentários

A arrecadação do IBS de cada ente federado é função da alíquota que fixou. A alíquota do IBS de cada Município é composta de duas frações: uma é a alíquota fixado pelo Estado onde se situa e a outra é a alíquota fixada pelo próprio Município.

25% do produto da arrecadação decorrente da aplicação da fração fixada pelo Estado, será rateado entre os seus Municípios.

Art. 158 § 2º

a) PEC 45/2019 Art. 1º - vigência: imediata

"§ 2º As parcelas de receita pertencentes aos Municípios mencionadas no inciso IV, 'b', serão creditadas conforme os seguintes critérios:

I - 85% (oitenta e cinco por cento), na proporção da população;

II - 10% (dez por cento), com base em indicadores de melhoria nos resultados de aprendizagem e de aumento da equidade, considerado o nível socioeconômico dos educandos, de acordo com o que dispuser lei estadual; e

III - 5% (cinco por cento), em montantes iguais para todos os Municípios do Estado."

b) Constituição Federal - redação atual

Art. 158 § 2º - não há

c) Síntese

As parcelas da receita estadual do IBS, pertencentes aos Municípios serão creditadas conforme os seguintes critérios:

I - 85% (oitenta e cinco por cento), no mínimo, na proporção da população;

II - 10% (dez por cento), com base em indicadores de melhoria nos resultados de aprendizagem e de aumento da equidade, considerado o nível socioeconômico dos educandos, de acordo com o que dispuser lei estadual; e

III - 5% (cinco por cento), em montantes iguais para todos os Municípios do Estado.

d) Análise - Comentários

Pertencerão aos Municípios 25% da parcela do IBS arrecadada por cada Estado, reteados na forma deste parágrafo do artigo 158 da Constituição Federal.

Capítulo 3 - CONSELHO FEDERATIVO

Conselho Federativo - instituição: v. artigo 156-B

Art. 61 § 3º

a) PEC 45/2019 Art. 1º - vigência: imediata

"Art. 61. ...

§ 3º A iniciativa de lei complementar que trate do imposto previsto no art. 156-A também caberá ao Conselho Federativo do Imposto sobre Bens e Serviços a que se refere o art. 156-B." (NR)".

b) Constituição Federal - redação atual

Art. 61, § 3º - não há

c) Síntese

O Conselho Federativo do IBS poderá propor Leis Complementares referentes ao Imposto sobre Bens e Serviços, além de qualquer membro ou Comissão da Câmara dos Deputados, do Senado Federal ou do Congresso Nacional, do Presidente da República, do Supremo Tribunal Federal, dos Tribunais Superiores, do Procurador-Geral da República e dos cidadãos, na forma e nos casos previstos nesta Constituição.

Art. 64

a) PEC 45/2019 Art. 1º - vigência: imediata

"Art. 64. A discussão e votação dos projetos de lei de iniciativa do Presidente da República, do Supremo Tribunal Federal, dos Tribunais Superiores e do Conselho Federativo do Imposto sobre Bens e Serviços terão início na Câmara dos Deputados."

b) Constituição Federal - redação atual

Art. 64 - A discussão e votação dos projetos de lei de iniciativa do Presidente da República, do Supremo Tribunal Federal, dos Tribunais Superiores e do Conselho Federativo do Imposto sobre Bens e Serviços terão início na Câmara dos Deputados.

c) Síntese

Iniciarão na Câmara de Deputados a discussão e a votação de projetos de lei de iniciativa do Presidente da República, do Supremo Tribunal Federal, dos Tribunais Superiores e do Conselho Federativo do IBS.

Art. 105 inc I "j"

a) PEC 45/2019 Art. 1º - vigência: imediata

"Art. 105 ... I ...

j) os conflitos entre entes federativos, ou entre estes e o Conselho Federativo do Imposto sobre Bens e Serviços, relacionados ao imposto previsto no art. 156-A;"

b) Constituição Federal - redação atual

Art. 105 inc I "j" - não há

c) Síntese

Compete ao Superior Tribunal de Justiça julgar eventuais conflitos, relacionados ao IBS, entre entes federativos, ou entre estes e o Conselho Federativo do Imposto sobre Bens e Serviços.

Art. 145 § 3º

a) PEC 45/2019 Art. 1º - vigência: imediata

"Art. 145 ...

§ 3º O Sistema Tributário Nacional deve observar os princípios da simplicidade, da transparência, da justiça tributária e do equilíbrio e da defesa do meio ambiente."

b) Constituição Federal - redação atual

Art. 145 § 3º - não há

c) Síntese

O Sistema Tributário Nacional deve observar os princípios da simplicidade, da transparência, da justiça tributária e do equilíbrio e da defesa do meio-ambiente.

Art. 156-A § 4º I

a) PEC 45/2019 Art. 1º - vigência: imediata

"§ 4º Para fins de distribuição do produto da arrecadação do imposto, o Conselho Federativo do Imposto sobre Bens e Serviços:

I - reterá montante equivalente ao saldo acumulado de créditos do imposto não compensados pelos contribuintes ou não ressarcidos ao final de cada período de apuração; e"

b) Constituição Federal - redação atual

Art. 156-A § 4º I - não há

c) Síntese

Para fins de distribuição do produto da arrecadação do IBS, o Conselho Federativo do Imposto sobre Bens e Serviços reterá montante equivalente ao saldo acumulado de créditos do imposto não compensados pelos contribuintes ou não ressarcidos ao final de cada período de apuração.

d) Análise - Comentários

O Conselho Federativo, ao final de cada período de apuração, contabilizará os montantes de saldo credor do IBS de todos os contribuintes que eventualmente os tiverem, e reterá valor correspondente à soma deles (ver também análise do Art. 156-A § 4º II).

Art. 156-A § 4º II

a) PEC 45/2019 Art. 1º - vigência: imediata

"II - distribuirá o montante excedente ao ente federativo de destino das operações que não tenham gerado creditamento na forma prevista no § 1º, VIII, segundo o disposto no § 5º, I e IV, ambos do art. 156-A."

b) Constituição Federal - redação atual

Art. 156-A § 4º II - não há

c) Síntese

O Conselho Federativo do Imposto sobre Bens e Serviços deduzirá da arrecadação o montante referente aos créditos não compensados e distribuirá o excedente ao ente federado de destino das operações que não tenham gerado creditamento.

d) Análise - Comentários

Ao final de cada período de apuração o valor arrecadado do IBS será distribuído aos entes federados de destino das operações tendo sido retido, antes disso, o valor correspondente à soma dos saldos não compensados de todos os contribuintes que eventualmente os tiverem.

As regras gerais de distribuição da arrecadação entre os entes federados, no período de transição, estão dispostas no ADCT.

Entende-se por crédito não compensado, de cada contribuinte, o saldo credor que ocorrerá quando, ao final de um período de apuração, o débito referente às suas saídas for inferior ao crédito por suas entradas.

Nos termos do inciso VIII do § 1º, não geram crédito do imposto as operações nas quais consumidores finais sejam adquirentes de bem, material ou imaterial, inclusive direito, ou de serviço. Assim, ao usar a expressão "operações que não tenham gerado creditamento" o inciso II deste § 4º poderá ser interpretada como: o Conselho Federativo, após as retenções previstas, distribuirá ao ente federado somente o montante correspondente às aquisições feitas por consumidores finais ou em casos previstos na Constituição.

Art. 156-B I II III IV

a) PEC 45/2019 Art. 1º - vigência: imediata

"Art. 156-B. Os Estados, o Distrito Federal e os Municípios exercerão de forma integrada, exclusivamente por meio do Conselho Federativo do Imposto sobre Bens e Serviços, nos termos e nos limites estabelecidos nesta Constituição e em lei complementar, as seguintes competências administrativas relativas ao imposto de que trata o art. 156-A:

I - editar normas infralegais sobre temas relacionados ao imposto, de observância obrigatória por todos os entes que o integram;

II - uniformizar a interpretação e a aplicação da legislação do imposto, que serão vinculantes para todos os entes que o integram;

III - arrecadar o imposto, efetuar as compensações e distribuir o produto da arrecadação entre os Estados, o Distrito Federal e os Municípios;

IV - dirimir as questões suscitadas no âmbito do contencioso administrativo tributário entre o sujeito passivo e a administração tributária."

b) Constituição Federal - redação atual

Art. 156-B I II III IV - não há

c) Síntese

Somente por meio do Conselho Federativo do IBS, os Estados, o Distrito Federal e os Municípios exercerão as seguintes competências administrativas:

I - editar normas infralegais sobre temas relacionados ao imposto, de observância obrigatória por todos os entes que o integram;

II - uniformizar a interpretação e a - vigência da legislação do imposto, que serão vinculantes para todos os entes que o integram;

III - arrecadar o imposto, efetuar as compensações e distribuir o produto da arrecadação entre Estados, Distrito Federal e Municípios;

IV - dirimir as questões suscitadas no âmbito do contencioso administrativo tributário entre o sujeito passivo e a administração tributária.

d) Análise - Comentários

Os Estados, o Distrito Federal e os Municípios não poderão individualmente editar normas, interpretar a legislação, arrecadar o imposto e dirimir questões no âmbito do contencioso administrativo, competência do Conselho Federativo.

• Similaridades entre o Conselho Federativo e o Poder Legislativo:

Terá representantes eleitos, independência técnica, administrativa, orçamentária e financeira. As decisões e as normas que aprovarem serão de obediência obrigatória pelos contribuintes e pelos entes federados.

- Similaridades entre o Conselho Federativo e as Secretarias da Fazenda dos entes federados:

Arrecadará o imposto e será responsável pela gestão do contencioso administrativo tributário, entre outras.

Art. 156-B § 1º

a) PEC 45/2019 Art. 1º - vigência: imediata

"§ 1º O Conselho Federativo do Imposto sobre Bens e Serviços, entidade pública sob regime especial, terá independência técnica, administrativa, orçamentária e financeira."

b) Constituição Federal - redação atual

Art. 156-B § 1º - não há

c) Síntese

O Conselho Federativo do Imposto sobre Bens e Serviços terá independência técnica, administrativa, orçamentária e financeira.

d) Análise - Comentários

No artigo 560-A, a Constituição determina ser o IBS de competência dos Estados, Municípios e Distrito Federal.

Mas, neste mesmo artigo, nota-se que praticamente a única competência de cada ente federado será a de fixar a alíquota do imposto que lhe caberá.

As demais competências como normatizar, arrecadar, distribuir a arrecadação, etc., serão do Conselho Federativo, que terá independência técnica, administrativa, orçamentária e financeira, o que o torna instância superior, na área tributária, a cada Estado ou Município ou ao Distrito Federal, uma vez que suas decisões se tornam de obediência obrigatória para todos os entes federados, assim como para todos os contribuintes.

Para evitar essa situação, uma eventual alternativa seria tornar esse Conselho um órgão similar ao atual CONFAZ e, a exemplo dele, ter a responsabilidade de criar normas de consenso dos entes federados e propor ao poder legislativo federal eventuais alterações na legislação federal, deixando a arrecadação e a fiscalização sob a responsabilidade dos entes federados.

Para elaborar a lei complementar que instituirá e regulamentará o IBS deverão, também, ser levados em conta os aspectos analisados a seguir.

Analisando a PEC 45/2019, o Conselho Federativo:

- assim como os poderes constituídos da República, o Conselho terá independência total (técnica, administrativa, orçamentária e financeira).

- interpretará a legislação e editará normas tributárias referentes ao IBS, sendo suas resoluções de obediência obrigatória pelos entes federados estando, sob este ponto de vista, acima dos Estados, Distrito Federal e Municípios.

Isso gerará uma fonte enorme de Poder aos membros do Conselho Federativo. Dependendo de regulamentação por lei complementar, há grande probabilidade de que os 54 membros venham a ser indicados por políticos, atraídos pelo poder que terão e eventuais altos salários.

Além dos membros do Conselho Federativo, a lei complementar deverá dispor sobre a composição do quadro de funcionários do Conselho Federativo, que poderão ser indicados pelos Estados, Distrito Federal e Municípios e deverão:

- ser concursados,
- ter estabilidade na função e no cargo,
- estar submetidos a uma hierarquia.
-

Art. 156-B § 2º I

a) PEC 45/2019 Art. 1º - vigência: imediata

"§ 2º Na forma da lei complementar:

I - todos os Estados, o Distrito Federal e todos os Municípios serão representados, de forma paritária, na instância máxima de deliberação do Conselho Federativo;"

b) Constituição Federal - redação atual

Art. 156-B § 2º I - não há

c) Síntese

Na forma da lei complementar:

todos os entes federados serão representados de forma paritária no Conselho Federativo.

d) Análise - Comentários

Lei complementar determinará que todos os entes federados sejam representados de forma paritária, ou seja, haverá "número igual de representantes" para cada ente.

Art. 156-B § 2º II

a) PEC 45/2019 Art. 1º - vigência: imediata

"II - será assegurada a alternância na presidência do Conselho Federativo entre o conjunto dos Estados e o Distrito Federal e o conjunto dos Municípios e o Distrito Federal;"

b) Constituição Federal - redação atual

Art. 156-B § 2º II - não há

c) Síntese

Na forma da lei complementar:

A presidência do Conselho Federativo será alternada entre um representante do conjunto de todos os Estados e o Distrito Federal e um representante do conjunto de todos os Municípios e o Distrito Federal.

Art. 156-B § 2º III

a) PEC 45/2019 Art. 1º - vigência: imediata

"III - o Conselho Federativo será financiado por percentual do produto da arrecadação do imposto destinado a cada ente federativo;"

b) Constituição Federal - redação atual

Art. 156-B § 2º III - não há

c) Síntese

O custo de implantação e de manutenção do Conselho Federativo será financiado pela arrecadação do IBS.

d) Análise - Comentários

O custo de implantação e de manutenção do Conselho Federativo será financiado pela arrecadação do IBS.

Isso significa que, ao calcular sua alíquota própria, cada ente federado deverá acrescentar o percentual que será aplicado nesse financiamento.

Nos termos do artigo 14 da PEC 45/2019, inicialmente o custo de implantação do Conselho será financiado pelo governo federal, mas deverá ser ressarcido posteriormente.

O custo de manutenção do Conselho Federativo, que poderá superior ao custo operacional de uma Secretaria da Fazenda como a do Estado de São Paulo e o custo de sua implantação deverão ser computados no cálculo para fixação das alíquotas próprias estaduais e municipais do IBS, para não haver perda de arrecadação dos entes federativos.

Haverá, portanto, um aumento da carga tributária para que se possam manter os montantes da arrecadação de cada Estado, Distrito Federal e Município e arcar com os custos extras do Conselho Federativo.

Para a população, é importante evitar aumento de carga tributária e para os governantes dos entes federados, evitar queda na arrecadação. Assim, poder-se-ia pensar em alterar os moldes propostos para a criação do

Conselho Federativo e aproveitar a estrutura do CONFAZ, deixando a arrecadação por conta dos entes federados.

Art. 156-B § 2º IV

a) PEC 45/2019 Art. 1º - vigência: imediata

"IV - o controle externo do Conselho Federativo será exercido pelos Poderes Legislativos dos entes federativos com o auxílio dos Tribunais de Contas dos Estados e do Distrito Federal, bem como dos Tribunais e dos Conselhos de Contas dos Municípios, que atuarão de forma coordenada;"

b) Constituição Federal - redação atual

Art. 156-B § 2º IV - não há

c) Síntese

Os Poderes Legislativos dos entes federado exercerão o controle externo do Conselho Federativo, com auxílio dos Tribunais de Contas.

d) Análise - Comentários

O controle externo do Conselho Federativo será exercido pelo Poder Legislativo de cada ente federado.

Entretanto, provavelmente o Poder Executivo de cada ente federado teria mais competência para acompanhar, controlar e fiscalizar a arrecadação e a distribuição dos valores a cargo do Conselho Federativo.

Os Tribunais de Contas, que auxiliariam o Poder Legislativo, têm a função primordial de controlar o fluxo contábil, financeiro, orçamentário, operacional e patrimonial das entidades públicas.

O controle externo do Conselho Federativo, com a análise dos procedimentos de arrecadação e de distribuição dos montantes arrecadados provavelmente teria melhores resultados se fosse feito pelos Poderes Executivos dos entes federados, através de seus órgãos especializados (Secretarias da Fazenda). Os órgãos das Receitas dos entes federados estão habilitados a fazer o controle externo do Conselho Federativo, através de profissionais concursados na área de auditoria fiscal, além de amplo conhecimento contábil.

Art. 156-B § 2º V

a) PEC 45/2019 Art. 1º - vigência: imediata

"V - o Conselho Federativo coordenará a atuação integrada dos Estados, do Distrito Federal e dos Municípios, na fiscalização, no lançamento, na cobrança e na representação administrativa ou judicial do imposto, podendo definir hipóteses de delegação ou de compartilhamento de competências entre as administrações tributárias e entre as procuradorias dos entes federativos;"

b) Constituição Federal - redação atual

Art. 156-B § 2º V - não há

c) Síntese

O Conselho Federativo exercerá o controle da fiscalização, lançamento, cobrança e representação administrativa ou judicial do IBS, coordenando a atuação integrada dos entes federados. Poderá delegar e compartilhar competências entre as administrações tributárias e procuradorias dos entes federados.

d) Análise - Comentários

A lei complementar disciplinará de que forma que o Conselho Federativo irá coordenar a atuação integrada dos entes federados na fiscalização e compartilhamento de competências, exceto o que lhe for de competência exclusiva.

Observa-se que o caput do artigo em pauta da Constituição Federal determina que os entes federados "exercerão de forma integrada, exclusivamente por meio do Conselho Federativo do IBS as seguintes competências administrativas relativas ao IBS:" editar normas, uniformizar a interpretação e aplicação da legislação do imposto, arrecadar e distribuir o imposto e dirimir questões no âmbito do contencioso administrativo tributário"

Art. 156-B § 2º VI

a) PEC 45/2019 Art. 1º - vigência: imediata

"VI - as competências exclusivas das carreiras da administração tributária e das procuradorias dos Estados, do Distrito Federal e dos Municípios serão exercidas, no Conselho Federativo, por servidores das referidas carreiras; e"

b) Constituição Federal - redação atual

Art. 156-B § 2º VI - não há

c) Síntese

Na forma da lei complementar, as competências que são exclusivas das carreiras da administração tributária dos Estados, do Distrito Federal e dos Municípios, assim como das procuradorias destes entes federados, serão exercidas por servidores das referidas carreiras alocados no Conselho Federativo.

d) Análise - Comentários

A lei complementar disporá que, no Conselho Federativo, os funcionários que exerçam as competências exclusivas das carreiras da administração tributária e das procuradorias estaduais, distrital e municipais (carreiras típicas de Estado) sejam exercidas por servidores das referidas carreiras.

Assim, provavelmente os entes federados deverão alocar tais servidores (auditores fiscais e procuradores) no Conselho Federativo para essas funções exclusivas.

Resta saber se tais servidores, que exercem carreiras exclusivas da administração tributária de seus Estados, Distrito Federal ou Municípios, caso tenham conhecimento de algo que possa ser do interesse público, terão o dever funcional de reportá-lo às suas origens.

Art. 156-B § 2º inc VII

a) PEC 45/2019 Art. 1º - vigência: imediata

"VII - serão estabelecidas a estrutura e a gestão do Conselho Federativo, cabendo a regimento interno dispor sobre sua organização e funcionamento."

b) Constituição Federal - redação atual

Art. 156-B § 2º inc VII- não há

c) Síntese

Na forma da lei complementar, serão estabelecidas a estrutura e a gestão do Conselho Federativo.

Um regimento interno disporá de sua organização e funcionamento.

Art. 156-B § 3º I e II

a) PEC 45/2019 Art. 1º - vigência: imediata

"§ 3º A participação dos entes federativos na instância máxima de deliberação do Conselho Federativo observará a seguinte composição:

I - 27 (vinte e sete) membros, representando cada Estado e o Distrito Federal;

II - 27 (vinte e sete) membros, representando o conjunto dos Municípios e do Distrito Federal, que serão eleitos nos seguintes termos:

a) 14 (quatorze) representantes, com base nos votos de cada Município, com valor igual para todos; e

b) 13 (treze) representantes, com base nos votos de cada Município ponderados pelas respectivas populações."

b) Constituição Federal - redação atual

Art. 156-B § 3º I e II - não há

c) Síntese

O Conselho Federativo terá 54 membros, 27 dos quais serão: um de cada Estado e do Distrito Federal.

Os municípios deverão eleger os demais 27 membros definidos em votação, sendo 14 com maior número de votos entre os mais de 5.560 Municípios e 13 com a votação ponderada pelas respectivas populações.

d) Análise - Comentários

No § 2º deste artigo, vimos que a representação no Conselho Federativo seria paritária entre os entes federados.

Já neste § 3º, temos que será paritária somente no que se refere aos Estados e Distrito Federal (em sua competência estadual).

Os mais de 5.560 Municípios terão 27 representantes, eleitos da seguinte forma: 14 deles serão os candidatos que tiverem maior número de votos e 13 serão, entre os candidatos, aqueles que tiverem maior número de votos ponderados pela população dos Municípios votantes.

Provavelmente, a lei complementar definirá quem indicará os representantes ou os candidatos ao Conselho Federativo: se será o Poder Executivo ou o Legislativo de cada ente federado. Vamos supor que seja o Poder Executivo. Neste caso,

- cada governador indicará um dos 27 representantes dos Estados e Distrito Federal.

- no que respeita aos Municípios, todos os prefeitos do país deverão votar e indicar 14 representantes. Ou seja, qualquer que seja o número de candidatos para as vagas de representantes, serão eleitos como representantes no Conselho Federativo os 14 mais votados e as 13 vagas remanescentes serão ocupadas pelos mais votados, considerando os votos ponderados pelas respectivas populações dos Municípios.

Art. 156-B § 4º I e II
a) PEC 45/2019 Art. 1º - vigência: imediata
"§ 4º As deliberações no âmbito do Conselho Federativo serão consideradas aprovadas se obtiverem, cumulativamente, os votos:

I - em relação ao conjunto dos Estados e do Distrito Federal:

a) da maioria absoluta de seus representantes; e

b) de representantes dos Estados e do Distrito Federal que correspondam a mais de 60% (sessenta por cento) da população do País; e

II - em relação ao conjunto dos Municípios e do Distrito Federal, da maioria absoluta de seus representantes."

b) Constituição Federal - redação atual
Art. 156-B § 4º I e II - não há

c) Síntese

Para se considerar aprovada uma deliberação do Conselho Federativo, ela deverá ter:

- os votos da maioria dos membros dos Estados e Distrito Federal,
- os votos dos representantes dos Estados e Distrito Federal que correspondam a mais de 60% da população do país e
- os votos da maioria dos representantes dos Municípios e Distrito Federal.

d) Análise - Comentários

Para se considerar aprovada uma deliberação do Conselho Federativo será necessário:

a- ter os votos da maioria dos representantes dos 27 Estados e Distrito Federal e

b- ter os votos dos representantes dos Estados e Distrito Federal que correspondam a mais de 60% da população do país. Neste caso, como foi incluído o Distrito Federal nesta condição de aprovação, provavelmente dever-se-á computar os votos dos que aprovaram e verificar se correspondem a 60% ou mais da população, mesmo que não tenham votos dos Estados mais populosos.

c- ter a aprovação da maioria dos representantes dos Municípios e Distrito Federal.

Art. 156-B § 5º

a) PEC 45/2019 Art. 1º - vigência: imediata

"§ 5º O Conselho Federativo do Imposto sobre Bens e Serviços, a administração tributária da União e a Procuradoria-Geral da Fazenda Nacional compartilharão informações fiscais relacionadas aos tributos previstos nos arts. 156-A e 195, V, e atuarão com vistas a harmonizar normas, interpretações e procedimentos a eles relativos."

b) Constituição Federal - redação atual

Art. 156-B § 5º - não há

c) Síntese

O Conselho Federativo do IBS, a administração tributária da União e a Procuradoria-Geral da Fazenda Nacional compartilharão informações fiscais relacionadas aos IBS e CBS e atuarão com vistas a harmonizar normas, interpretações e procedimentos a eles relativos.

d) Análise - Comentários

O Conselho Federativo do IBS e a Receita Federal compartilharão os dados das operações com bens e serviços que forem objeto de recolhimento do IBS e da CBS, uma vez que ambos os tributos têm os mesmos fatos geradores e incidem simultaneamente sobre todas as operações, como regra geral.

Mário Bonafé Jr.

Os órgãos citados deverão também atuar de forma a harmonizar normas, interpretações e procedimentos relativos ao IBS e à CBS.

ADCT - Art. 104 IV
a) PEC 45/2019 Art. 1º - vigência: imediata

"Art. 104 ...

...

IV - os Estados e o Conselho Federativo do Imposto sobre Bens e Serviços reterão os repasses previstos, respectivamente, nos §§ 1º e 2º do art. 158 da Constituição Federal e os depositarão na conta especial referida no art. 101 deste Ato das Disposições Constitucionais Transitórias, para utilização como nele previsto."

ADCT - Art. 104 IV
a) PEC 45/2019 Art. 5º - vigência: 2033

"Art. 104 ...

IV - o Conselho Federativo do Imposto sobre Bens e Serviços reterá os repasses previstos no § 2º do art. 158 da Constituição Federal, e os depositará na conta especial referida no art. 101 deste Ato das Disposições Constitucionais Transitórias, para utilização como nele previsto."

b) Constituição Federal - redação atual

"ADCT - Art. 104 IV. Os Estados reterão os repasses previstos no parágrafo único do art. 158 da Constituição Federal e os depositarão na conta especial referida no art. 101 deste Ato das Disposições Constitucionais Transitórias, para utilização como nele previsto."

c) Síntese

Os recursos para o pagamento de precatórios deverão ser tempestivamente liberados, no todo ou em parte, nos termos do previstos no Ato das Disposições Constitucionais Transitórias. Se isso não ocorrer, serão retidos montantes referentes à arrecadação, nas seguintes formas:

- as parcelas da arrecadação do ICMS (até 31/12/2032) pertencentes aos Municípios, não serão a eles repassadas, mas sim retidas pelos Estados e depositadas na conta especial do Tribunal de Justiça dos respectivos Estados, para efetivação do pagamento de precatórios e
- da mesma forma, as parcelas referentes às alíquotas estaduais, da arrecadação do IBS pertencentes aos Municípios serão retidas pelo Conselho Federativo do IBS e também depositadas na conta especial em questão.

ADCT - Art. 125 § 3º

a) PEC 45/2019 Art. 2º - vigência: imediata

"§ 3º A arrecadação do imposto previsto no art. 156-A da Constituição Federal decorrente do disposto no caput deste artigo não observará as vinculações e destinações previstas na Constituição Federal, devendo ser aplicada, integral e sucessivamente, para:

I - o financiamento do Conselho Federativo, nos termos do art. 156-B, § 2º, III, da Constituição Federal;

II - a composição do Fundo de Compensação de Benefícios Fiscais ou Financeiros-Fiscais do Imposto de que trata o art. 155, II, da Constituição Federal."

b) Constituição Federal - redação atual

ADCT - Art. 125 § 3º - não há

c) Síntese

Em 2026, a arrecadação de IBS será aplicada integralmente no financiamento do Conselho Federativo e na composição do "Fundo de Compensação de Benefícios Fiscais ou Financeiros-fiscais do ICMS", criado nos termos do artigo 12 dessa Emenda Constitucional.

d) Análise - Comentários

A arrecadação com o IBS em 2026 reverterá para a União, sendo que o valor arrecadado será aplicado integralmente no financiamento do Conselho Federativo e na composição do "Fundo de Compensação de Benefícios Fiscais ou Financeiros-fiscais do ICMS".

O ICMS e o ISS serão recolhidos normalmente em 2026.

Regulamentação Constitucional

a) PEC 45/2019 Art. 14 - vigência: **imediata**

"Art. 14. A União custeará, com posterior ressarcimento, as despesas necessárias para a instalação do Conselho Federativo do Imposto sobre Bens e Serviços de que trata o art. 156-B da Constituição Federal."

c) Síntese

A instalação do Conselho Federativo do IBS será custeada pela União. Posteriormente os demais entes federados deverão ressarcir a União.

d) Análise - Comentários

Este artigo 14 da PEC 45/2019 determina que a União custeie a instalação do Conselho Federativo do IBS, com posterior ressarcimento.

No artigo 125 do ADCT, em seu § 3º, está previsto que, em 2026, o IBS comece a ser cobrado e, neste ano, toda a arrecadação seja destinada ao financiamento do Conselho Federativo.

Capítulo 4 - CBS – INSTITUIÇÃO

Art. 195 V
a) PEC 45/2019 Art. 1º - vigência: imediata

"Art. 195 ...

V - sobre bens e serviços, nos termos de lei complementar."

b) Constituição Federal - redação atual

Art. 195 V - não há

c) Síntese

A seguridade social será financiada, entre outros tributos, pela contribuição social sobre bens e serviços - CBS, nos termos de lei complementar .

d) Análise - Comentários

Este inciso V do artigo 195 institui o tributo "Contribuição Social sobre Bens e Serviços" para financiamento da Seguridade Social.

A alíquota de referência deste tributo deverá ser fixada por Resolução do Senado, de forma a que sua arrecadação compense a redução da receita devido à extinção do IPI, da Contribuição Social sobre a receito ou faturamento, da Contribuição Social do importador de bens ou serviços e do PIS, conforme consta no artigo 130 do ADCT.

O PL nº 3887/2020 pretende fixar a alíquota própria deste tributo em 12%.

Art. 195 § 15
a) PEC 45/2019 Art. 1º - vigência: imediata

"§ 15. Aplica-se à contribuição prevista no inciso V o disposto no art. 156-A, § 1º, I a VI, VIII, X a XII, § 3º, § 5º, II, III, V, VI e IX, e §§ 6º a 10."

b) Constituição Federal - redação atual

Art. 195 § 15 - não há

c) Síntese

Para a CBS deverão ser observadas as mesmas disposições do IBS:

- incidirá sobre operações com bens materiais ou imateriais, inclusive direitos, ou com serviços;
- incidirá também sobre toda importação de bem material ou imaterial;
- não incidirá sobre as exportações, assegurada a manutenção e o aproveitamento dos créditos relativos às operações e prestações anteriores;

- terá legislação única aplicável em todo o território nacional;
- a União fixará sua alíquota própria por lei específica, que será aplicada em todas as operações com bens ou com serviços, ressalvando eventual previsão neste sentido constante na Constituição Federal;
- será não-cumulativo;
- não será objeto de concessão de incentivos e benefícios financeiros ou fiscais relativos ao imposto ou de regimes específicos, diferenciados ou favorecidos de tributação, excetuadas as hipóteses previstas nesta Constituição;
- terá sujeito passivo a ser definido em lei complementar;
- terá alíquota de referência fixada por Resolução do Senado Federal;
- lei complementar poderá condicionar o aproveitamento do crédito à verificação do efetivo recolhimento do imposto;
- lei complementar disporá sobre a forma e o prazo para ressarcimento de créditos acumulados;
- lei complementar disporá sobre regimes específicos de tributação para Combustíveis e lubrificantes;
- lei complementar disporá sobre regime específico de tributação para Serviços Financeiros, Operações com Bens Imóveis, Planos de Assistência à Saúde e Concursos de Prognósticos;
- lei complementar disporá sobre regime específico de tributação sobre operações contratadas pela administração pública direta, por autarquias e por fundações;
- lei complementar disporá sobre regime específico de tributação para sociedades cooperativas;
- lei complementar disporá sobre regimes específicos para serviços de hotelaria, parques de diversão e parques temáticos, restaurantes e aviação regional;
- lei complementar disporá sobre a forma de reduzir o impacto do IBS sobre a aquisição de bens de capital;
- lei complementar definirá em que hipóteses haverá diferimento do pagamento da CBS, aplicáveis a regimes aduaneiros especiais e às zonas de processamento de exportação;
- isenção e imunidade da CBS não implicarão crédito para compensação com o montante devido nas operações seguintes e acarretarão a anulação do crédito relativo às operações anteriores, salvo, na hipótese de imunidade quando determinada em contrário em lei complementar;
- lei complementar referente à CBS poderá definir o conceito de operações com serviços;

- o Senado Federal deverá elevar ou reduzir as alíquotas de referência sempre que houver qualquer alteração na legislação federal que reduza ou eleve a arrecadação da CBS, sendo que essa alteração na legislação somente entrará em vigor com o início da produção de efeitos do ajuste das alíquotas de referência;
- a União poderá optar por fixar a alíquota da CBS à alíquota de referência;
- projeto de lei complementar em tramitação no Congresso Nacional que reduza ou aumente a arrecadação do imposto somente será apreciado, se acompanhado de estimativa de impacto no valor das alíquotas de referência.

Art. 195 § 16
a) PEC 45/2019 Art. 1º - vigência: imediata

"§ 16. A contribuição prevista no inciso V não integrará sua própria base de cálculo nem a dos impostos previstos nos arts. 153, VIII, 155, II, 156, III, e 156-A."

Art. 195 § 16
a) PEC 45/2019 Art. 4º - vigência: 2033

"Art. 195 ...

...

§ 16. A contribuição prevista no inciso V não integrará sua própria base de cálculo nem a dos impostos previstos nos arts. 153, VIII, e 156-A."

b) Constituição Federal - redação atual

Art. 195 § 16 - não há

c) Síntese

A Contribuição social sobre bens e serviços não integrará sua própria base de cálculo nem a dos tributos:

- Imposto sobre produção, comercialização ou importação de bens e serviços prejudiciais à saúde ou ao meio-ambiente,
- ICMS (até 31/12/2032)
- ISS (até 31/12/2032)
- IBS

Art. 195 § 17

a) PEC 45/2019 Art. 1º - vigência: imediata

"§ 17. Lei estabelecerá as hipóteses de devolução da contribuição prevista no inciso V a pessoas físicas, inclusive em relação a limites e a beneficiários, com o objetivo de reduzir as desigualdades de renda."

b) Constituição Federal - redação atual

Art. 195 § 17 - não há

c) Síntese

Para reduzir desigualdades de renda, pretende a PEC 45/2019 devolver parte da CBS paga por pessoas de menor renda e capacidade financeira.

Lei disporá sobre como será devolvido a CBS a pessoas físicas, em que limites e como selecionar os beneficiários.

d) Análise - Comentários

Devolver algo indica que esse algo foi cobrado ou tirado anteriormente. Por exemplo, seria mais simples de operacionalizar se fosse o caso de devolução do Imposto sobre a Renda pago por contribuintes de menor renda.

No caso da CBS, a tarefa é mais complexa, pois para devolvê-lo para pessoas físicas de menos renda, há que se identificar os valores por ela pagos, referentes a aquisições que fez oneradas pelo imposto.

Talvez seja mais eficaz reduzir o valor dos tributos que incidem sobre bens e serviços utilizados por pessoas físicas menos favorecidas ou somente colocar esse dispositivo em tributos nos quais seja possível identificar o que foi pago e o que deve ser devolvido.

Art. 195 § 18

a) PEC 45/2019 Art. 1º - vigência: imediata

"§ 18. A devolução de que trata o § 17 não será computada na receita corrente líquida da União para os fins do disposto nos arts. 100, § 15, 166, §§ 9º, 12 e 17, e 198, § 2º."

Art. 195 § 18

a) PEC 45/2019 Art. 3º - vigência: 2027

"§ 18. A devolução de que trata o § 17:

I - não será computada na receita corrente líquida da União para os fins do disposto nos arts. 100, § 15, 165, §§ 9º, 12 e 17, 198, § 2º;

II - não integrará a base de cálculo para fins do disposto no art. 239."

b) Constituição Federal - redação atual

Art. 195 § 18 - não há

c) Síntese

A devolução da CBS para pessoas físicas:

* não será computada na receita líquida da União para pagamentos de crédito de precatórios, na elaboração e a organização do plano plurianual, da lei de diretrizes orçamentárias e da lei orçamentária anual e na base de cálculo para aplicação em ações e serviços públicos de saúde.
* não integrará a base de cálculo para o financiamento do programa do seguro-desemprego, bem como de outras ações da previdência social e do abono a empregados que recebam menos que 2 salários mínimos, nos termos da lei.
* não integrará a base de cálculo do percentual destinado ao programa do seguro-desemprego, outras ações da previdência social e abono de um salário mínimo anual para os empregados que recebem até dois salários mínimos mensais e cujos empregadores recolham a CBS ou a contribuição para o Programa de Formação do Patrimônio do Servidor Público.

O montante da CBS devolvido a pessoas físicas não integrará a base de cálculo para o programa do seguro-desemprego, outras ações da previdência social e abonos a trabalhadores.

Mário Bonafé Jr.

Capítulo 5 - CBS - Disposições diversas

Art. 146 inc III "c"
a) PEC 45/2019 Art. 1º - vigência: imediata
"Art. 146.

...

III - ...

c) adequado tratamento tributário ao ato cooperativo praticado pelas sociedades cooperativas, inclusive em relação aos tributos previstos nos arts. 156-A e 195, V; e"

b) Constituição Federal - redação atual

Art. 146 inc III "c" - adequado tratamento tributário ao ato cooperativo praticado pelas sociedades cooperativas.

c) Síntese

Cabe à lei complementar estabelecer normas gerais sobre o adequado tratamento tributário ao ato cooperativo praticado pelas sociedades cooperativas, inclusive em relação ao IBS e à CBS.

d) Análise - Comentários

A Constituição determina que lei complementar seja editada para regulamentar o Ato Cooperativo. Na alteração proposta ao artigo 146 inc III "c", a lei complementar deverá incluir, na regulamentação do Ato Cooperativo, tratamento tributário adequado incluindo o IBS e a CBS aos tributos anteriormente previstos.

Ato Cooperativo é aquele praticado entre a cooperativa e seus associados, entre os associados e a cooperativa e por cooperativas associadas entre si, com vistas ao atendimento de suas finalidades sociais (art. 79 da Lei nº5.764/71).

Art. 146 III "d"
a) PEC 45/2019 Art. 1º - vigência: imediata

"d) definição de tratamento diferenciado e favorecido para as microempresas e para as empresas de pequeno porte, inclusive regimes especiais ou simplificados no caso dos impostos previstos nos arts. 155, II, e 156-A, das contribuições sociais previstas no art. 195, I e V, e § 12, e da contribuição a que se refere o art. 239."

Art. 146 III "d"
a) PEC 45/2019 Art. 3º - vigência: 2027

"Art. 146 ... III - ...

d) definição de tratamento diferenciado e favorecido para as microempresas e para as empresas de pequeno porte, inclusive regimes especiais ou simplificados no caso dos impostos previstos nos arts. 155, II, e 156-A e das contribuições previstas nos art. 195, I e V."

Art. 146 III "d"

a) PEC 45/2019 Art. 4º - vigência: 2033

"Art. 146 ... III - ...

d) definição de tratamento diferenciado e favorecido para as microempresas e para as empresas de pequeno porte, inclusive regimes especiais ou simplificados no caso do imposto previsto no art. 156-A, e das contribuições sociais previstas nos art. 195, I e V."

b) Constituição Federal - redação atual

"Art. 146 inc III "d" - definição de tratamento diferenciado e favorecido para as microempresas e para as empresas de pequeno porte, inclusive regimes especiais ou simplificados no caso do imposto previsto no art. 155, II, das contribuições previstas no art. 195, I e §§ 12 e 13, e da contribuição a que se refere o art. 239."

c) Síntese

Cabe à lei complementar estabelecer normas tributárias gerais com definição de tratamento adequado para microempresas e empresas de pequeno porte, incluindo casos de regimes especiais ou simplificados, no caso dos seguintes tributos:

* ICMS (até 31/12/2032),
* IBS,
* Contribuição Social de empregadores, empresas e entidades equiparadas a empresas, incidentes sobre folhas de salários ou pagamentos
* Contribuição Social sobre a receita ou faturamento (até 31/12/2026)
* CBS e
* PIS (até 31/12/2026).

Art. 146 § 2º I e II

a) PEC 45/2019 Art. 1º - vigência: imediata

"Art. 146 ...

§ 2º Na hipótese de o recolhimento dos tributos previstos nos arts. 156-A e 195, V, ser realizado por meio do regime único de que trata o § 1º, enquanto perdurar a opção:

I - não será permitida a apropriação de créditos dos tributos previstos nos arts. 156-A e 195, V, pelo contribuinte optante pelo regime único; e

II - *será permitida ao adquirente de bens e serviços do contribuinte optante a apropriação de créditos dos tributos previstos nos arts. 156-A e 195, V, em montante equivalente ao cobrado por meio do regime único."*

b) Constituição Federal - redação atual

Art. 146 § 2º - não há

c) Síntese

Na lei complementar que regulamentará o IBS e a CBS deverá constar que, se o contribuinte optar pelo Regime Único de arrecadação:

- o contribuinte (ME ou EPP) optante não poderá apropriar-se do crédito referente a suas aquisições em operações tributadas pelo IBC e pela CBS;
- o adquirente de bens ou serviços do contribuinte optante, pode se creditar de montante equivalente ao cobrado pelo Regime Único.

d) Análise - Comentários

O inciso I determina taxativamente que não será permitida a apropriação de créditos de IBS e da CBS. Entretanto, no § 3º deste artigo está prevista uma exceção ao referido inciso.

Art. 146 § 3º

a) PEC 45/2019 Art. 1º - vigência: imediata

"§ 3º O contribuinte optante pelo regime único de que trata o § 1º poderá recolher separadamente os tributos previstos nos arts. 156-A e 195, V, não se aplicando o disposto no § 2º deste artigo, nos termos de lei complementar."

b) Constituição Federal - redação atual

Art. 146 § 3º - não há

c) Síntese

Na lei complementar que regulamentará o IBS e a CBS deverá constar que, mesmo que o contribuinte opte pelo Regime Único de arrecadação, poderá recolher o IBS e a CBS separadamente dos outros tributos vinculados ao Regime Único de arrecadação, não se aplicando a vedação de apropriação de créditos referentes a operações anteriores pelo contribuinte.

d) Análise - Comentários

Apesar da vedação constante no inciso I do § 2º deste artigo, o contribuinte optante pelo Regime Único de arrecadação poderá recolher o IBS e a CBS separadamente dos outros tributos vinculados ao Regime Único de arrecadação. Neste caso este contribuinte poderá apropriar-se do crédito referente a suas aquisições em operações anteriores tributadas pelo

IBC e pela CBS e o adquirente desses bens ou serviços poderá se creditar do montante recolhido.

Art. 149-B

a) PEC 45/2019 Art. 1º - vigência: imediata

"Art. 149-B. Os tributos previstos no art. 156-A e no art. 195, V, terão:

I - os mesmos fatos geradores, bases de cálculo, hipóteses de não incidência e sujeitos passivos;

II - as mesmas imunidades;

III - os mesmos regimes específicos, diferenciados ou favorecidos de tributação; e

IV - as mesmas regras de não cumulatividade e de creditamento.

Parágrafo único. Para fins do disposto no inciso II, serão observadas as imunidades previstas no art. 150, VI, não se aplicando a ambos os tributos o disposto no art. 195, § 7º."

b) Constituição Federal - redação atual

Art. 149-B - não há

c) Síntese

O IBS e a CBS terão os mesmos fatos geradores, bases de cálculo, hipóteses de não incidência e sujeitos passivos; terão as mesmas imunidades, os mesmos regimes específicos, diferenciados ou favorecidos de tributação e as mesmas regras de não-cumulatividade e de creditamento.

Serão também observadas imunidades já previstas na Constituição, tais como as dos:

- entes federados,
- entidades religiosas, templos de qualquer culto, incluindo suas organizações assistenciais e beneficentes,
- patrimônio, renda ou serviços dos partidos políticos, inclusive suas fundações,
- entidades sindicais dos trabalhadores,
- instituições de educação e de assistência social sem fins lucrativos, atendidos os requisitos da lei,
- livros, jornais, periódicos e o papel destinado a sua impressão e
- fonogramas e videofonogramas musicais produzidos no Brasil.

Entretanto, no caso de entidades beneficentes de assistência social, que atendam às exigências estabelecidas em lei, somente haverá isenção da CBS.

d) Análise - Comentários

As entidades beneficentes de assistência social estarão isentas somente da CBS, não se estendendo a elas a imunidade ao IBS.

As organizações assistenciais e beneficentes pertencentes a entidades religiosas e os templos de qualquer culto terão imunidade ao IBS e à CBS.

Art. 150 § 6º

a) PEC 45/2019 Art. 4º - vigência: 2033

"Art. 150 ...

...

§ 6º Qualquer subsídio ou isenção, redução de base de cálculo, concessão de crédito presumido, anistia ou remissão, relativos a impostos, taxas ou contribuições, só poderá ser concedido mediante lei específica, federal, estadual ou municipal, que regule exclusivamente as matérias acima enumeradas ou o correspondente tributo ou contribuição."

b) Constituição Federal - redação atual

"Art. 150 § 6º Qualquer subsídio ou isenção, redução de base de cálculo, concessão de crédito presumido, anistia ou remissão, relativos a impostos, taxas ou contribuições, só poderá ser concedido mediante lei específica, federal, estadual ou municipal, que regule exclusivamente as matérias acima enumeradas ou o correspondente tributo ou contribuição, sem prejuízo do disposto no art. 155, § 2.º, XII, g."

c) Síntese

Na redação proposta suprimiu-se a citação "sem prejuízo do disposto no art. 155, § 2.º, XII, g", uma vez que este dispositivo estará revogado em 2033.

d) Análise - Comentários

Este parágrafo deve ser analisado observando os artigos 156-A § 1º inciso X e 195 § 15 que determinam que o IBS e a CBS não serão objeto de concessão de incentivos e de benefícios financeiros ou fiscais, ou de regimes específicos, diferenciados ou favorecidos de tributação, excetuadas as hipóteses previstas na Constituição.

Art. 153 § 6º

a) PEC 45/2019 Art. 1º - vigência: imediata

"§ 6º O imposto previsto no inciso VIII:

I - não incidirá sobre as exportações;

II - integrará a base de cálculo dos tributos previstos nos arts. 155, II, 156, III, 156-A e 195, V; e

III - poderá ter o mesmo fato gerador e a mesma base de cálculo de outros tributos."

Art. 153 § 6º

a) PEC 45/2019 Art. 4º - vigência: imediata

"Art. 153 ...

...

§ 6º...

...

II - integrará a base de cálculo dos tributos previstos nos arts. 156-A e 195, V; e"

b) Constituição Federal - redação atual

Art. 153 § 6º - não há

c) Síntese

O Imposto sobre a produção, importação ou comercialização de bens e serviços prejudiciais à saúde ou ao meio-ambiente:

- não incidirá sobre as exportações
- integrará a base de cálculo dos tributos: ICMS (até 31/12/2032), ISS (até 31/12/2032), IBS e CBS
- poderá ter o mesmo fato gerador e base de cálculo de outros tributos.

Art. 156-A § 1º IX

a1) PEC 45/2019 Art. 1º - vigência: imediata

"IX - não integrará sua própria base de cálculo nem a dos tributos previstos nos arts. 153, VIII, 155, II, 156, III, e 195, V;"

Art. 156-A § 1º IX

a2) PEC 45/2019 Art. 4º - vigência: 2033

"IX - não integrará sua própria base de cálculo nem a dos tributos previstos nos arts. 153, VIII e 195, V;"

b) Constituição Federal - redação atual

Art. 156-A - não há

c) Síntese

O IBS não integrará sua própria base de cálculo, nem a base de cálculo dos tributos:

- Imposto sobre produção, comercialização ou importação de bens e serviços prejudiciais à saúde ou ao meio-ambiente,
- ICMS (até 31/12/2032),
- ISS (até 31/12/2032) e

- CBS.

d) Análise - Comentários

O IBS não integrará sua própria base de cálculo. Não integrará também a base de cálculo dos tributos: IBSP (imposto sobre produção, comercialização ou importação de bens e serviços prejudiciais à saúde ou ao meio-ambiente), ICMS, do ISS e CBS.

Art. 156-B § 5º

a) PEC 45/2019 Art. 1º - vigência: imediata

"§ 5º O Conselho Federativo do Imposto sobre Bens e Serviços, a administração tributária da União e a Procuradoria-Geral da Fazenda Nacional compartilharão informações fiscais relacionadas aos tributos previstos nos arts. 156-A e 195, V, e atuarão com vistas a harmonizar normas, interpretações e procedimentos a eles relativos."

b) Constituição Federal - redação atual

Art. 156-B § 5º - não há

c) Síntese

O Conselho Federativo do IBS, a administração tributária da União e a Procuradoria-Geral da Fazenda Nacional compartilharão informações fiscais relacionadas aos IBS e CBS e atuarão com vistas a harmonizar normas, interpretações e procedimentos a eles relativos.

d) Análise - Comentários

O Conselho Federativo do IBS e a Receita Federal compartilharão os dados das operações com bens e serviços que forem objeto de recolhimento do IBS e da CBS, uma vez que ambos os tributos têm os mesmos fatos geradores e incidem simultaneamente sobre todas as operações, como regra geral.

Os órgãos citados deverão também atuar de forma a harmonizar normas, interpretações e procedimentos relativos ao IBS e à CBS.

Art. 239

a) PEC 45/2019 Art. 3º - vigência: 2027

"Art. 239. A arrecadação correspondente a 18% (dezoito por cento) da contribuição prevista no art. 195, V, e a decorrente da contribuição para o Programa de Formação do Patrimônio do Servidor Público, criado pela Lei Complementar nº 8, de 3 de dezembro de 1970, financiarão, nos termos que a lei dispuser, o programa do seguro-desemprego, outras ações da previdência social e o abono de que trata o § 3º deste artigo."

b) Constituição Federal - redação atual

"Art. 239 - A arrecadação decorrente das contribuições para o Programa de Integração Social, criado pela Lei Complementar nº 7, de 7 de setembro de 1970, e para o Programa de Formação do Patrimônio do Servidor Público, criado pela Lei Complementar nº 8, de 3 de dezembro de 1970, passa, a partir da promulgação desta Constituição, a financiar, nos termos que a lei dispuser, o programa do seguro-desemprego, outras ações da previdência social e o abono de que trata o § 3º deste artigo."

c) Síntese

O programa de seguro-desemprego, outras ações da previdência social e o abono de um salário mínimo anual para os empregados que recebem até dois salários mínimos mensais, observado o artigo 239 da Constituição, em 2027 passa a ser financiado nos termos que a Lei dispuser, por 18% da CBS e pela contribuição para o Programa de Formação do Patrimônio do Servidor Público.

Art. 239 § 3º

a) PEC 45/2019 Art. 3º - vigência: 2027

"§ 3º Aos empregados que percebam de empregadores que recolhem a contribuição prevista no art. 195, V, ou a contribuição para o Programa de Formação do Patrimônio do Servidor Público, até dois salários mínimos de remuneração mensal, é assegurado o pagamento de um salário mínimo anual, computado neste valor o rendimento das contas individuais, no caso daqueles que já participavam dos referidos programas, até a data da promulgação desta Constituição."

b) Constituição Federal - redação atual

"Art. 239 § 3º - § 3º Aos empregados que percebam de empregadores que contribuem para o Programa de Integração Social ou para o Programa de Formação do Patrimônio do Servidor Público, até dois salários mínimos de remuneração mensal, é assegurado o pagamento de um salário mínimo anual, computado neste valor o rendimento das contas individuais, no caso daqueles que já participavam dos referidos programas, até a data da promulgação desta Constituição."

c) Síntese

Aos empregados que recebem até dois salários mínimos mensais e cujos empregadores recolham a CBS ou a contribuição para o Programa de Formação do Patrimônio do Servidor Público é assegurado o pagamento de um salário mínimo anual, computado neste valor o rendimento das contas individuais, no caso daqueles que já participavam dos referidos programas, até a data da promulgação desta Constituição.

Capítulo 6 – IBSP

Imposto sobre produção, comercialização ou importação de bens e serviços prejudiciais à saúde ou ao meio-ambiente

Instituição: Art. 153 inc. VIII

Art. 150 § 1º
a1) PEC 45/2019 Art. 1º - vigência: imediata

"§ 1º A vedação do inciso III, 'b', não se aplica aos tributos previstos nos arts. 148, I, 153, I, II, IV, V e VIII, e 154, II, e a vedação do inciso III, 'c', não se aplica aos tributos previstos nos arts. 148, I, 153, I, II, III e V, e 154, II, nem à fixação da base de cálculo dos impostos previstos nos arts. 155, III, e 156, I."

Art. 150 § 1º
a2) PEC 45/2019 Art. 4º - vigência: 2033

"Art. 150 ...

...

§ 1º A vedação do inciso III, "b", não se aplica aos tributos previstos nos arts. 148, I; 153, I, II, V e VIII; e 154, II; e a vedação do inciso III, "c", não se aplica aos tributos previstos nos arts. 148, I; 153, I, II, III e V; e 154, II, nem à fixação da base de cálculo dos impostos previstos nos arts. 155, III, e 156, I."

b) Constituição Federal - redação atual

"Art. 150 § 1º - A vedação do inciso III, b, não se aplica aos tributos previstos nos arts. 148, I, 153, I, II, IV e V; e 154, II; e a vedação do inciso III, c, não se aplica aos tributos previstos nos arts. 148, I, 153, I, II, III e V; e 154, II, nem à fixação da base de cálculo dos impostos previstos nos arts. 155, III, e 156, I."

c) Síntese

Podem ser cobrados, no mesmo ano em que foram instituídos ou majorados, os tributos:

- Empréstimos Compulsórios para atender a despesas extraordinárias, decorrentes de calamidade pública, de guerra externa ou sua iminência;
- Imposto sobre a Importação;
- Imposto sobre a Exportação;
- Imposto sobre Produtos Industrializados (até 31/12/2032);

- Imposto sobre operações de crédito, câmbio e seguro, ou relativas a títulos ou valores mobiliários;
- Imposto sobre produção, comercialização ou importação de bens e serviços prejudiciais à saúde ou ao meio-ambiente;
- Imposto extraordinário na iminência ou no caso de guerra externa.

Podem ser cobrados, sem aguardar o prazo de 90 dias após serem instituídos ou majorados, os tributos:

- Empréstimos Compulsórios para atender a despesas extraordinárias, decorrentes de calamidade pública, de guerra externa ou sua iminência;
- Imposto sobre a Importação;
- Imposto sobre a Exportação;
- Imposto sobre a Renda e Proventos de qualquer natureza (IR);
- Imposto sobre operações de crédito, câmbio e seguro, ou relativas a títulos ou valores mobiliários;
- Imposto extraordinário na iminência ou no caso de guerra externa.

Podem ser cobrados, sem aguardar o prazo de 90 dias após fixação da base de cálculo, os tributos:

- Imposto sobre a propriedade de veículos automotores (IPVA);
- Imposto sobre a Propriedade Territorial Urbana (IPTU).

d) Análise - Comentários

A cobrança pode ser imediata, após serem instituídos ou majorados, os impostos:

- Empréstimos Compulsórios para atender a despesas extraordinárias, decorrentes de calamidade pública, de guerra externa ou sua iminência;
- Imposto sobre a Importação;
- Imposto sobre a Exportação;
- Imposto sobre operações de crédito, câmbio e seguro, ou relativas a títulos ou valores mobiliários;
- Imposto extraordinário na iminência ou no caso de guerra externa.

Pode ser feita no dia 1º de janeiro do ano imediatamente posterior à sua instituição ou majoração, a cobrança do Imposto sobre a Renda e Proventos de qualquer natureza (IR).

Pode ser feita no dia 1º de janeiro do ano imediatamente posterior à instituição ou majoração da base de cálculo, a cobrança do Imposto sobre a propriedade de veículos automotores (IPVA) e do Imposto sobre a Propriedade Territorial Urbana (IPTU).

A cobrança do Imposto sobre produção, comercialização ou importação de bens e serviços prejudiciais à saúde ou ao meio-ambiente e do Imposto sobre Produtos Industrializados (IPI), pode ser feita 90 dias após ser instituído ou majorado. No caso do IPI, a regra é válida até sua extinção em 31/12/2032.

Art. 150 § 6º
a) PEC 45/2019 Art. 4º - vigência: 2033
"Art. 150 ...

...

§ 6º Qualquer subsídio ou isenção, redução de base de cálculo, concessão de crédito presumido, anistia ou remissão, relativos a impostos, taxas ou contribuições, só poderá ser concedido mediante lei específica, federal, estadual ou municipal, que regule exclusivamente as matérias acima enumeradas ou o correspondente tributo ou contribuição."

b) Constituição Federal - redação atual
"Art. 150 § 6º Qualquer subsídio ou isenção, redução de base de cálculo, concessão de crédito presumido, anistia ou remissão, relativos a impostos, taxas ou contribuições, só poderá ser concedido mediante lei específica, federal, estadual ou municipal, que regule exclusivamente as matérias acima enumeradas ou o correspondente tributo ou contribuição, sem prejuízo do disposto no art. 155, § 2.º, XII, g."

c) Síntese
Na redação proposta, suprimiu-se a citação "sem prejuízo do disposto no art. 155, § 2.º, XII, g", uma vez que este dispositivo estará revogado em 2033.

d) Análise - Comentários
O disposto neste parágrafo conflita com os artigos 156-A § 1º inciso X e 195 § 15 que determinam que o IBS e a CBS não serão objeto de concessão de incentivos e de benefícios financeiros ou fiscais, ou de regimes específicos, diferenciados ou favorecidos de tributação, excetuadas as hipóteses previstas na Constituição.

Art. 153 VIII
a) PEC 45/2019 Art. 1º - vigência: imediata
"Art. 153

...

VIII - produção, comercialização ou importação de bens e serviços prejudiciais à saúde ou ao meio ambiente, nos termos da lei."

b) Constituição Federal - redação atual
Art. 153 VIII - não há

c) Síntese

Compete à União instituir impostos sobre a produção, comercialização ou importação de bens e serviços prejudiciais à saúde ou ao meio-ambiente.

d) Análise - Comentários

O texto constitucional dá à União a competência de instituir impostos sobre a produção, comercialização ou importação de bens e serviços prejudiciais à saúde ou ao meio-ambiente. O § 6º do artigo 153, inserido na PEC, define as características deste imposto. Nele não está definido ser este um imposto seletivo, diferentemente do IPI, assim definido no § 3º do artigo 153 da Constituição e do ICMS no § 2º do artigo 155. Entretanto, não deixa de ser um imposto seletivo, como o IPVA, por exemplo. Aqui, para efeito de termos uma rápida identificação do mesmo, adotamos a abreviação IBSP.

Art. 153 § 1º
a1) PEC 45/2019 Art. 1º - vigência: imediata

"§ 1º É facultado ao Poder Executivo, atendidas as condições e os limites estabelecidos em lei, alterar as alíquotas dos impostos enumerados nos incisos I, II, IV, V e VIII."

Art. 153 § 1º
a2) PEC 45/2019 Art. 4º - vigência: 2033

"Art. 153 ...

§ 1º É facultado ao Poder Executivo, atendidas as condições e os limites estabelecidos em lei, alterar as alíquotas dos impostos enumerados nos incisos I, II, V e VIII."

b) Constituição Federal - redação atual

Art. 153 § 1º - É facultado ao Poder Executivo, atendidas as condições e os limites estabelecidos em lei, alterar as alíquotas dos impostos enumerados nos incisos I, II, IV e V.

c) Síntese

O Poder Executivo da União, atendidas as condições e os limites estabelecidos em lei, poderá alterar as alíquotas dos Impostos sobre:

- a Importação de produtos estrangeiros;
- a Exportação, para o exterior, de produtos nacionais ou nacionalizados;
- Produtos industrializados (até 31/12/2032);
- Operações de crédito, câmbio e seguro, ou relativas a títulos ou valores mobiliários;
- A produção, importação ou comercialização de bens e serviços prejudiciais à saúde ou ao meio-ambiente.

Mário Bonafé Jr.

Art. 153 § 3º V

a) PEC 45/2019 Art. 1º - vigência: imediata

"§ 3º

...

V - não incidirá sobre produtos tributados pelo imposto previsto no inciso VIII."

b) Constituição Federal - redação atual

Art. 153 § 3º V- não há

c) Síntese

O imposto sobre produtos industrializados não incidirá sobre produtos tributados pelo Imposto sobre a produção, importação ou comercialização de bens e serviços prejudiciais à saúde ou ao meio-ambiente.

d) Análise - Comentários

Considerando que o IPI será extinto em 2033, todo o § 3º do artigo 153, que a ele se refere, deixa de produzir efeitos e estará extinto.

Art. 153 § 6º

a1) PEC 45/2019 Art. 1º - vigência: imediata

"§ 6º O imposto previsto no inciso VIII:

I - não incidirá sobre as exportações;

II - integrará a base de cálculo dos tributos previstos nos arts. 155, II, 156, III, 156-A e 195, V; e

III - poderá ter o mesmo fato gerador e a mesma base de cálculo de outros tributos."

Art. 153 § 6º

a2) PEC 45/2019 Art. 4º - vigência: imediata

"Art. 153 ...

§ 6º ...

II - integrará a base de cálculo dos tributos previstos nos arts. 156-A e 195, V; e"

b) Constituição Federal - redação atual

Art. 153 § 6º - não há

c) Síntese

O Imposto sobre a produção, importação ou comercialização de bens e serviços prejudiciais à saúde ou ao meio-ambiente:

- não incidirá sobre as exportações;

- integrará a base de cálculo dos tributos: ICMS (até 31/12/2032), ISS (até 31/12/2032), IBS e CBS;
- poderá ter o mesmo fato gerador e base de cálculo de outros tributos.

d) Análise - Comentários

O § 6º do artigo 153, inserido na PEC, define as características deste imposto sobre a produção, importação ou comercialização de bens e serviços prejudiciais à saúde ou ao meio-ambiente, não definindo-o como imposto seletivo, diferentemente do IPI, assim definido no § 3º do artigo 153 da Constituição e do ICMS no § 2º do artigo 155. Entretanto, não deixa de ser um imposto seletivo, como o IPVA, por exemplo. Aqui, para efeito de termos uma rápida identificação do mesmo, adotamos a abreviação IBSP.

Art. 155 § 3º
a1) PEC 45/2019 Art. 1º - vigência: imediata

"§ 3º À exceção dos impostos de que tratam o inciso II do caput deste artigo e os arts. 153, I, II e VIII, e 156-A, nenhum outro imposto poderá incidir sobre operações relativas a energia elétrica, serviços de telecomunicações, derivados de petróleo, combustíveis e minerais do País."

Art. 155 § 3º
a2) PEC 45/2019 Art 20 - vigência: imediata

"Art. 20. Ficam revogados:

...

II - em 2033:

a) os arts. 153, IV e § 3º, 155, II e §§ 2º a 5º, 156, III e § 3º, 158, IV, 'a', e § 1º, e 161, I, todos da Constituição Federal;"

b) Constituição Federal - redação atual

Art. 155 § 3º - À exceção dos impostos de que tratam o inciso II do caput deste artigo e o art. 153, I e II, nenhum outro imposto poderá incidir sobre operações relativas a energia elétrica, serviços de telecomunicações, derivados de petróleo, combustíveis e minerais do País.

c) Síntese

Até 31/12/2032, sobre as operações relativas a energia elétrica, serviços de telecomunicações, derivados de petróleo, combustíveis e minerais do País, somente incidirão os impostos:
- ICMS (até 31/12/2032);
- Imposto sobre Importação;
- Imposto sobre Exportação;
- Imposto sobre produção, comercialização ou importação de bens e serviços prejudiciais à saúde ou ao meio-ambiente;

Mário Bonafé Jr.

- IBS.

d) Análise - Comentários

Até 31/12/2032 somente os impostos acima relacionados poderão incidir sobre a energia elétrica, serviços de telecomunicações, derivados de petróleo, combustíveis e minerais do País.

Esse dispositivo fica revogado em 2033, conforme o artigo 20da PEC 45/2019.

Pelo que se infere da redação enfocada, sendo revogada essa limitação de incidência de impostos a partir de 2033, outros poderão incidir após essa data.

Art. 156-A § 1º IX

a1) PEC 45/2019 Art. 1º - vigência: imediata

"IX - não integrará sua própria base de cálculo nem a dos tributos previstos nos arts. 153, VIII, 155, II, 156, III, e 195, V;"

Art. 156-A § 1º IX

a2) PEC 45/2019 Art. 1º - vigência: imediata

"IX - não integrará sua própria base de cálculo nem a dos tributos previstos nos arts. 153, VIII, 155, II, 156, III, e 195, V;"

Art. 156-A § 1º IX

a3) PEC 45/2019 Art. 4º - vigência: 2033

"IX - não integrará sua própria base de cálculo nem a dos tributos previstos nos arts. 153, VIII e 195, V;"

b) Constituição Federal - redação atual

Art. 156-A - não há

c) Síntese

O IBS não integrará sua própria base de cálculo, nem a base de cálculo dos tributos:

- Imposto sobre produção, comercialização ou importação de bens e serviços prejudiciais à saúde ou ao meio-ambiente,
- ICMS (até 31/12/2032),
- ISS (até 31/12/2032) e
- CBS.

d) Análise - Comentários

O IBS não integrará sua própria base de cálculo. Não integrará também a base de cálculo dos tributos: IBSP (imposto sobre produção, comercialização ou importação de bens e serviços prejudiciais à saúde ou ao meio-ambiente), ICMS, do ISS e CBS.

ADCT - Art. 92 B

a) PEC 45/2019 Art. 2º - vigência: imediata

"Art. 92-B. As leis instituidoras dos tributos previstos nos arts. 153, VIII, 156-A e 195, V, da Constituição Federal estabelecerão os mecanismos necessários para manter, em caráter geral, o diferencial competitivo assegurado à Zona Franca de Manaus nos arts. 40 e 92-A, e às áreas de livre comércio existentes em 31 de maio de 2023, nos níveis estabelecidos pela legislação relativa aos tributos extintos a que se refere o art. 124, todos deste Ato das Disposições Constitucionais Transitórias."

b) Constituição Federal - redação atual

ADCT - Art. 92 B - não há

c) Síntese

As leis instituidoras do imposto sobre produção, comercialização ou importação de bens e serviços prejudiciais à saúde ou ao meio-ambiente, do IBS e da CBS estabelecerão mecanismos para manter o caráter competitivo assegurado à Zona Franca de Manaus e às Áreas de Livre Comércio existentes em 31 de maio de 2023, nos níveis estabelecidos pela legislação relativa aos tributos extintos: IPI, ICMS, ISS, Contribuição sobre a receita ou faturamento das empresas, Contribuição Social do importador de bens ou serviços e PIS.

d) Análise - Comentários

Para manter o caráter competitivo das indústrias da Zona Franca de Manaus (ZFM), precisamos ver como a substituição dos tributos afetará as indústrias dentro e fora da ZFM.

As arrecadações estaduais e as municipais da ZFM virão, principalmente, do IBS. Aumentando ou diminuindo a produção das indústrias da ZFM, não teremos praticamente nenhum reflexo nas arrecadações, uma vez o IBS incidirá e beneficiará os locais de consumo, destino da produção.

Entretanto, este artigo determina que deve ser mantido o caráter competitivo da ZFM. O que significaria isso? Seria manter a arrecadação nos níveis atuais?

A nova legislação, na forma proposta, afetará de forma desigual as arrecadações dos entes federados.

Uma nação ideal é aquela em que todas as suas regiões são homogêneas em termos de desenvolvimento, riqueza, oportunidades e bem-estar.

Como isso não ocorre no Brasil, os Poderes Legislativos e Executivos da Nação precisam estar atentos a eventuais desequilíbrios e criar leis e mecanismos com o objetivo de fazer com que regiões mais carentes equiparem-se às mais desenvolvidas.

Mas este objetivo deverá ser alcançado num prazo razoável, pois, em caso contrário, pode significar que as leis e mecanismos adotados provavelmente nunca o alcançarão.

Incentivos fiscais e financeiros diversos criaram a Zona Franca de Manaus e as Áreas de Livre Comércio.

Com a extinção de tributo que beneficia entes federados de origem e de destino, e a instituição de outro, beneficiando somente o destino, a arrecadação da Zona Franca de Manaus e das Áreas de Livre Comércio será afetada.

Ao que parece, a proposta de criar um imposto sobre o valor acrescido que beneficie o ente de destino pode ter bons efeitos em países com cidades e regiões similares em termos de desenvolvimento e riqueza. Em país de dimensões continentais, população não homogênea e regiões desiguais em termos de desenvolvimento, este sistema aumentará as desigualdades.

ADCT - Art. 92 B § 1º

a) PEC 45/2019 Art. 1º - vigência: imediata

"§ 1º Para fins do disposto no caput, serão utilizados, individual ou cumulativamente, instrumentos fiscais, econômicos ou financeiros, inclusive a ampliação da incidência do imposto de que trata o art. 153, VIII, da Constituição Federal, para alcançar a produção, a comercialização ou a importação de bens que também tenham industrialização na Zona Franca de Manaus ou nas áreas de livre comércio referidas no caput, garantido tratamento favorecido às operações originadas nessas áreas incentivadas."

b) Constituição Federal - redação atual

ADCT - Art. 92 B § 1º - não há

c) Síntese

Para manter o caráter competitivo das indústrias da Zona Franca de Manaus e das Áreas de Livre Comércio, serão utilizados, individual ou cumulativamente, instrumentos fiscais, econômicos ou financeiros, inclusive a ampliação da incidência do imposto sobre produção, comercialização ou importação de bens e serviços prejudiciais à saúde ou ao meio-ambiente, para alcançar a produção, comercialização ou importação de bens que também tenham industrialização na Zona Franca de Manaus ou nas Áreas de Livre Comércio referidas no caput, garantindo tratamento favorecido às operações originadas nessas áreas incentivadas.

d) Análise - Comentários

Os incentivos financeiros e fiscais instituídos na criação da Zona Franca de Manaus (ZFM) e das Áreas de Livre Comércio foram importantes para promover o crescimento de algumas regiões menos desenvolvidas do Brasil e incentivar a ocupação da Amazônia. Outras regiões, não tendo sido agraciadas com benefícios específicos, criaram elas próprias incentivos para atrair indústrias e promover seu desenvolvimento. Esses incentivos foram rotulados de "guerra fiscal".

Observa-se que estes incentivos aparentemente foram mais eficazes em promover o desenvolvimento do que as leis e incentivos criados para promover o desenvolvimento da ZFM, uma vez que a Federação tem mantido estes benefícios fiscais há décadas, sem conseguir atingir plenamente este objetivo. Entretanto, ao mudar a distribuição da arrecadação, atualmente beneficiando os entes de origem e de destino para beneficiar somente os entes de destino, as regiões que se desenvolveram devido à "guerra fiscal" poderão empobrecer novamente.

Com a Reforma Tributária proposta, prevendo desvantagens para a Zona Franca de Manaus e para as Áreas de Livre Comércio, a Constituição delega à lei complementar a incumbência de estabelecer os mecanismos para manter o caráter competitivo destas regiões, podendo inclusive fazer incidir, sobre a produção, comercialização e importações de produtos que tenham industrialização naqueles locais, o IBSP - "imposto sobre produção, comercialização ou importação de bens e serviços prejudiciais à saúde ou ao meio-ambiente".

A PEC 45/2019 pretende aumentar o custo de produtos que tenham similares sendo industrializados na Zona Franca de Manaus tributando-os com o IBSP. Cremos que não terá resultado importante na arrecadação daquela região.

Fazer com que os produtos da Zona Franca de Manaus fiquem mais baratos que os produzidos em outras regiões do país poderá eventualmente aumentar a produção local, mas, por mais que essa região produza, os benefícios de uma arrecadação maior somente serão sentidos nas regiões consumidoras, entes de destino dos produtos.

A alíquota do IBSP deverá ser fixada de forma a minimizar ou anular a redução da tributação, advinda da reforma tributária em pauta, sobre as indústrias situadas no território nacional fora da ZFM que produzam bens que também tenham industrialização nessa região.

Capítulo 7 - PERÍODO DE TRANSIÇÃO

Não está previsto um período de testes, mas sim de transição.

ADCT - Art. 124

a) PEC 45/2019 Art. 2º - vigência: imediata

"Art. 124. A transição entre a extinção dos impostos previstos nos arts. 153, IV, 155, II, e 156, III, das contribuições previstas no art. 195, I, 'b' e IV, e da contribuição para o Programa de Integração Social a que se refere o art. 239, e a instituição dos tributos previstos no art. 156-A e no art. 195, V, todos da Constituição Federal, atenderá aos critérios estabelecidos nos arts. 125 a 133 deste Ato das Disposições Constitucionais Transitórias."

b) Constituição Federal - redação atual

ADCT - Art. 124 - não há

c) Síntese

Os artigos 125 a 133 do Ato das Disposições Constitucionais Transitórias estabelecem os critérios a serem seguidos no período entre a instituição do IBS e da CBS e a extinção dos tributos: IPI, ICMS, ISS, Contribuição social do empregador incidente sobre sua receita ou faturamento, Contribuição Social do importador de bens ou serviços e PIS.

d) Análise - Comentários

Este período de transição entre os tributos, isto é, entre a instituição do IBS e da CBS e a extinção dos tributos: IPI, ICMS, ISS, Contribuição social do empregador incidente sobre sua receita ou faturamento, Contribuição Social do importador de bens ou serviços e PIS, irá de 01/01/2026 a 31/12/2032.

No que se refere à destinação da arrecadação do IBS, inicialmente ela não irá integralmente ao ente destinatário das operações, mas parte dela será distribuída seguindo regras que se modificam anualmente. Este período de transição na distribuição da arrecadação entre os entes federados irá de 01/01/2026 a 2098, conforme consta no § 3º deste ADCT. Assim, os entes federados deverão estudar essas regras de distribuição do montante arrecadado antes de estabelecer suas alíquotas próprias.

ADCT - Art. 125

a) PEC 45/2019 Art. 2º - vigência: imediata

"Art. 125. Em 2026, o imposto previsto no art. 156-A será cobrado à alíquota estadual de 0,1% (um décimo por cento) e a contribuição

prevista no art. 195, V, ambos da Constituição Federal, será cobrada à alíquota de 0,9% (nove décimos por cento)."

b) Constituição Federal - redação atual

ADCT - Art. 125 - não há

c) Síntese

IBS e CBS:

Em 2026 o IBS será cobrado à alíquota estadual de 0,1% e a CBS será cobrada à alíquota de 0,9%.

d) Análise - Comentários

A tributação pelo IBS e pela CBS será feita, em 2026, à alíquota de 0,1% e 0,9% respectivamente.

Neste ano não serão fixadas alíquotas de referência pelo Senado, nem as alíquotas próprias de cada ente federado.

ADCT - Art. 125 § 1º

a) PEC 45/2019 Art. 2º - vigência: imediata

"§ 1º O montante recolhido na forma do caput poderá ser deduzido do valor devido das contribuições previstas no art. 195, I, 'b' e IV, e da contribuição para o Programa de Integração Social a que se refere o art. 239, ambos da Constituição Federal."

b) Constituição Federal - redação atual

ADCT - Art. 125 § 1º- não há

c) Síntese

Em 2026, o montante recolhido do IBS e da CBS poderá ser deduzido, pelo contribuinte, do valor devido referente aos tributos: Contribuição social do empregador incidente sobre sua receita ou faturamento, Contribuição Social do importador de bens ou serviços e PIS.

Fiscais ou Financeiros-fiscais do ICMS", criado nos termos do artigo 12 dessa Emenda Constitucional.

d) Análise - Comentários

Como o contribuinte poderá deduzir, dos tributos federais elencados neste parágrafo, o valor recolhido com o IBS e com a CBS, o início da cobrança destes dois tributos em 2026 servirá como início da adaptação ao novo sistema tributário implantado.

ADCT - Art. 125 § 2º

a) PEC 45/2019 Art. 2º - vigência: imediata

"§ 2° Caso o contribuinte não possua débitos suficientes para efetuar a compensação de que trata o § 1°, o valor recolhido poderá ser compensado com qualquer outro tributo federal ou ser ressarcido em até 60 (sessenta) dias, mediante requerimento"

b) Constituição Federal - redação atual

ADCT - Art. 125 § 2° - não há

c) Síntese

Em 2026, caso o contribuinte recolha o IBS e a CBS e não possua débito suficiente a ser compensado nos termos do parágrafo anterior, poderá deduzir o valor recolhido de qualquer outro tributo federal ou ser ressarcido em até 60 dias, mediante requerimento.

d) Análise - Comentários

Não havendo débitos dos tributos elencados no parágrafo anterior em montante suficiente para compensar o que o contribuinte recolheu de IBS e de CBS, ele poderá deduzir de outros tributos federais ou requerer ressarcimento.

ADCT - Art. 125 § 3°

a) PEC 45/2019 Art. 2° - vigência: imediata

"§ 3° A arrecadação do imposto previsto no art. 156-A da Constituição Federal decorrente do disposto no caput deste artigo não observará as vinculações e destinações previstas na Constituição Federal, devendo ser aplicada, integral e sucessivamente, para:

I - o financiamento do Conselho Federativo, nos termos do art. 156-B, § 2°, III, da Constituição Federal;

II - a composição do Fundo de Compensação de Benefícios Fiscais ou Financeiros-Fiscais do Imposto de que trata o art. 155, II, da Constituição Federal."

b) Constituição Federal - redação atual

ADCT - Art. 125 § 3° - não há

c) Síntese

Em 2026, a arrecadação de IBS será aplicada integralmente no financiamento do Conselho Federativo e na composição do "Fundo de Compensação de Benefícios Fiscais ou Financeiros-fiscais do ICMS", criado nos termos do artigo 12 dessa Emenda Constitucional.

d) Análise - Comentários

A arrecadação com o IBS em 2026 reverterá para a União, sendo que o valor arrecadado será aplicado integralmente no financiamento do Conselho Federativo e na composição do "Fundo de Compensação de Benefícios Fiscais ou Financeiros-fiscais do ICMS".

O ICMS e o ISS serão recolhidos normalmente.

ADCT - Art. 126 e Parágrafo Único

a) PEC 45/2019 Art. 2º - vigência: imediata

"Art. 126. A partir de 2027, será cobrada a contribuição sobre bens e serviços prevista no art. 195, V, da Constituição Federal, sendo extintas as contribuições previstas no art. 195, I, 'b' e IV, e a contribuição para o Programa de Integração Social de que trata o art. 239, todos da Constituição Federal.

Parágrafo único. Até 2028, o imposto previsto no art. 156-A será cobrado nos termos dispostos no art. 125 deste Ato das Disposições Constitucionais Transitórias, com redução equivalente da alíquota da contribuição prevista no art. 195, V, ambos da Constituição Federal."

b) Constituição Federal - redação atual

ADCT - Art. 126 - não há

c) Síntese

CBS:

A CBS será cobrada normalmente a partir de 2027, sendo extintos os tributos: Contribuição social do empregador incidente sobre sua receita ou faturamento, Contribuição Social do importador de bens ou serviços, PIS.

Em 2027 e 2028 o IBS continuará a ser cobrado com alíquota de 0,1%.

A alíquota da CBS em 2027 e 2028 será de 12%, se prevalecer o disposto no PL 3887/2020, menos 0,1% para compensar o valor cobrado de IBS.

d) Análise - Comentários

Nos exercícios de 2026,2027 e 2028 será cobrado o IBS à alíquota de 0,1%, mas os contribuintes deduzirão este mesmo percentual na alíquota então vigente da CBS.

A União aplicará integralmente esse montante no financiamento do Conselho Federativo e no Fundo de Compensação de Benefícios Fiscais ou Financeiros-Fiscais do ICMS.

ADCT - Art. 127

a) PEC 45/2019 Art. 2º - vigência: imediata

"Art. 127. A partir de 2027, ficam reduzidas a zero as alíquotas do imposto previsto no art. 153, IV, da Constituição Federal, exceto em relação aos produtos que também tenham industrialização na Zona Franca de Manaus, em 31 de dezembro de 2026, nos termos de lei complementar."

b) Constituição Federal - redação atual

Art. 127- não há

Mário Bonafé Jr.

c) **Síntese**

IPI: A partir de 2027 o IPI passa a ter alíquota zero, com exceção de produtos que também tenham industrialização na Zona Franca de Manaus em 31 de dezembro de 2026, nos termos de lei complementar.

d) Análise - Comentários

Os produtos sobre os quais incide o IPI terão a alíquota deste imposto reduzida a zero em 2027, com exceção daqueles que sejam também industrializados na Zona Franca de Manaus, para manter a competitividade daquela região. Como vimos, essa medida provavelmente não será eficaz após a extinção do ICMS, uma vez que, por mais que a região produza, pouco arrecadará, pois o IBS incidirá nas regiões de destino de sua produção.

Com referência à competitividade, ver análise no artigo 92 B do ADCT.

A ZFM - Zona Franca de Manaus tornou-se uma região produtora importante, mas não é polo consumidor relevante.

Está sendo esperada uma queda substancial na arrecadação estadual e municipal da ZFM, uma vez que o IBS será cobrado no local de destino das operações com bens e serviços, privilegiando polos consumidores.

Observa-se que atualmente, na Zona Franca de Manaus, os produtos ali fabricados trazem benefícios àquela região, uma vez que, na - vigência do ICMS, a arrecadação com esse tributo beneficia o Estado de origem e os Estados de destino nas saídas interestaduais. A ZFM foi criada em 1967 com o objetivo de desenvolver e ocupar o Estado do Amazonas. Com o IBS o Estado do Amazonas tenderá a precisar permanentemente da ajuda financeira da União.

ADCT - Art. 128

a) PEC 45/2019 Art. 2º - vigência: imediata

"Art. 128. De 2029 a 2032, as alíquotas dos impostos previstos nos arts. 155, II, e 156, III, da Constituição Federal serão fixadas nas seguintes proporções das alíquotas fixadas nas respectivas legislações:

I - 9/10 (nove décimos), em 2029;

II - 8/10 (oito décimos), em 2030;

III - 7/10 (sete décimos), em 2031; e

IV - 6/10 (seis décimos), em 2032."

b) Constituição Federal - redação atual

ADCT - Art. 128 - não há

c) Síntese

De 2029 até 2032, as alíquotas de ICMS e de ISS serão reduzidas da seguinte forma:

Em 2029 - ICMS e ISS serão cobrados com alíquota igual a 9/10 das fixadas nas respectivas legislações;

Em 2030 - ICMS e ISS serão cobrados com alíquota igual a 8/10 das fixadas nas respectivas legislações;

Em 2031 - ICMS e ISS serão cobrados com alíquota igual a 7/10 das fixadas nas respectivas legislações e

Em 2032 - ICMS e ISS serão cobrados com alíquota igual a 6/10 das fixadas nas respectivas legislações.

ADCT - Art. 128 Parágrafo Único

a) PEC 45/2019 Art. 2º - vigência: imediata

"Parágrafo único. Os benefícios ou os incentivos fiscais ou financeiros relativos aos impostos previstos nos arts. 155, II, e 156, III, da Constituição Federal não alcançados pelo disposto no caput deste artigo ou no art. 3º, § 2º-A, da Lei Complementar nº 160, de 7 agosto de 2017, serão reduzidos na mesma proporção."

b) Constituição Federal - redação atual

ADCT - Art. 128 Parágrafo Único - não há

LC 160/2017

Art. - 3º - O convênio de que trata o art. 1º desta Lei Complementar atenderá, no mínimo, às seguintes condicionantes, a serem observadas pelas unidades federadas:

I - publicar, em seus respectivos diários oficiais, relação com a identificação de todos os atos normativos relativos às isenções, aos incentivos e aos benefícios fiscais ou financeiro-fiscais abrangidos pelo art. 1º desta Lei Complementar;

II - efetuar o registro e o depósito, na Secretaria Executiva do Conselho Nacional de Política Fazendária (Confaz), da documentação comprobatória correspondente aos atos concessivos das isenções, dos incentivos e dos benefícios fiscais ou financeiro-fiscais mencionados no inciso I deste artigo, que serão publicados no Portal Nacional da Transparência Tributária, que será instituído pelo Confaz e disponibilizado em seu sítio eletrônico.

...

§ 2º-A - A partir de 1º de janeiro do décimo segundo ano posterior à produção de efeitos do respectivo convênio, a concessão e a prorrogação de que trata o § 2º deste artigo deverão observar a redução em 20% (vinte por cento) ao ano com relação ao direito de fruição das isenções, dos incentivos e dos benefícios fiscais ou financeiros-fiscais vinculados ao ICMS destinados à manutenção ou ao incremento das atividades

comerciais, às prestações interestaduais com produtos agropecuários e extrativos vegetais in natura e à manutenção ou ao incremento das atividades portuária e aeroportuária vinculadas ao comércio internacional.

c) Síntese

Com a redução das alíquotas à razão de 1/10 por exercício, os benefícios fiscais ou financeiros, relativos ao ICMS e ao ISS, não alcançados pela redução prevista no artigo 128 ou pela redução prevista no § 2-A do Art. 3º da LC 160/17 (transcrito acima), de empresas que estejam usufruindo deles, serão reduzidos na mesma proporção, ou seja:

Em 2029 - 1/10 de redução para o benefício;

Em 2030 - 2/10 de redução para o benefício;

Em 2031 - 3/10 de redução para o benefício e

Em 2032 - 4/10 de redução para o benefício.

ADCT - Art. 129

a) PEC 45/2019 Art. 2º - vigência: imediata

"Art. 129. A partir de 2033, ficam extintos os impostos previstos nos arts. 153, IV, 155, II, e 156, III, todos da Constituição Federal."

b) Constituição Federal - redação atual

ADCT - Art. 129 - não há

c) Síntese

Em 2033 ficam extintos os tributos: IPI, ICMS e ISS.

d) Análise - Comentários

Em 2033, encerra-se o período de transição entre os tributos, com a extinção do IPI, do ICMS e do ISS

Como consta no artigo 126 do ADCT, em 01/01/2027 estarão extintas a Contribuição social do empregador incidente sobre sua receita ou faturamento, a Contribuição Social do importador de bens ou serviços e o PIS.

ADCT - Art. 130 I

a) PEC 45/2019 Art. 2º - vigência: imediata

"Art. 130. Resolução do Senado Federal fixará, para todas as esferas federativas, as alíquotas de referência dos tributos previstos nos arts. 156-A e 195, V, da Constituição Federal, observados a forma de cálculo e os limites previstos em lei complementar, de forma a compensar:

I - de 2027 a 2033, no caso da União, a redução da receita:

a) das contribuições previstas no art. 195, I, 'b' e IV, e da contribuição para o Programa de Integração Social de que trata o art. 239, ambos da Constituição Federal; e

b) do imposto previsto no art. 153, IV, deduzida da receita proveniente do imposto previsto no art. 153, VIII, ambos da Constituição Federal;"

b) Constituição Federal - redação atual

ADCT - Art. 130 I - não há

c) Síntese *ref. ao inciso I do art 130 do ADCT*

Resolução do Senado fixará a alíquota de referência da CBS para os exercícios de 2027 a 2033, respeitando os limites previstos em lei complementar, de forma a compensar a redução da receita arrecadada com os tributos: Contribuição social do empregador incidente sobre sua receita ou faturamento, Contribuição Social do importador de bens ou serviços, PIS e IPI. No cálculo, para a fixação da alíquota em questão, será deduzida da receita da arrecadação do IPI a receita da arrecadação do IBSP - Imposto sobre produção, comercialização ou importação de bens e serviços prejudiciais à saúde ou ao meio-ambiente.

d) Análise – Comentários *ref. ao inciso I do art 130 do ADCT*

Na proposta da Reforma Tributária, a CBS e o IBSP - Imposto sobre produção, comercialização ou importação de bens e serviços prejudiciais à saúde ou ao meio-ambiente substituirão o IPI, o PIS, a "Contribuição social do empregador incidente sobre sua receita ou faturamento" e a "Contribuição Social do importador de bens ou serviços"

A alíquota de referência a ser fixada pelo Senado deverá considerar a necessidade de manter o montante arrecadado pelos tributos extintos em 2027 e pela redução a zero do IPI para determinados produtos no período de 2027 a 2033, ano em que o IPI estará também extinto.

ADCT - Art. 130 II

a) PEC 45/2019 Art. 2º - vigência: imediata

"II - de 2029 a 2033, no caso dos Estados e do Distrito Federal, a redução da receita do imposto previsto no art. 155, II, da Constituição Federal; e"

b) Constituição Federal - redação atual

ADCT - Art. 130 II - não há

c) Síntese *ref. ao inciso II do art 130 do ADCT*

Resolução do Senado fixará a alíquota estadual de referência do IBS para os exercícios de 2029 a 2033, respeitando os limites previstos em Lei Complementar, de forma a compensar a redução da receita arrecadada com o ICMS.

d) Análise – Comentários *ref. ao inciso II do art 130 do ADCT*

Mário Bonafé Jr.

No período de 2029 a 2033 haverá redução de 1/10 por ano nas alíquotas fixadas para o ICMS nas legislações estaduais.

Para compensar essa perda de receita, essa redução será levada em conta na fixação pelo Senado, da alíquota de referência dos Estados e do Distrito Federal em sua competência estadual.

ADCT - Art. 130 III

a) PEC 45/2019 Art. 2º - vigência: imediata

"III - de 2029 a 2033, no caso dos Municípios e do Distrito Federal, a redução da receita do imposto previsto no art. 156, III, da Constituição Federal."

b) Constituição Federal - redação atual

ADCT - Art. 130 III - não há

c) Síntese *ref. ao inciso III do art 130 do ADCT*

Resolução do Senado fixará as alíquotas municipal de referência do IBS para os exercícios de 2029 a 2033, respeitando os limites previstos em Lei Complementar, de forma a compensar a redução da receita arrecadada com o ISS.

d) Análise – Comentários *ref. ao inciso III do art 130 do ADCT*

No período de 2029 a 2033 haverá redução de 1/10 por ano nas alíquotas fixadas para o ISS nas legislações municipais.

Para compensar essa perda de receita, essa redução será levada em conta na fixação pelo Senado, da alíquota de referência dos Municípios e Distrito Federal em sua competência municipal.

ADCT - Art. 130 § 1º

a) PEC 45/2019 Art. 2º - vigência: imediata

"§ 1º As alíquotas de referência serão fixadas no ano anterior ao de sua - vigência, não se aplicando o disposto no art. 150, III, 'c', da Constituição Federal, com base em cálculo realizado pelo Tribunal de Contas da União."

b) Constituição Federal - redação atual

ADCT - Art. 130 § 1º - não há

c) **Síntese**

O Senado deverá fixar as alíquotas de referência até o último dia do ano anterior à sua aplicação, levando em conta base de cálculo calculada pelo Tribunal de Contas da União.

d) Análise - Comentários

Para entrar em vigor, as alíquotas de referência deverão ser fixadas pelo Senado até o último dia do ano anterior, não se aplicando a exigência de entrar em - vigência respeitando o prazo de 90 dias.

ADCT - Art. 130 § 2º
a) PEC 45/2019 Art. 2º - vigência: imediata

"§ 2º Na fixação das alíquotas de referência, deverão ser considerados os efeitos dos regimes específicos, diferenciados ou favorecidos de tributação sobre a arrecadação."

b) Constituição Federal - redação atual

ADCT - Art. 130 § 2º - não há

c) Síntese

O Senado deverá fixar as alíquotas de referência considerando os efeitos, sobre a arrecadação, dos benefícios fiscais e regimes específicos, diferenciados ou favorecidos de tributação.

d) Análise - Comentários

Um dos cuidados que se nota no texto todo da PEC 45/2019, é em não diminuir o nível da arrecadação. Assim, a fixação das alíquotas de referência dos entes federados pelo Senado, deverá considerar os efeitos dos regimes específicos, diferenciados ou favorecidos de tributação sobre a arrecadação.

ADCT - Art. 130 § 3º e § 4º
a) PEC 45/2019 Art. 1º - vigência: imediata

"§ 3º Na forma definida em lei complementar, as alíquotas de referência serão revisadas anualmente, durante os períodos estabelecidos no caput, nos termos deste artigo, com vistas à manutenção da carga tributária.

§ 4º A revisão de que trata o § 3º não implicará cobrança ou restituição de imposto relativo a anos anteriores ou transferência de recursos entre os entes federativos."

b) Constituição Federal - redação atual

ADCT - Art. 130 § 3º e § 4º - não há

c) Síntese

As alíquotas de referência deverão ser revisadas anualmente pelo Senado, no período de 2027 a 2033, visando a manutenção da carga tributária, na forma definida em Lei Complementar. Essas revisões não considerarão cobranças ou restituições de impostos relativos a anos anteriores ou transferência de recursos entre os entes federados.

ADCT - Art. 130 § 5º

Mário Bonafé Jr.

a) PEC 45/2019 Art. 2º - vigência: imediata

"§ 5º Os entes federativos e o Conselho Federativo do Imposto sobre Bens e Serviços fornecerão ao Tribunal de Contas da União as informações necessárias para o cálculo a que se referem os §§ 1º e 3º."

b) Constituição Federal - redação atual

ADCT - Art. 130 § 5º - não há

c) Síntese

Os entes federados e o Conselho Federativo do IBS deverão fornecer as informações necessárias ao Tribunal de Contas da União, para este órgão definir as bases de cálculo que serão utilizadas pelo Senado para determinação, nos anos 2026 a 2032, das alíquotas de referência que entrarão em vigor nos exercícios seguintes.

ADCT - Art. 130 § 6º

a) PEC 45/2019 Art. 2º - vigência: imediata

"§ 6º Nos cálculos das alíquotas de que trata o caput, deverá ser considerada a arrecadação dos tributos previstos nos arts. 156-A e 195, V, ambos da Constituição Federal, cuja cobrança tenha sido iniciada antes dos períodos de que tratam os incisos I e II deste artigo, respectivamente."

b) Constituição Federal - redação atual

ADCT - Art. 130 § 6º

c) Síntese

Para calcular as alíquotas de referência, o Senado deverá considerar a arrecadação da CBS anterior ao período de 2027 a 2033 e a do IBS anterior ao período de 2029 a 2033.

ADCT - Art. 130 § 7º

a) PEC 45/2019 Art. 2º - vigência: imediata

"§ 7º O cálculo das alíquotas a que se refere o § 1º será realizado com base em proposta encaminhada pelo Ministério da Fazenda, que deverá fornecer todos os subsídios necessários, mediante o compartilhamento de dados e informações, inclusive as protegidas por sigilo fiscal, cujo formato e conteúdo deverão ser regulamentados pelo Tribunal de Contas da União."

b) Constituição Federal - redação atual

ADCT - Art. 130 § 7º - não há

c) Síntese

O cálculo das alíquotas de referência será realizado pelo Senado Federal com base em proposta encaminhada pelo Ministério da Fazenda, que deverá fornecer todos os subsídios necessários, mediante o compartilhamento de dados e informações, inclusive as protegidas por sigilo fiscal, cujo formato e conteúdo deverão ser regulamentados pelo Tribunal de Contas da União.

d) Análise - Comentários

No aludido § 1º, está disposto que o Senado Federal fixará as alíquotas de referência com base em cálculo realizado pelo Tribunal de Contas da União, mas, neste § 7º, está disposto que o cálculo das alíquotas de referência será realizado com base em proposta encaminhada pelo Ministério da Fazenda, que deverá fornecer todos os subsídios necessários, mediante o compartilhamento de dados e informações, cujo formato e conteúdo deverão ser regulamentados pelo Tribunal de Contas da União.

ADCT - Art. 131

a) PEC 45/2019 Art. 2º - vigência: imediata

"Art. 131 De 2029 a 2078, o produto da arrecadação dos Estados, do Distrito Federal e dos Municípios com o imposto de que trata o art. 156-A da Constituição Federal será distribuído a estes conforme o disposto neste artigo."

b) Constituição Federal - redação atual

ADCT - Art. 131

c) Síntese

No período de 2029 a 2078, a distribuição da arrecadação do IBS será feita na forma disposta nos incisos que seguem.

A distribuição da arrecadação será feita de acordo com critérios da lei complementar, nos termos do artigo 156 A § 5º inc I.

d) Análise - Comentários

Neste período de 50 anos, de 2029 a 2078, o montante arrecadado com o IBS por cada ente federado não será entregue a ele integralmente, devendo o Conselho Federativo seguir as regras de distribuição elencadas neste artigo do ADCT.

Como essas regras de distribuição afetarão o montante do tributo que será disponibilizado a cada um dos entes federados, eles deverão estudá-las antes de fixar suas alíquotas próprias.

Nota-se que, no que se refere à implantação dos novos tributos com a extinção dos antigos, o período de transição dos tributos irá de 2026 a 2032.

No que se refere à distribuição da arrecadação entre os entes federados, a transição continuará até 2098, conforme consta no § 3º deste ADCT.

Mário Bonafé Jr.

ADCT - Art. 131 § 1º

a) PEC 45/2019 Art. 2º - vigência: imediata

"§ 1º Será retido do produto da arrecadação do imposto de cada Estado, do Distrito Federal e de cada Município, calculada nos termos do art. 156-A, § 4º, II, e § 5º, I e IV, antes da aplicação do disposto no art. 158, IV, 'b', ambos da Constituição Federal:

I - de 2029 a 2034, montante correspondente a 90% (noventa por cento) do valor do imposto apurado com base nas alíquotas de referência de que trata o art. 130 deste Ato das Disposições Constitucionais Transitórias;

II - de 2035 a 2078, montante correspondente ao percentual em 2034, reduzido à razão de 1/45 (um quarenta e cinco avos) por ano, do valor do imposto apurado com base nas alíquotas de referência de que trata o art. 130 deste Ato das Disposições Constitucionais Transitórias."

b) Constituição Federal - redação atual

ADCT - Art. 131 § 1º- não há

c) Síntese

O § 1º do artigo 131 do ADCT determina que, no período de 2029 a 2078, antes de distribuir o produto da arrecadação com o IBS a cada ente federado, será retida uma parte que será rateada entre eles, na forma aqui prevista.

Esta retenção do produto da arrecadação de cada ente federado, no período de 2029 a 2034, será de 90% do imposto apurado com base na alíquota de referência fixada para ele pelo Senado.

E no período de 2035 a 2078 será retido, do produto da arrecadação, o mesmo montante (ou seja, não será mais baseado na alíquota de referência) retido em 2034 reduzido em um quarenta e cinco avos por ano.

Assim, em 2035 será retido, do produto da arrecadação, 44/45 do montante retido em 2034.

Em 2036 será retido, do produto da arrecadação, 43/45 do montante retido em 2034.

E assim por diante, até 2078, ano em que será retido 1/45 do montante retido em 2034.

d) Análise - Comentários

De 2029 a 2034 será retido, de cada ente federado, o valor correspondente a 90% do imposto que seria arrecadado, se for calculado com a alíquota de referência fixada para ele pelo Senado.

No período de 2035 a 2078, o montante a ser retido não será mais de 90% do imposto calculado à alíquota de referência, mas o valor da retenção será o mesmo retido em 2034, reduzido em 1/45 por ano. Observa-se que aqui não está prevista a correção deste valor por algum índice econômico.

ADCT - Art. 131 § 2º

a) PEC 45/2019 Art. 2º - vigência: imediata

"§ 2º Na forma estabelecida em lei complementar, o montante retido nos termos do § 1º será distribuído entre os Estados, o Distrito Federal e os Municípios proporcionalmente à receita média de cada ente federativo entre 2024 e 2028, devendo ser considerada:

I - no caso dos Estados, a arrecadação do imposto previsto no art. 155, II, após aplicação do disposto no art. 158, IV, 'a', todos da Constituição Federal;

II - no caso do Distrito Federal:

a) a arrecadação do imposto previsto no art. 155, II, da Constituição Federal; e

b) a arrecadação do imposto previsto no art. 156, III, da Constituição Federal;

III - no caso dos Municípios:

a) a arrecadação do imposto previsto no art. 156, III, da Constituição Federal; e

b) a parcela creditada na forma do art. 158, IV, 'a', da Constituição Federal."

b) Constituição Federal - redação atual

ADCT - Art. 131 § 2º- não há

c) Síntese

O montante retido, nos termos do inciso anterior, será distribuído a estes entes federados de forma proporcional às respectivas receitas médias entre 2024 e 2028.

Para calcular a receita média dos Estados, será considerada a arrecadação do ICMS, deduzindo-se 25% pertencente aos seus Municípios.

Para calcular a receita média do Distrito Federal, será considerada a arrecadação do ICMS e do ISS.

Para calcular a receita média de cada Município, será considerada a arrecadação do ISS somada à parcela do ICMS creditada para ele pelo seu Estado.

d) Análise - Comentários

A retenção de 90% do IBS arrecadado e posterior distribuição aos Estados será uma maneira de acomodar aos poucos uma eventual perda de arrecadação.

ADCT - Art. 131 § 3º

a) PEC 45/2019 Art. 2º - vigência: imediata

"*§ 3º Não se aplica o disposto no art. 158, IV, 'b', da Constituição Federal aos recursos distribuídos na forma do § 2º, I, deste artigo.*"

b) Constituição Federal - redação atual

ADCT - Art. 131 § 3º- não há

c) Síntese

A parte distribuída a cada Estado, advinda do montante de IBS retido, pertencerá integralmente a ele e não será objeto de rateio com seus Municípios.

ADCT - Art. 131 § 4º

a) PEC 45/2019 Art. 2º - vigência: imediata

"*§ 4º A parcela do produto da arrecadação do imposto não retida nos termos do § 1º, após a retenção de que trata o art. 132 deste Ato das Disposições Constitucionais Transitórias, será distribuída a cada Estado, ao Distrito Federal e a cada Município de acordo com os critérios da lei complementar de que trata o art. 156-A, § 5º, I, da Constituição Federal, nela computada a variação de alíquota fixada pelo ente em relação à de referência.*"

b) Constituição Federal - redação atual

ADCT - Art. 131 § 4º- não há

c) Síntese

Do montante da arrecadação de cada ente federado serão retidos montantes conforme determinado nos artigos 131 § 1º e 132 deste ADCT, sendo que a parcela não retida será a ele entregue, nos termos de Lei Complementar.

d) Análise - Comentários

Será repassado ao ente federado o montante correspondente ao imposto arrecadado considerando sua alíquota própria deduzindo-se dele 90% do valor correspondente ao imposto calculado considerando a alíquota de referência fixada para ele pelo Senado e também deduzindo 0,3% deste mesmo valor (ou seja, 3% dos 10% restantes), nos termos do artigo 132 deste ADCT.

Como vemos, quanto maior for sua alíquota própria, maior será o valor não retido que caberá ao ente federado. A PEC 45/2019 não prevê limite máximo para os entes federados fixarem suas alíquotas próprias.

Desta forma, poderá haver uma tendência de os entes federados fixarem alíquotas próprias maiores, para ter um montante maior não retido. Qualquer alíquota superior à alíquota de referência implicará um aumento da carga tributária, considerando que a alíquota de referência será calculada corretamente, obedecendo à Constituição, no que se refere à manutenção dos níveis da arrecadação.

Observa-se que, de 2035 a 2978, o montante que será retido para rateio entre os entes federados será cada vez menor, ano a ano.

ADCT - Art. 131 § 5º

a) PEC 45/2019 Art. 2º - vigência: imediata

"§ 5º Os recursos de que trata este artigo serão distribuídos nos termos estabelecidos em lei complementar, aplicando-se o seguinte:

I - constituirão a base de cálculo dos fundos de que trata o art. 212-A, II, da Constituição Federal, observado que:

a) para o Distrito Federal, o percentual de que trata aquele inciso será aplicado proporcionalmente à razão entre a soma dos valores distribuídos nos termos do § 2º, II, 'a', e do § 4º, e a soma dos valores distribuídos nos termos do § 2º, II, e do § 4º, considerada, em ambas as somas, somente a parcela estadual nos valores distribuídos nos termos do § 4º; e

b) para os Municípios, o percentual de que trata aquele inciso será aplicado proporcionalmente à razão entre a soma dos valores distribuídos nos termos do § 2º, III, 'b', e a soma dos valores distribuídos nos termos do § 2º, III;

II - constituirão as bases de cálculo de que tratam os arts. 29-A, 198, § 2º, 204, parágrafo único, 212, 216, § 6º, todos da Constituição Federal;

III - poderão ser vinculados para prestação de garantias às operações de crédito por antecipação de receita previstas no art. 165, § 8º, para pagamento de débitos com a União e para prestar-lhe garantia ou contragarantia, nos termos do art. 167, § 4º, todos da Constituição Federal."

b) Constituição Federal - redação atual

ADCT - Art. 131 § 5º- não há

c) Síntese

Os recursos oriundos da arrecadação do IBS serão distribuídos nos termos estabelecidos em Lei Complementar, aplicando-se o seguinte:

   a) FUNDEB - Os recursos oriundos da arrecadação do IBS integrarão a base de cálculo para cálculo dos montantes que devem ser depositados para os "Fundos de Manutenção e Desenvolvimento da Educação Básica e de Valorização dos Profissionais da Educação" (Fundeb), sendo que o percentual previsto no artigo 212-A inciso II será aplicado nos termos das alíneas "a" e "b" do inciso I deste artigo.

   b) Esses recursos constituem também a Base de Cálculo:

Mário Bonafé Jr.

- como limite para despesas do poder legislativo municipal;
- para o cálculo dos recursos mínimos anuais para ações e serviços da saúde;
- para o cálculo dos recursos máximos a serem vinculados à programa de apoio à inclusão social;
- para o cálculo dos recursos para manutenção e desenvolvimento do ensino;
- para o cálculo dos recursos máximos a serem vinculados a fundo estadual de fomento à cultura.

c) Esses recursos poderão ser vinculados para prestação de garantias às operações de crédito por antecipação de receitas previstas na lei orçamentária anual para pagamentos de débitos com a União e para prestar-lhe garantia ou contragarantia.

ADCT - Art. 131 § 6º

a) PEC 45/2019 Art. 2º - vigência: imediata

"§ 6º Durante o período de que trata o caput deste artigo, é vedado aos Estados, ao Distrito Federal e aos Municípios fixar alíquotas próprias do imposto de que trata o art. 156-A da Constituição Federal inferiores às necessárias para garantir as retenções de que tratam o § 1º e o art. 132."

b) Constituição Federal - redação atual

ADCT - Art. 131 § 6º- não há

c) Síntese

No período de 2029 a 2078 é vedado aos Estados, ao Distrito Federal e aos Municípios fixar alíquotas próprias do IBS inferiores às necessárias para garantir a retenção.

d) Análise - Comentários

Fica vedado aos entes federados a fixação de alíquotas próprias inferiores às necessárias para garantir as retenções. Assim, as alíquotas próprias não poderão ser inferiores a 90,3% das respectivas alíquotas de referência, garantindo a retenção de 90% do imposto calculado à alíquota de referência prevista no § 1º do artigo 131 do ADCT e a retenção de 3% dos 10% restantes do imposto assim calculado, conforme determinado no artigo 132 do ADCT.

ADCT - Art. 132

a) PEC 45/2019 Art. 2º - vigência: imediata

"Art. 132. Do imposto dos Estados, do Distrito Federal e dos Municípios apurado com base nas alíquotas de referência de que trata o art. 130 deste Ato das Disposições Constitucionais Transitórias, deduzida a

retenção de que trata o art. 131, § 1º, será retido montante correspondente a 3% (três por cento) para distribuição aos entes com as menores razões entre:

I - o valor apurado nos termos do art. 156-A, § 4º, II, e § 5º, I e IV, com base nas alíquotas de referência, após a aplicação do disposto no art. 158, IV, 'b', todos da Constituição Federal; e

II - a respectiva receita média entre 2024 e 2028, apurada nos termos do art. 131, § 2º, I, II e III, limitada a 3 (três) vezes a média nacional por habitante da respectiva esfera federativa."

b) Constituição Federal - redação atual

ADCT - Art. 132 - não há

c) Síntese

Além da retenção de montante equivalente a 90% da arrecadação calculada com a alíquota de referência de cada ente federado, dos 10% restantes será feita uma nova retenção de 3%.

O valor desta segunda retenção será distribuído entre os entes federados com menor razão entre o valor correspondente à aplicação da alíquota de referência sobre a base de cálculo referida e a receita média do ente federado apurada conforme o artigo anterior. Essa média fica limitada a 3 vezes a média nacional por habitante da respectiva esfera federativa.

d) Análise - Comentários

Observa-se que a redação do trecho "3 vezes a média nacional por habitante da respectiva esfera da federação", deixa dúvida acerca da intenção do legislador, uma vez que, se a média é nacional, não poderia ser média da respectiva esfera da federação.

Este artigo determina que 3% de 10% da arrecadação, calculada como se fosse aplicada a alíquota de referência, sejam distribuídos entre os entes federados com menores razões entre "o valor da arrecadação de cada ente, se fosse aplicada sua alíquota de referência" e "a receita média que obteve entre 2024 e 2028". Fica a dúvida sobre o número de entes federados que serão contemplados.

ADCT - Art. 132 § 1º

a) PEC 45/2019 Art. 2º - vigência: imediata

"§ 1º Os recursos serão distribuídos, sequencial e sucessivamente, aos entes com as menores razões de que trata o caput, de maneira a equalizá-las."

b) Constituição Federal - redação atual

ADCT - Art. 132 § 1º - não há

Mário Bonafé Jr.

c) Síntese

Considerando os cálculos efetuados conforme este artigo 131 do ADCT os recursos ali referidos serão distribuídos entre os entes federados com as menores razões, de maneira a equalizá-las.

d) Análise - Comentários

A razão de que trata o caput resulta da divisão entre "o valor da arrecadação de cada ente, se fosse aplicada sua alíquota de referência" e "a receita média que obteve entre 2024 e 2028".

Se a alíquota de referência foi fixada para cada ente federado visando à manutenção da arrecadação, esta divisão deverá ser aproximadamente igual a 1. Se arrecadou menos, devido a fatores econômicos-sociais, por exemplo, a razão será menor que 1.

Este parágrafo determina que os recursos serão distribuídos entre os entes com menores razões, de forma a equalizá-las.

Ao distribuir qualquer valor a determinado ente federado a razão entre "o valor da arrecadação, se fosse aplicada sua alíquota de referência" e "a receita média que obteve entre 2024 e 2028", não vai se alterar.

Se a intenção do legislador foi a de fazer o ente federado recuperar arrecadação que diminuiu, essa redação precisa ser revista.

ADCT - Art. 132 § 2º

a) PEC 45/2019 Art. 2º - vigência: imediata

"§ 2º Aplica-se aos recursos distribuídos na forma deste artigo o disposto no art. 131, § 5º."

b) Constituição Federal - redação atual

ADCT - Art. 132 § 2º - não há

c) Síntese

Os recursos distribuídos entre os entes federados com as menores razões, serão acrescidos à base de cálculo para aplicação em programas sociais e outras finalidades relacionadas no artigo 131 §5º deste ADCT.

ADCT - Art. 132 § 3º

a) PEC 45/2019 Art. 2º - vigência: imediata

"§ 3º Lei complementar estabelecerá os critérios para a redução gradativa, entre 2079 e 2098, do percentual de que trata o caput, até a sua extinção."

b) Constituição Federal - redação atual

ADCT - Art. 132 § 3º - não há

c) Síntese

Lei complementar estabelecerá os critérios para redução gradativa do percentual de 3% a ser retido nos termos deste artigo.

d) Análise - Comentários

Observe-se que, nos termos do artigo 131 § 1º inciso II, de 2035 a 2078, serão retidos montantes baseados nos valores de 2034, que serão reduzidos anualmente. Ou seja, de 2035 em diante, a retenção prevista no artigo 131 do ADCT não será mais baseada na aplicação da alíquota de referência, mas sim no valor distribuído em 2034.

ENTRETANTO, no artigo 132 está prevista uma outra retenção, de 3% da diferença entre [a arrecadação calculada como se fosse aplicada a alíquota de referência] e [a parcela retida nos termos do artigo 131].

Ora, a partir de 2035 a parcela retida nos termos do artigo 131 vai ser a cada ano menor.

Assim, estes 3% resultarão num montante maior a cada ano, a partir de 2035, uma vez que deverão ser sempre calculados sobre a diferença de valores da arrecadação, calculada à alíquota de referência e o que for retido.

Entre 2079 e 2098, lei complementar deverá reduzir este percentual de 3%, estabelecendo novos percentuais, que também serão aplicados sobre a diferença entre o valor da arrecadação calculada à alíquota de referência e o valor que for retido nos termos do artigo 131.

Como neste período de 2079 a 2098 não está prevista retenção nos termos do artigo 131, a retenção prevista no artigo 132 será de 3% sobre toda a arrecadação calculada à alíquota de referência, em percentual a ser determinado por Lei Complementar.

Os artigos citados acima são todos do ADCT.

ADCT - Art. 133

a) PEC 45/2019 Art. 2º - vigência: imediata

"Art. 133. Os tributos de que tratam os arts. 155, II, 156, III, 195, I, 'b', e IV, e a contribuição para o Programa de Integração Social a que se refere o art. 239 não integrarão a base de cálculo do imposto de que trata o art. 156-A e da contribuição de que trata o art. 195, V, todos da Constituição Federal."

b) Constituição Federal - redação atual

ADCT - Art. 133 - não há

c) Síntese

Não integrarão a base de cálculo do IBS e da CBS os tributos: ICMS, ISS, Contribuição social do empregador incidente sobre a receita ou faturamento, Contribuição Social do importador de bens ou serviços e o PIS.

ADCT - Art. 134

a) PEC 45/2019 Art. 2º - vigência: imediata

"Art. 134. Os saldos credores relativos ao imposto previsto no art. 155, II, da Constituição Federal existentes ao final de 2032 serão aproveitados pelos contribuintes na forma deste artigo.

§ 1º O disposto neste artigo alcança os saldos credores cujo aproveitamento ou ressarcimento sejam admitidos pela legislação em vigor e que tenham sido homologados pelos respectivos entes federativos, observado o seguinte:

I - apresentado o pedido de homologação, o ente federativo deverá pronunciar-se no prazo estabelecido na lei complementar;

II - na ausência de resposta ao pedido de homologação no prazo a que se refere o inciso I, os respectivos saldos credores serão considerados homologados.

§ 2º O disposto neste artigo também é aplicável aos créditos do imposto referido no caput deste artigo que sejam reconhecidos após o prazo nele estabelecido.

§ 3º O saldo dos créditos homologados será informado pelos Estados e pelo Distrito Federal ao Conselho Federativo do Imposto sobre Bens e Serviços para que seja compensado com o imposto de que trata o art. 156-A da Constituição Federal:

I - pelo prazo remanescente, apurado nos termos do art. 20, § 5º, da Lei Complementar nº 87, de 13 de setembro de 1996, para os créditos relativos à entrada de mercadorias destinadas ao ativo permanente;

II - em 240 (duzentos e quarenta) parcelas mensais, iguais e sucessivas, nos demais casos.

§ 4º O Conselho Federativo do Imposto sobre Bens e Serviços deduzirá do produto da arrecadação do imposto previsto no art. 156-A devido ao respectivo ente federativo o valor compensado na forma do § 3º, o qual não comporá base de cálculo para fins do disposto nos arts. 158, IV, 198, § 2º, 204, parágrafo único, 212, 212-A, II, e 216, § 6º, todos da Constituição Federal.

§ 5º A partir de 2033, os saldos credores serão atualizados pelo Índice Nacional de Preços ao Consumidor Amplo (IPCA), ou por outro índice que venha a substituí-lo.

§ 6º Lei complementar disporá sobre:

I - as regras gerais de implementação do parcelamento previsto no § 3º;

II - a forma mediante a qual os titulares dos créditos de que trata este artigo poderão transferi-los a terceiros;

III - a forma pela qual o crédito de que trata este artigo poderá ser ressarcido ao contribuinte pelo Conselho Federativo do Imposto sobre Bens e Serviços, caso não seja possível compensar o valor da parcela nos termos do § 3°."

b) Constituição Federal - redação atual

ADCT - Art. 134 - não há

c) Síntese

Os saldos credores do ICMS existentes no final de 2032, cujo aproveitamento ou ressarcimento sejam admitidos pela legislação em vigor e que tenham sido homologados pelos respectivos entes federados, mesmo que posteriormente a 2032, terão o seguinte tratamento:

- O interessado deverá apresentar pedido de homologação do aproveitamento ou ressarcimento dos saldos credores de ICMS;
- Lei Complementar estabelecerá o prazo para pronunciamento do ente federado;
- na ausência de resposta ao pedido dentro do prazo, os saldos credores serão considerados homologados;
- O saldo dos créditos homologados será informado pelos Estados e pelo Distrito Federal ao Conselho Federativo para que seja compensado com o IBS arrecadado, nos prazos remanescentes em caso de entradas para o Ativo das empresas ou em 240 parcelas mensais nos demais casos;
- O Conselho Federativo deduzirá do montante da arrecadação do IBS a ser distribuída ao ente federado o valor que compensou referente a saldos credores. Este valor não comporá a base de cálculo para:
  - repasse da parcela estadual do IBS pertencente aos Municípios ;
  - ações e serviços públicos de saúde;
  - programa de apoio à inclusão e promoção social;
  - Manutenção e desenvolvimento do ensino;
  - FUNDEB;
  - fundo estadual de fomento à cultura;
- A partir de 2033, os saldos credores serão atualizados pelo Índice Nacional de Preços ao Consumidor Amplo (IPCA), ou por outro índice que venha a substituí-lo;
- Lei Complementar disporá sobre as regras gerais de implementação do parcelamento para pagamento dos saldos credores homologados, a forma mediante a qual os titulares dos créditos de que trata este artigo poderão transferi-los a terceiros e a forma pela qual o crédito de que trata este artigo poderá ser ressarcido ao contribuinte pelo Conselho Federativo do Imposto sobre Bens e Serviços, caso não seja possível compensar o valor da parcela nos prazos do § 3° deste artigo.

Capítulo 8 - DISTRIBUIÇÃO DA ARRECADAÇÃO

Art. 156-A § 4º I

a) PEC 45/2019 Art. 1º - vigência: imediata

"§ 4º Para fins de distribuição do produto da arrecadação do imposto, o Conselho Federativo do Imposto sobre Bens e Serviços:

I - reterá montante equivalente ao saldo acumulado de créditos do imposto não compensados pelos contribuintes ou não ressarcidos ao final de cada período de apuração; e"

b) Constituição Federal - redação atual

Art. 156-A § 4º I - não há

c) Síntese

Para fins de distribuição do produto da arrecadação do IBS, o Conselho Federativo do Imposto sobre Bens e Serviços reterá montante equivalente ao saldo acumulado de créditos do imposto não compensados pelos contribuintes ou não ressarcidos ao final de cada período de apuração.

d) Análise - Comentários

O Conselho Federativo, ao final de cada período de apuração, contabilizará os montantes de saldo credor do IBS de todos os contribuintes que eventualmente os tiverem, e reterá valor correspondente à soma deles (ver também análise do Art. 156-A § 4º II).

Art. 156-A § 4º II

a) PEC 45/2019 Art. 1º - vigência: imediata

"II - distribuirá o montante excedente ao ente federativo de destino das operações que não tenham gerado creditamento na forma prevista no § 1º, VIII, segundo o disposto no § 5º, I e IV, ambos do art. 156-A."

b) Constituição Federal - redação atual

Art. 156-A § 4º II - não há

c) Síntese

O Conselho Federativo do Imposto sobre Bens e Serviços deduzirá da arrecadação o montante referente aos créditos não compensados e distribuirá o excedente ao ente federado de destino das operações que não tenham gerado creditamento.

d) Análise - Comentários

Ao final de cada período de apuração o valor arrecadado do IBS será distribuído aos entes federados de destino das operações tendo sido retido, antes disso, o valor correspondente à soma dos saldos não compensados de todos os contribuintes que eventualmente os tiverem.

As regras gerais de distribuição da arrecadação entre os entes federados, no período de transição, estão dispostas no ADCT.

Entende-se por crédito não compensado, de cada contribuinte, o saldo credor que ocorrerá quando, ao final de um período de apuração, o débito referente às suas saídas for inferior ao crédito por suas entradas.

Nos termos do inciso VIII do § 1º, não geram crédito do imposto as operações nas quais consumidores finais sejam adquirentes de bem, material ou imaterial, inclusive direito, ou de serviço. Assim, ao usar a expressão "operações que não tenham gerado creditamento" o inciso II deste § 4º poderá ser interpretada como: o Conselho Federativo, após as retenções previstas, distribuirá ao ente federado somente o montante correspondente às aquisições feitas por consumidores finais ou em casos previstos na Constituição.

Art. 156-A § 5º I

a) PEC 45/2019 Art. 1º - vigência: imediata

"§ 5º Lei complementar disporá sobre:

I - as regras para a distribuição do produto da arrecadação do imposto, disciplinando, entre outros aspectos:

a) a sua forma de cálculo;

b) o tratamento em relação às operações em que o imposto não seja recolhido tempestivamente;

c) as regras de distribuição aplicáveis aos regimes específicos e diferenciados de tributação previstos nesta Constituição;"

b) Constituição Federal - redação atual

Art. 156-A § 5º I - não há

c) Síntese

Lei complementar disporá sobre as regras para a distribuição do produto da arrecadação do IBS, tais como a forma de cálculo, o tratamento em relação às operações em que o imposto não seja recolhido tempestivamente e as regras de distribuição aplicáveis aos regimes específicos e diferenciados de tributação.

Art. 156-A § 5º II

a) PEC 45/2019 Art. 1º - vigência: imediata

"II - o regime de compensação, podendo estabelecer hipóteses em que o aproveitamento do crédito ficará condicionado à verificação do efetivo recolhimento do imposto incidente sobre a operação, desde que:

a) o adquirente possa efetuar o recolhimento do imposto incidente nas suas aquisições de bens ou serviços; ou

b) o recolhimento do imposto ocorra na liquidação financeira da operação;"

b) Constituição Federal - redação atual

Art. 156-A § 5º II - não há

c) Síntese

Lei complementar disporá sobre o regime de compensação do IBS, podendo estabelecer hipóteses para condicionar o aproveitamento do crédito à verificação do efetivo recolhimento do imposto incidente sobre a operação, desde que o adquirente possa recolher o imposto ou o recolhimento do imposto ocorra no momento do pagamento da operação.

d) Análise - Comentários

A lei complementar poderá condicionar o aproveitamento do crédito à verificação do efetivo recolhimento do imposto. Neste caso, para poder se creditar, o contribuinte deverá certificar-se antes se o imposto foi devidamente recolhido. A lei complementar deverá indicar como fazer essa comprovação para cada operação sujeita ao IBS.

Art. 156-A § 5º III

a) PEC 45/2019 Art. 1º - vigência: imediata

"III - a forma e o prazo para ressarcimento de créditos acumulados pelo contribuinte;"

b) Constituição Federal - redação atual

Art. 156-A § 5º III - não há

c) Síntese

Lei complementar disporá sobre como o contribuinte deve proceder para ser ressarcido do crédito acumulado do IBS e que prazo terá para tanto.

d) Análise - Comentários

Para evitar que os contribuintes tenham prejuízo devido ao acúmulo de crédito não compensado, a lei complementar deverá dispor sobre prazos e mecanismos para transferência ou ressarcimento dos montantes correspondentes.

Art. 156-A § 5º IV

a) PEC 45/2019 Art. 1º - vigência: imediata

"IV - os critérios para a definição do ente de destino da operação, que poderá ser, inclusive, o local da entrega, da disponibilização ou da localização do bem, o da prestação ou da disponibilização do serviço ou o do domicílio ou da localização do adquirente do bem ou serviço, admitidas diferenciações em razão das características da operação;"

b) Constituição Federal - redação atual

Art. 156-A § 5º IV - não há

c) Síntese

Lei Complementar definirá o conceito de "ente de destino da operação" sujeita ao IBS. Poderá definir este conceito levando em conta o local da entrega do bem, o local da prestação do serviço, o local da disponibilização dos mesmos, a localização do adquirente, as características do bem etc.

d) Análise - Comentários

A arrecadação com o IBS beneficia o ente federado de destino das operações com bens ou serviços. A lei complementar disporá sobre a definição de ente federado de destino das operações sujeitas ao IBS.

No caso do ICMS, em operações interestaduais, são beneficiados com a arrecadação ambos os Estados envolvidos: parte da arrecadação fica com o Estado de origem e parte com o Estado de destino. Em operações dentro do Estado, o beneficiado com a arrecadação é o próprio Estado, origem e destino da operação.

No caso do ISS, a Lei Complementar nº 116/2003 determina quem fica com a arrecadação do ISS, podendo ser o Município onde se localiza o prestador de serviço ou o Município de destino, onde o serviço é prestado.

Qual seria o melhor sistema de distribuição da arrecadação: aquele que beneficia a origem e a produção? Aquele que beneficia o consumo? Ou aquele que reparte a arrecadação entre os Municípios que produzem, origem dos bens, e os Municípios que consomem, destino dos bens? O melhor sistema, provavelmente, é o que promove homogeneamente o desenvolvimento das regiões do país.

Art. 156-A § 5º VIII

a) PEC 45/2019 Art. 1º - vigência: imediata

"VIII - as hipóteses de devolução do imposto a pessoas físicas, inclusive os limites e os beneficiários, com o objetivo de reduzir as desigualdades de renda; e"

b) Constituição Federal - redação atual

Art. 156-A § 5º VIII - não há

c) Síntese

Lei Complementar, para reduzir desigualdades de renda, disporá sobre como será devolvido o IBS a pessoas físicas, em que limites e como selecionar os beneficiários.

d) Análise - Comentários

Devolver algo indica que esse algo foi cobrado ou tirado anteriormente.

No que respeita ao Imposto sobre a Renda fica mais simples eventualmente devolver o tributo pago por contribuintes com menor renda, como ocorre em alguns países desenvolvidos.

No caso do IBS, a tarefa é mais complexa, pois para devolvê-lo para pessoas físicas, há que se identificar os valores por ela pagos, em aquisições que fez oneradas pelo imposto. Por exemplo, o beneficiário poderia guardar todos os comprovantes fiscais de suas aquisições de bens ou serviços e pleitear a devolução dos impostos neles relacionados. Neste caso, provavelmente, o custo para manter uma estrutura de checagem poderia tornar esse método inviável.

Uma alternativa a essa devolução, no caso de ser impossível saber o valor cabível a ser devolvido, seria identificar os bens e serviços comumente utilizados por pessoas físicas menos favorecidas e reduzir a zero as alíquotas dos tributos que neles incidem.

Art. 158 III

a) PEC 45/2019 Art. 1º - vigência: imediata

"Art. 158

...

III - 50% (cinquenta por cento) do produto da arrecadação do imposto do Estado sobre a propriedade de veículos automotores licenciados em seus territórios ou, em relação a veículos aquáticos e aéreos, cujos proprietários sejam domiciliados em seus territórios;"

b) Constituição Federal - redação atual

Art. 158 III - cinqüenta por cento do produto da arrecadação do imposto do Estado sobre a propriedade de veículos automotores licenciados em seus territórios;

c) Síntese

Pertence aos Municípios 50% do produto da arrecadação do IPVA dos:

- veículos automotores terrestres licenciados em seus territórios e
- veículos automotores aquáticos e aéreos cujos proprietários sejam domiciliados em seus territórios.

d) Análise - Comentários

A arrecadação com o IPVA, de competência estadual, será repartida igualmente entre cada Estado e cada Município seu, onde os veículos automotores terrestres foram licenciados ou onde sejam domiciliados os proprietários dos veículos automotores aquáticos ou aéreos.

Art. 158 IV a
a1) PEC 45/2019 Art. 1º - vigência: imediata

"IV - 25% (vinte e cinco por cento):

a) do produto da arrecadação do imposto do Estado sobre operações relativas à circulação de mercadorias e sobre prestações de serviços de transporte interestadual e intermunicipal e de comunicação;"

Art. 158 IV a
a2) PEC 45/2019 Art 20 - vigência: imediata

"Art. 20. Ficam revogados:

...

II - em 2033:

a) os arts. 153, IV e § 3º, 155, II e §§ 2º a 5º, 156, III e § 3º, 158, IV, 'a', e § 1º, e 161, I, todos da Constituição Federal;"

b) Constituição Federal - redação atual

Art. 158 IV

a) vinte e cinco por cento do produto da arrecadação do imposto do Estado sobre operações relativas à circulação de mercadorias e sobre prestações de serviços de transporte interestadual e intermunicipal e de comunicação.

c) Síntese

Até 2033, pertencerão aos Municípios 25% do ICMS arrecadado no respectivo Estado.

Não altera o texto constitucional vigente do "inciso IV", mas passa a intitulá-lo de "inciso IV alínea a".

d) Análise - Comentários

O ICMS ficará extinto a partir de 2033, data em que deixará de produzir efeitos essa alínea "a", uma vez que se refere à repartição do ICMS.

Art. 158 IV "b"
a) PEC 45/2019 Art. 1º - vigência: imediata

"b) do produto da arrecadação do imposto previsto no art. 156-A distribuída aos Estados."

Regulamentação Constitucional

a) PEC 45/2019 Art. 6º - vigência: imediata

"Até que lei complementar disponha sobre a matéria:

I - o crédito das parcelas de que trata o art. 158, IV, "b", da Constituição Federal, obedecido o § 2º do mesmo artigo, com redação dada pelo art. 1º desta Emenda Constitucional, observará, no que couber, os critérios e os prazos aplicáveis ao Imposto sobre Operações relativas à Circulação de Mercadorias e sobre Prestação de Serviços de Transporte Interestadual e Intermunicipal e de Comunicação da Lei Complementar nº 63, de 11 de janeiro de 1990, e respectivas alterações;"

b) Constituição Federal - redação atual

Art. 158 IV "b" - não há

c) Síntese

Pertencem aos Municípios 25% do IBS arrecadado, correspondente ao respectivo Estado.

Até que lei complementar disponha sobre a matéria, a parcela do IBS pertencente aos Municípios será creditada para eles segundo os critérios e prazos aplicáveis ao ICMS.

d) Análise - Comentários

A arrecadação do IBS de cada ente federado é função da alíquota que fixou. A alíquota do IBS de cada Município é composta de duas frações: uma é a alíquota fixado pelo Estado onde se situa e outra é a alíquota fixada pelo próprio Município.

25% do produto da arrecadação decorrente da aplicação da fração fixada pelo Estado, será rateado entre os seus Municípios.

Art. 158 § 1º

a1) PEC 45/2019 Art. 1º - vigência: imediata

"§ 1º As parcelas de receita pertencentes aos Municípios mencionadas no inciso IV, 'a', serão creditadas conforme os seguintes critérios:"

Art. 158 § 1º

a2) PEC 45/2019 Art 20 - vigência: imediata

"Art. 20. Ficam revogados:

...

II - em 2033:

a) os arts. 153, IV e § 3º, 155, II e §§ 2º a 5º, 156, III e § 3º, 158, IV, 'a', e § 1º, e 161, I, todos da Constituição Federal;"

b) Constituição Federal - redação atual

Art. 158 Parágrafo único -As parcelas de receita pertencentes aos Municípios, mencionadas no inciso IV, serão creditadas conforme os seguintes critérios:

c) Síntese

Não altera o texto constitucional vigente do "Parágrafo único", mas passa a intitulá-lo de "§ 1º".

Esse parágrafo determina que as parcelas de receita do ICMS (até 31/12/2032) pertencentes aos Municípios serão creditadas conforme os seguintes critérios:

I - 65%, no mínimo, na proporção do valor adicionado nas operações relativas à circulação de mercadorias e nas prestações de serviços, realizadas em seus territórios e

II - até 35%, de acordo com o que dispuser lei estadual sendo, no mínimo, 10 (dez) pontos percentuais com base em indicadores de melhoria nos resultados de aprendizagem e de aumento da equidade, considerado o nível socioeconômico dos educandos.

d) Análise - Comentários

Texto referente ao ICMS, que estará extinto em 2033, data em que este § 1º deixará de produzir efeitos.

Art. 158 § 2º

a) PEC 45/2019 Art. 1º - vigência: imediata

"§ 2º As parcelas de receita pertencentes aos Municípios mencionadas no inciso IV, 'b', serão creditadas conforme os seguintes critérios:

I - 85% (oitenta e cinco por cento), na proporção da população;

II - 10% (dez por cento), com base em indicadores de melhoria nos resultados de aprendizagem e de aumento da equidade, considerado o nível socioeconômico dos educandos, de acordo com o que dispuser lei estadual; e

III - 5% (cinco por cento), em montantes iguais para todos os Municípios do Estado."

b) Constituição Federal - redação atual

Art. 158 § 2º - não há

c) Síntese

As parcelas da receita estadual do IBS, pertencentes aos Municípios serão creditadas conforme os seguintes critérios:

I - 85% (oitenta e cinco por cento), no mínimo, na proporção da população;

II - 10% (dez por cento), com base em indicadores de melhoria nos resultados de aprendizagem e de aumento da equidade, considerado o nível socioeconômico dos educandos, de acordo com o que dispuser lei estadual; e

III - 5% (cinco por cento), em montantes iguais para todos os Municípios do Estado.

d) Análise - Comentários

25% da parcela estadual do IBS arrecadada por cada Estado, que pertence aos Municípios, será rateada entre eles na mesma proporção adotada com o ICMS, ora vigente.

Art. 159 I
a) PEC 45/2019 Art. 1º - vigência: imediata

"Art. 159. ...

I - do produto da arrecadação dos impostos sobre renda e proventos de qualquer natureza e sobre produtos industrializados e do imposto previsto no art. 153, VIII, 50% (cinquenta por cento), da seguinte forma:"

Art. 159 I
a) PEC 45/2019 Art. 4º - vigência: 2033

"Art. 159 ...

I - do produto da arrecadação do imposto sobre renda e proventos de qualquer natureza e do imposto de que trata o art. 153, VIII, 50% (cinquenta por cento), na seguinte forma:"

b) Constituição Federal - redação atual

"Art. 159 I - do produto da arrecadação dos impostos sobre renda e proventos de qualquer natureza e sobre produtos industrializados, 50% (cinquenta por cento), da seguinte forma:"

c) Síntese

50% da arrecadação dos tributos serão distribuídos a fundos de participação e programas de financiamento ao setor produtivo, conforme critérios elencados no texto constitucional:

- imposto sobre a renda e proventos de qualquer natureza,
- IPI (até 31/12/2032) e
- imposto sobre a produção, comercialização ou importação de bens e serviços prejudiciais à saúde ou ao meio-ambiente,

d) Análise - Comentários

Acrescentado, no artigo 159 inciso I, o IBSP - "imposto sobre a produção, comercialização ou importação de bens e serviços prejudiciais à saúde ou ao meio-ambiente" aos tributos IPI (este até 31/12/2032) e Imposto sobre a

Renda, destinando 50% da arrecadação dos mesmos para Fundos de participação e financiamento da produção.

Regulamentação Constitucional
ref.: art. 159 inciso I
a) PEC 45/2019 Art. 6º - vigência: imediata
"Até que lei complementar disponha sobre a matéria:
II - a entrega dos recursos do art. 153, VIII, nos termos do art. 159, I, ambos da Constituição Federal, com redação dada pelo art. 1º desta Emenda Constitucional, observará os critérios e as condições da Lei Complementar nº 62, de 28 de dezembro de 1989, e respectivas alterações;"
b) Síntese
Até que lei complementar disponha sobre a matéria, a entrega, aos Fundos de Participação e programas de financiamento ao setor produtivo, da parcela do IBSP - "imposto sobre produção, comercialização ou importação de bens e serviços prejudiciais à saúde ou ao meio-ambiente", observará os critérios e condições da lei complementar nº 62 / 1989, que estabelece normas sobre o cálculo, a entrega e o controle das liberações dos recursos dos Fundos de Participação.

Art. 159 II
a) PEC 45/2019 Art. 1º - vigência: imediata
"II - do produto da arrecadação do imposto sobre produtos industrializados e do imposto previsto no art. 153, VIII, 10% (dez por cento) aos Estados e ao Distrito Federal, proporcionalmente ao valor das respectivas exportações de produtos industrializados."

Art. 159 II
a) PEC 45/2019 Art. 4º - vigência: 2033
"Art. 159 ...
II - do produto da arrecadação do imposto de que trata o art. 153, VIII, 10% (dez por cento) aos Estados e ao Distrito Federal, proporcionalmente ao valor das respectivas exportações de produtos industrializados."
b) Constituição Federal - redação atual
Art. 159 II - do produto da arrecadação do imposto sobre produtos industrializados, dez por cento aos Estados e ao Distrito Federal, proporcionalmente ao valor das respectivas exportações de produtos industrializados.

Mário Bonafé Jr.

c) Síntese

Será distribuído os Estados e ao Distrito Federal, 10% da arrecadação dos tributos:

- IPI (até 31/12/2032) e
- IBSP - "imposto sobre a produção, comercialização ou importação de bens e serviços prejudiciais à saúde ou ao meio-ambiente".

O rateio entre os Estados e Distrito Federal será proporcional às respectivas exportações de produtos industrializados.

Regulamentação Constitucional

a) PEC 45/2019 Art. 6º - vigência: imediata

"Até que lei complementar disponha sobre a matéria:

III - a entrega dos recursos do imposto de que trata art. 153, VIII, nos termos do art. 159, II, ambos da Constituição Federal, com redação dada pelo art. 1º desta Emenda Constitucional, observará a Lei Complementar nº 61, de 26 de dezembro de 1989, e respectivas alterações;"

b) Síntese

Até que lei complementar disponha sobre a matéria, a entrega, aos Estados e Distrito Federal, da parcela do IBSP - "imposto sobre produção, comercialização ou importação de bens e serviços prejudiciais à saúde ou ao meio-ambiente", observará a lei complementar nº 61 / 1989, que estabelece normas para a participação dos Estados e do Distrito Federal no produto da arrecadação do Imposto sobre Produtos Industrializados (IPI), relativamente às exportações.

Regulamentação Constitucional

a) PEC 45/2019 Art. 7º - vigência: imediata

"A partir de 2027, a União compensará eventual redução no montante dos valores entregues nos termos do art. 159, I e II, em razão da substituição da arrecadação do imposto previsto no art. 153, IV, pela arrecadação do imposto previsto no art. 153, VIII, todos da Constituição Federal, nos termos de lei complementar.

§ 1º A compensação de que trata o caput:

I - terá como referência a média de recursos transferidos do imposto previsto no art. 153, IV, de 2022 a 2026, atualizada na forma da lei complementar;

II - observará os mesmos critérios, prazos e garantias aplicáveis à entrega de recursos de que trata o art. 159, I e II, da Constituição Federal; e

III - será atualizada pela variação do produto da arrecadação da contribuição prevista no art. 195, V, da Constituição Federal.

§ 2° Aplica-se à compensação de que trata o caput o disposto nos arts. 167, § 4°, 198, § 2°, 212, caput e § 1°, e 212-A, II, todos da Constituição Federal."

b) Síntese

A partir de 2027, a União compensará eventual redução do montante dos valores entregues aos fundos de participação e programas de financiamento ao setor produtivo face à substituição da arrecadação com IPI pela arrecadação do imposto sobre produção, comercialização ou importação de bens e serviços prejudiciais à saúde ou ao meio-ambiente.

Essa compensação terá como referência a média dos recursos transferidos provenientes do IPI no período de 2022 a 2026, atualizados conforme lei complementar e seguirá os critérios, prazos e garantias previstos no artigo 159 incisos I e II referentes à distribuição de 50% do arrecadado com o imposto sobre a renda e de 10% do arrecadado com o IPI. Essa compensação terá seu valor atualizado pela variação da arrecadação da CBS.

Fica vedado vincular essa compensação a órgão, fundo ou despesa nos termos do artigo 167 §4°.

Essa compensação integrará o montante sobre o qual será aplicado o percentual a ser destinado:

- a ações e serviços públicos de saúde.
- à manutenção e desenvolvimento do ensino.
- à manutenção e ao desenvolvimento do ensino na educação básica e à remuneração condigna de seus profissionais.

Art. 159 § 3°

a) PEC 45/2019 Art. 1° - vigência: imediata

"§ 3° Os Estados entregarão aos respectivos Municípios 25% (vinte e cinco por cento) dos recursos que receberem nos termos do inciso II, observados os critérios estabelecidos no art. 158, § 1°, para a parcela relativa ao imposto sobre produtos industrializados, e no art. 158, § 2°, para a parcela relativa ao imposto previsto no art. 153, VIII."

Art. 159 § 3°

a) PEC 45/2019 Art. 4° - vigência: 2033

"Art. 159

§ 3º Os Estados entregarão aos respectivos Municípios vinte e cinco por cento dos recursos que receberem nos termos do inciso II, observados os critérios no art. 158, § 2º."

b) Constituição Federal - redação atual

"Art. 159 § 3º - Os Estados entregarão aos respectivos Municípios vinte e cinco por cento dos recursos que receberem nos termos do inciso II, observados os critérios estabelecidos no art. 158, parágrafo único, I e II."

c) Síntese

Os Estados ratearão entre seus Municípios 25% da parcela da arrecadação recebida da União referente ao IPI (até 31/12/2032) e ao imposto sobre a produção, comercialização ou importação de bens e serviços prejudiciais à saúde ou ao meio-ambiente, segundo os critérios:

No caso do IPI (até 31/12/2032):

I - 65%, no mínimo, na proporção do valor adicionado nas operações relativas à circulação de mercadorias e nas prestações de serviços, realizadas em seus territórios e

II - até 35%, de acordo com o que dispuser lei estadual sendo, no mínimo, 10 (dez) pontos percentuais com base em indicadores de melhoria nos resultados de aprendizagem e de aumento da equidade, considerado o nível socioeconômico dos educandos.

No caso do imposto sobre a produção, comercialização ou importação de bens e serviços prejudiciais à saúde ou ao meio-ambiente:

I - 85%, no mínimo, na proporção da população;

II - 10% com base em indicadores de melhoria nos resultados de aprendizagem e de aumento da equidade, considerado o nível socioeconômico dos educandos, de acordo com o que dispuser lei estadual; e

III - 5% em montantes iguais para todos os Municípios do Estado."

d) Análise - Comentários

Não se altera o texto constitucional no que se refere aos critérios para rateio do IPI, que será mantido até 31/12/2032, sendo que foi acrescentado o IBSP - "imposto sobre a produção, comercialização ou importação de bens e serviços prejudiciais à saúde ou ao meio-ambiente", que terá regra própria de rateio entre os Municípios.

Art. 159-A

a) PEC 45/2019 Art. 1º - vigência: imediata

"Art. 159-A. Fica instituído o Fundo Nacional de Desenvolvimento Regional com o objetivo de reduzir as desigualdades regionais e sociais,

nos termos do art. 3º, III, mediante a entrega de recursos da União aos Estados e ao Distrito Federal para:

I - realização de estudos, projetos e obras de infraestrutura;

II - fomento a atividades produtivas com elevado potencial de geração de emprego e renda, incluindo a concessão de subvenções econômicas e financeiras; e

III - promoção de ações com vistas ao desenvolvimento científico e tecnológico e à inovação."

b) Constituição Federal - redação atual

Art. 159-A - não há

c) Síntese

Com recursos da União, dos Estados e do Distrito Federal, é instituído o Fundo Nacional de Desenvolvimento Regional com o objetivo de reduzir as desigualdades regionais e sociais, de acordo com um dos objetivos fundamentais da República Federativa do Brasil estabelecidos constitucionalmente.

Este Fundo deverá:

I - realizar estudos, projetos e obras de infraestrutura;

II - fomentar atividades produtivas com elevado potencial de geração de emprego e renda, incluindo a concessão de subvenções econômicas e financeiras; e

III - promover ações com vistas ao desenvolvimento científico e tecnológico e à inovação.

d) Análise - Comentários

Neste artigo está previsto que a União fará o aporte dos recursos que comporão o Fundo Nacional de Desenvolvimento Regional. Estes recursos serão entregues os Estados e Distrito Federal para investimentos em infraestrutura, fomento à produção em setores geradores de emprego, etc.

No que respeita ao fomento à produção em setores geradores de emprego, este será um desafio aos governantes pois, uma vez implantado o IBS e extintos os tributos ICMS e ISS, haverá forte tendência, como analisado anteriormente, para as indústrias se concentrarem perto dos centros de consumo mais relevantes.

Regulamentação Constitucional

ref.: Art. 159-A

a) PEC 45/2019 Art. 13 - vigência: imediata

"Art. 13. Os recursos de que trata o art. 159-A, da Constituição Federal, com a redação dada pelo art. 1º desta Emenda Constitucional, corresponderão aos seguintes valores, atualizados, de 2023 até o ano

anterior ao da entrega, pela variação acumulada do Índice Nacional de Preços ao Consumidor Amplo - IPCA, ou de outro índice que vier a substituí-lo:

I - em 2029, a R$ 8.000.000.000,00 (oito bilhões de reais);

II - em 2030, a R$ 16.000.000.000,00 (dezesseis bilhões de reais);

III - em 2031, a R$ 24.000.000.000,00 (vinte e quatro bilhões de reais);

IV - em 2032, a R$ 32.000.000.000,00 (trinta e dois bilhões de reais);

V - a partir de 2033, a R$ 40.000.000.000,00 (quarenta bilhões de reais), por ano."

b) Síntese

Os recursos que a União deverá entregar aos Estados e Distrito Federal para compor o Fundo Nacional de Desenvolvimento Regional, corresponderão aos seguintes valores, referentes a 2023, atualizados pelo IPCA:

I - em 2029, a R$ 8.000.000.000,00 (oito bilhões de reais);

II - em 2030, a R$ 16.000.000.000,00 (dezesseis bilhões de reais);

III - em 2031, a R$ 24.000.000.000,00 (vinte e quatro bilhões de reais);

IV - em 2032, a R$ 32.000.000.000,00 (trinta e dois bilhões de reais);

V - a partir de 2033, a R$ 40.000.000.000,00 (quarenta bilhões de reais), por ano.

Regulamentação Constitucional

a) PEC 45/2019 Art. 15 - vigência: imediata

"Art. 15. Os recursos entregues na forma do art. 159-A da Constituição Federal, com a redação dada pelo art. 1º desta Emenda Constitucional, os recursos de que trata o art. 12 e as compensações de que tratam o art. 7º não se incluem em bases de cálculo ou em limites de despesas estabelecidos pela lei complementar de que trata o art. 6º da Emenda Constitucional nº 126, de 21 de dezembro de 2022."

b) Síntese

Os recursos que a União deverá entregar aos Estados e Distrito Federal para compor o Fundo Nacional de Desenvolvimento Regional, os recursos para o Fundo de Compensação de Benefícios Fiscais ou Financeiros-fiscais do ICMS e os recursos para os Fundos de Participação e programas de financiamento ao setor produtivo não se incluem na base de cálculo ou em limites de despesas para a realização de operações de créditos.

Art. 159-A § 1º

a) PEC 45/2019 Art. 1º - vigência: imediata

"§ 1° Os recursos de que trata o caput serão entregues aos Estados e ao Distrito Federal segundo critérios definidos em lei complementar, vedada a retenção ou qualquer restrição a seu recebimento."

b) Constituição Federal - redação atual

Art. 159-A § 1° - não há

c) Síntese

Lei Complementar definirá os critérios para distribuição dos recursos do Fundo Nacional de Desenvolvimento Regional aos Estados e Distrito Federal estando vedadas a retenção ou qualquer restrição ao seu recebimento.

Art. 159-A § 2°

a) PEC 45/2019 Art. 1° - vigência: imediata

"§ 2° Na aplicação dos recursos de que trata o caput, os Estados e o Distrito Federal priorizarão projetos que prevejam ações de preservação do meio ambiente."

b) Constituição Federal - redação atual

Art. 159-A § 2° - não há

c) Síntese

Os recursos destinados ao Fundo Nacional de Desenvolvimento Regional, que serão gerenciados pelos Estados e Distrito Federal, deverão priorizar projetos que prevejam ações de preservação do meio-ambiente.

d) Análise - Comentários

Os recursos destinados ao Fundo Nacional de Desenvolvimento Regional serão gerenciados pelos Estados e Distrito Federal, e serão aplicados:

- em estudos, projetos e obras de infraestrutura;
- no fomento a atividades produtivas com elevado potencial de geração de emprego e renda e
- na promoção de ações com vistas ao desenvolvimento científico e tecnológico e à inovação.

No que respeita aos projetos, deverão ser priorizados os que prevejam ações de preservação do meio-ambiente.

Art. 159-A § 3°

a) PEC 45/2019 Art. 1° - vigência: imediata

"§ 3° Observado o disposto neste artigo, caberá aos Estados e ao Distrito Federal a decisão quanto à aplicação dos recursos de que trata o caput."

b) Constituição Federal - redação atual

Art. 159-A § 3° - não há

c) Síntese

Caberá aos Estados e Distrito Federal gerenciar a aplicação dos recursos recebidos para o Fundo Nacional de Desenvolvimento Regional.

d) Análise - Comentários

Os Estados e o Distrito Federal decidirão a melhor forma de aplicar os recursos que receberem do Fundo Nacional de Desenvolvimento Regional.

Art. 161 I

a1) PEC 45/2019 Art. 1º - vigência: imediata

"Art. 161. ...

I - definir valor adicionado para fins do disposto no art. 158, § 1º, I;"

Art. 161 I

a2) PEC 45/2019 Art 20 - vigência: imediata

"Art. 20. Ficam revogados:

...

II - em 2033:

a) os arts. 153, IV e § 3º, 155, II e §§ 2º a 5º, 156, III e § 3º, 158, IV, 'a', e § 1º, e 161, I, todos da Constituição Federal;"

b) Constituição Federal - redação atual

Art. 161 - ...

I - definir valor adicionado para fins do disposto no art. 158, parágrafo único, I;

c) Síntese

Esse inciso determina que lei complementar defina o termo "valor adicionado" nas transações sujeitas ao ICMS, para fins de distribuição das parcelas do tributo.

O "parágrafo único" passou a ser "§ 1º" não havendo alteração o texto da Constituição.

O ICMS estará extinto em 2033, ano em que o inciso enfocado ficará revogado.

Art. 167 § 4º

a) PEC 45/2019 Art. 1º - vigência: imediata

"Art. 167

...

§ 4º É permitida a vinculação das receitas a que se referem os arts. 155, 156, 156-A, 157, 158 e as alíneas 'a', 'b', 'd', 'e' e 'f' do inciso I e o inciso II

do caput do art. 159 desta Constituição para pagamento de débitos com a União e para prestar-lhe garantia ou contragarantia."

b) Constituição Federal - redação atual

"Art. 167 § 4º - É permitida a vinculação das receitas a que se referem os arts. 155, 156, 157, 158 e as alíneas "a", "b", "d" e "e" do inciso I e o inciso II do caput do art. 159 desta Constituição para pagamento de débitos com a União e para prestar-lhe garantia ou contragarantia."

c) Síntese

Para pagamento de débitos com a União, bem como para prestar garantia ou contragarantia de pagamento, podem ser vinculadas as receitas advindas das arrecadações dos seguintes tributos:

- ITCMD
- ICMS
- IPVA
- IPTU
- ITBI
- ISS
- IBS
- parcela do IR referente aos rendimentos dos. Estados e DF
- parcela do IR pertence aos Estados e DF
- parcela do IR referente aos rendimentos dos Municípios
- parcela ITR pertencente aos Municípios
- parcela do IPVA pertencente aos Municípios
- parcela do ICMS pertencente aos Municípios (até 31/12/32)
- parcela do IBS pertencente aos Municípios
- parcelas, distribuídas a Fundos de Participação e programas de financiamento ao setor produtivo, do IR, do IPI e do imposto sobre a produção, comercialização ou importação de bens e serviços prejudiciais à saúde ou ao meio-ambiente
- parcela do IPI distribuída aos Estados e Distrito Federal.

Art. 195 § 17

a) PEC 45/2019 Art. 1º - vigência: imediata

"§ 17. Lei estabelecerá as hipóteses de devolução da contribuição prevista no inciso V a pessoas físicas, inclusive em relação a limites e a beneficiários, com o objetivo de reduzir as desigualdades de renda."

b) Constituição Federal - redação atual

Art. 195 § 17 - não há

c) Síntese

Para reduzir desigualdades de renda pretende a PEC 45/2019 devolver parte da CBS paga por pessoas de menor renda e capacidade financeira.

Lei disporá sobre como será devolvido a CBS a pessoas físicas, em que limites e como selecionar os beneficiários.

d) Análise - Comentários

Devolver algo indica que esse algo foi cobrado ou tirado anteriormente.

No que respeita ao Imposto sobre a Renda, fica mais simples eventualmente devolver o tributo pago por contribuintes com menor renda.

No caso da CBS, a tarefa é mais complexa, pois para devolvê-lo para pessoas físicas com menos renda, há que se identificar os valores por ela pagos, referentes a aquisições que fez oneradas pelo imposto.

Talvez seja mais eficaz reduzir o valor dos tributos que incidem sobre bens e serviços utilizados por pessoas físicas menos favorecidas ou somente colocar esse dispositivo em tributos nos quais seja possível identificar o que foi pago e o que deve ser devolvido.

Art. 195 § 18

a) PEC 45/2019 Art. 1º - vigência: imediata

"§ 18. A devolução de que trata o § 17 não será computada na receita corrente líquida da União para os fins do disposto nos arts. 100, § 15, 166, §§ 9º, 12 e 17, e 198, § 2º."

Art. 195 § 18

a) PEC 45/2019 Art. 3º - vigência: 2027

"§ 18. A devolução de que trata o § 17:

I - não será computada na receita corrente líquida da União para os fins do disposto nos arts. 100, § 15, 165, §§ 9º, 12 e 17, 198, § 2º;

II - não integrará a base de cálculo para fins do disposto no art. 239."

b) Constituição Federal - redação atual

Art. 195 § 18 - não há

c) Síntese

A devolução da CBS para pessoas físicas não será computada na receita líquida da União para pagamentos de crédito de precatórios, na elaboração e a organização do plano plurianual, da lei de diretrizes orçamentárias e da lei orçamentária anual e na base de cálculo para aplicação em ações e serviços públicos de saúde.

A devolução da CBS para pessoas físicas não integrará a base de cálculo para o financiamento do programa do seguro-desemprego, bem como de outras ações da previdência social e do abono a empregados que recebam menos que 2 salários mínimos, nos termos da lei.

A devolução da CBS para pessoas físicas não integrará a base de cálculo do percentual destinado ao programa do seguro-desemprego, outras ações da previdência social e abono de um salário mínimo anual para os empregados que recebem até dois salários mínimos mensais e cujos empregadores recolham a CBS ou a contribuição para o Programa de Formação do Patrimônio do Servidor Público.

O montante da CBS devolvido a pessoas físicas não integrará a base de cálculo para o programa do seguro-desemprego, outras ações da previdência social e abonos a trabalhadores.

Art. 198 § 2º II

a) PEC 45/2019 Art. 1º - vigência: imediata

"Art. 198

...

§ 2º

...

II - no caso dos Estados e do Distrito Federal, o produto da arrecadação dos impostos a que se referem os arts. 155 e 156-A e dos recursos de que tratam os arts. 157 e 159, I, 'a', e II, deduzidas as parcelas que forem transferidas aos respectivos Municípios;"

b) Constituição Federal - redação atual

Art. 198 § 2º II - no caso dos Estados e do Distrito Federal, o produto da arrecadação dos impostos a que se refere o art. 155 e dos recursos de que tratam os arts. 157 e 159, inciso I, alínea a, e inciso II, deduzidas as parcelas que forem transferidas aos respectivos Municípios;

c) Síntese

Os Estados e o Distrito Federal aplicarão, anualmente, no Serviço Único de Saúde, percentuais (estabelecidos e revisados periodicamente em Leis Complementares) calculados sobre os valores abaixo, deduzidas as parcelas que forem transferidas aos respectivos Municípios:

- o montante da arrecadação do ITCMD, ICMS e IBS
- o montante do IR pertencente aos respectivos entes federados, incidente na fonte sobre rendimentos pagos pelo ente federado, suas autarquias e fundações
- o montante referente ao percentual recebido de outros impostos instituídos pela União
- o montante referente ao Fundo de Participação dos Estados e do Distrito Federal recebido da União na partição do IR,
- o montante recebido da União referente ao produto da arrecadação do IPI e do imposto sobre produção, comercialização ou importação de

bens e serviços prejudiciais à saúde ou ao meio-ambiente, distribuído de forma proporcional às exportações de produtos industrializados.

d) Análise - Comentários

Permaneceu a redação vigente na Constituição, acrescentando o IBS à relação dos tributos dos quais parte da arrecadação é distribuída ao Serviço Único de Saúde.

Art. 198 § 2º III

a) PEC 45/2019 Art. 1º - vigência: imediata

"III - no caso dos Municípios e do Distrito Federal, o produto da arrecadação dos impostos a que se referem os arts. 156 e 156-A e dos recursos de que tratam os arts. 158 e 159, I, 'b' e § 3º."

b) Constituição Federal - redação atual

Art. 198 § 2º III - no caso dos Municípios e do Distrito Federal, o produto da arrecadação dos impostos a que se refere o art. 156 e dos recursos de que tratam os arts. 158 e 159, inciso I, alínea b e § 3º.

c) Síntese

Os Municípios aplicarão, anualmente, no Serviço Único de Saúde, percentuais (estabelecidos e revisados periodicamente em Leis Complementares) calculados sobre os valores abaixo:

- o montante da arrecadação do IPTU, ITBI e IBS;
- o montante do IR pertencente a cada Município, incidente na fonte sobre rendimentos pagos por ele, suas autarquias e fundações;
- o montante do ITR cabível ao Município;
- o montante do IPVA cabível ao Município;
- o montante da parcela do Estado do IBS, cabível ao Município;
- o montante referente ao Fundo de Participação dos Estados e do Distrito Federal recebido da União na partição do IR;
- o percentual cabível recebido do Estado, referente ao produto da arrecadação do IPI e do imposto sobre produção, comercialização ou importação de bens e serviços prejudiciais à saúde ou ao meio-ambiente, distribuído aos Estados de forma proporcional às exportações de produtos industrializados.

Regulamentação Constitucional

a) PEC 45/2019 Art. 6º IV - vigência: imediata

Até que lei complementar disponha sobre a matéria:

"IV - as bases de cálculo dos percentuais dos Estados, do Distrito Federal e dos Municípios de que trata a Lei Complementar nº 141, de 13 de janeiro de 2012, compreenderão também:

a) as respectivas parcelas do imposto de que trata o art. 156-A, com os acréscimos e as deduções decorrentes do crédito das parcelas de que trata o art. 158, IV, "b", ambos da Constituição Federal, com redação dada pelo art. 1º desta Emenda Constitucional;

b) os valores recebidos nos termos dos arts. 130 e 131 do Ato das Disposições Constitucionais Transitórias, com redação dada pelo art. 2º desta Emenda Constitucional."

b) **Síntese**

Até que lei complementar disponha sobre a matéria, as bases de cálculo dos percentuais dos Estados, do Distrito Federal e dos Municípios de que trata a lei complementar nº 141/2012, que regulamenta os valores mínimos a serem aplicados em ações e serviços públicos de saúde, compreenderão também:

- as parcelas do IBS, considerando o percentual pertencente aos Municípios
- os montantes recebidos na distribuição a que se refere os artigos 130 e 131 do ADCT.

Art. 212-A II

a) PEC 45/2019 Art. 1º - vigência: imediata

"Art. 212-A

...

II - os fundos referidos no inciso I do caput deste artigo serão constituídos por 20% (vinte por cento):

a) das parcelas dos Estados no imposto de que trata o art. 156-A;

b) da parcela do Distrito Federal no imposto de que trata o art. 156-A, relativa ao exercício de sua competência estadual, nos termos do art. 156-A, § 2º; e

c) dos recursos a que se referem os incisos I, II e III do caput do art. 155, o inciso II do caput do art. 157, os incisos II, III e IV do caput do art. 158 e as alíneas 'a' e 'b' do inciso I e o inciso II do caput do art. 159 desta Constituição;"

Art. 212-A II "c"

a) PEC 45/2019 Art. 4º - vigência: 2033

"Art. 212-A ...

...

II -

...

c) dos recursos a que se referem os incisos I e III do caput do art. 155, o inciso II do caput do art. 157, os incisos II, III e IV do caput do art. 158, as alíneas "a" e "b" do inciso I e o inciso II do caput do art. 159 desta Constituição;"

b) Constituição Federal - redação atual

"Art. 212-A II - os fundos referidos no inciso I do caput deste artigo serão constituídos por 20% (vinte por cento) dos recursos a que se referem os incisos I, II e III do caput do art. 155, o inciso II do caput do art. 157, os incisos II, III e IV do caput do art. 158 e as alíneas "a" e "b" do inciso I e o inciso II do caput do art. 159 desta Constituição;"

c) Síntese

Para manutenção e desenvolvimento do ensino, a União aplicará anualmente no mínimo 18% e os Estados, Distrito Federal e os Municípios aplicarão anualmente no mínimo 25% da receita resultante de impostos e transferências. Os Estados, Distrito Federal e Municípios destinarão parte dos recursos para à manutenção e ao desenvolvimento do ensino na educação básica e à remuneração condigna de seus profissionais. Cada Estado, Distrito Federal e Município distribuirá e terá responsabilidade na gestão dos recursos em questão, através de um Fundo de Manutenção e Desenvolvimento da Educação Básica e de Valorização dos Profissionais da Educação (Fundeb) instituído no âmbito de cada Estado e Distrito Federal.

Os Fundos serão constituídos por 20% dos recursos advindos:

- da parcela de competência estadual do IBS dos Estados e do Distrito Federal
- do ITCMD, do ICMS (até 31/12/2032) e do IPVA,
- da parcela do Imposto dobre a Renda destinada aos Estados
- das parcelas distribuídas aos Municípios do ITR, do IPVA e do ICMS,
- das parcelas recebidas da união para o Fundo de Participação e dos Municípios e
- do percentual distribuído aos Estados e Municípios (proporcionalmente às exportações do respectivo Estado) do IPI e do imposto sobre bens e serviços prejudiciais à saúde e ao meio-ambiente.

A partir de 2033, com a revogação do ICMS, fica alterada a redação da alínea "c" do inciso aqui enfocado, eliminando a citação deste tributo.

Art. 239

a) PEC 45/2019 Art. 3º - vigência: 2027

"Art. 239. A arrecadação correspondente a 18% (dezoito por cento) da contribuição prevista no art. 195, V, e a decorrente da contribuição para o Programa de Formação do Patrimônio do Servidor Público, criado pela Lei Complementar nº 8, de 3 de dezembro de 1970, financiarão, nos termos que a lei dispuser, o programa do seguro-desemprego, outras ações da previdência social e o abono de que trata o § 3º deste artigo."

b) Constituição Federal - redação atual

"Art. 239 - A arrecadação decorrente das contribuições para o Programa de Integração Social, criado pela Lei Complementar nº 7, de 7 de setembro de 1970, e para o Programa de Formação do Patrimônio do Servidor Público, criado pela Lei Complementar nº 8, de 3 de dezembro de 1970, passa, a partir da promulgação desta Constituição, a financiar, nos termos que a lei dispuser, o programa do seguro-desemprego, outras ações da previdência social e o abono de que trata o § 3º deste artigo"

c) Síntese

O montante correspondente a 18% da arrecadação com a CBS e a arrecadação da contribuição para o Programa de Formação do Patrimônio do Servidor Público, financiarão o programa do seguro-desemprego, outras ações da previdência social e o abono de um salário mínimo anual para os empregados que recebem até dois salários mínimos mensais.

Art. 239 § 3º

a) PEC 45/2019 Art. 3º - vigência: 2027

"§ 3º Aos empregados que percebam de empregadores que recolhem a contribuição prevista no art. 195, V, ou a contribuição para o Programa de Formação do Patrimônio do Servidor Público, até dois salários mínimos de remuneração mensal, é assegurado o pagamento de um salário mínimo anual, computado neste valor o rendimento das contas individuais, no caso daqueles que já participavam dos referidos programas, até a data da promulgação desta Constituição."

b) Constituição Federal - redação atual

"Art. 239 § 3º - § 3º Aos empregados que percebam de empregadores que contribuem para o Programa de Integração Social ou para o Programa de Formação do Patrimônio do Servidor Público, até dois salários mínimos de remuneração mensal, é assegurado o pagamento de um salário mínimo anual, computado neste valor o rendimento das contas individuais, no caso daqueles que já participavam dos referidos programas, até a data da promulgação desta Constituição."

c) Síntese

Aos empregados que recebem até dois salários mínimos mensais e cujos empregadores recolham a CBS ou a contribuição para o Programa de

Formação do Patrimônio do Servidor Público é assegurado o pagamento de um salário mínimo anual, computado neste valor o rendimento das contas individuais, no caso daqueles que já participavam dos referidos programas até a data da promulgação desta Constituição.

ADCT - Art. 76-A

a) PEC 45/2019 Art. 2º - vigência: imediata

"Art. 76-A. São desvinculados de órgão, fundo ou despesa, até 31 de dezembro de 2032, 30% (trinta por cento) das receitas dos Estados e do Distrito Federal relativas a impostos, taxas e multas já instituídos ou que vierem a ser criados até a referida data, seus adicionais e respectivos acréscimos legais, e outras receitas correntes."

b) Constituição Federal - redação atual

"ADCT - Art. 76-A - São desvinculados de órgão, fundo ou despesa, até 31 de dezembro de 2023, 30% (trinta por cento) das receitas dos Estados e do Distrito Federal relativas a impostos, taxas e multas, já instituídos ou que vierem a ser criados até a referida data, seus adicionais e respectivos acréscimos legais, e outras receitas correntes."

c) Síntese

Até 31/12/2032 ficam desvinculadas de órgão, fundo ou despesa, trinta por cento das receitas dos Estados e do Distrito Federal relativas a impostos, taxas e multas, seus adicionais e acréscimos legais, bem como outras receitas correntes.

d) Análise - Comentários

A desvinculação das receitas permite que os Estados e Distrito Federal tenham maior liberdade na alocação dos recursos, priorizando a aplicação em setores que julguem prioritários.

ADCT - Art. 76-B

a) PEC 45/2019 Art. 2º - vigência: imediata

"Art. 76-B. São desvinculados de órgão, fundo ou despesa, até 31 de dezembro de 2032, 30% (trinta por cento) das receitas dos Municípios relativas a impostos, taxas e multas, já instituídos ou que vierem a ser criados até a referida data, seus adicionais e respectivos acréscimos legais, e outras receitas correntes."

b) Constituição Federal - redação atual

"ADCT - Art. 76-B - São desvinculados de órgão, fundo ou despesa, até 31 de dezembro de 2023, 30% (trinta por cento) das receitas dos Municípios relativas a impostos, taxas e multas, já instituídos ou que

vierem a ser criados até a referida data, seus adicionais e respectivos acréscimos legais, e outras receitas correntes."

c) Síntese

Até 31/12/2032 ficam desvinculadas de órgão, fundo ou despesa, trinta por cento das receitas dos Municípios relativas a impostos, taxas e multas, seus adicionais e acréscimos legais, bem como outras receitas correntes.

d) Análise - Comentários

A desvinculação das receitas permite que os Municípios tenham maior liberdade na alocação dos recursos, priorizando a aplicação em setores que julguem prioritários.

ADCT - Art. 80 II

a) PEC 45/2019 Art 20 - vigência: imediata

"Art. 20. Ficam revogados: ...

II - em 2033: ...

b) os arts. 80, II, ... do Ato das Disposições Constitucionais Transitórias."

b) Constituição Federal - redação atual

"ADCT Art. 80 - Art. 80. Compõem o Fundo de Combate e Erradicação da Pobreza:

...

II - a parcela do produto da arrecadação correspondente a um adicional de cinco pontos percentuais na alíquota do Imposto sobre Produtos Industrializados - IPI, ou do imposto que vier a substituí-lo, incidente sobre produtos supérfluos e aplicável até a extinção do Fundo;"

c) Síntese

Com a revogação do IPI, a distribuição de uma parcela de sua arrecadação, destinada ao Fundo de Combate e Erradicação da Pobreza, fica também revogada.

ADCT - Art. 82

a) PEC 45/2019 Art. 5º - vigência: 2033

"Art. 82. Os Estados, o Distrito Federal e os Municípios devem instituir Fundos de Combate à Pobreza, devendo os referidos Fundos ser geridos por entidades que contem com a participação da sociedade civil."

b) Constituição Federal - redação atual

ADCT "Art. 82 - Os Estados, o Distrito Federal e os Municípios devem instituir Fundos de Combate à Pobreza, com os recursos de que trata este artigo e outros que vierem a destinar, devendo os referidos Fundos ser geridos por entidades que contem com a participação da sociedade civil."

c) Síntese

A Constituição determina que os Estados, Distrito Federal e Municípios instituam Fundos de Combate à Pobreza. Na alteração em pauta fica suprimido o trecho "com os recursos de que trata este artigo e outros que vierem a destinar".

Art. 82 § 1º do ADCT

a) PEC 45/2019 Art. 5º - vigência: 2033

"Art. 82 ...

§ 1º Para o financiamento dos Fundos Estaduais, Distrital e Municipais, poderá ser destinado percentual do Imposto previsto no art. 156-A, da Constituição Federal, e dos recursos distribuídos nos termos dos arts. 130 e 131 deste Ato das Disposições Constitucionais Transitórias, nos limites definidos em lei complementar, não se aplicando, sobre estes valores, o disposto no art. 158, IV, da Constituição Federal."

b) Constituição Federal - redação atual

ADCT "Art. 82

§ 1º Para o financiamento dos Fundos Estaduais e Distrital, poderá ser criado adicional de até dois pontos percentuais na alíquota do Imposto sobre Circulação de Mercadorias e Serviços - ICMS, sobre os produtos e serviços supérfluos e nas condições definidas na lei complementar de que trata o art. 155, § 2º, XII, da Constituição, não se aplicando, sobre este percentual, o disposto no art. 158, IV, da Constituição."

c) Síntese

Os Fundos de Combate à Pobreza instituídos pelos Estados, Distrito Federal e Municípios poderão ser financiados por percentual da arrecadação do IBS e dos recursos recebidos conforme determinado no ADCT, nos limites estabelecidos em Lei Complementar, não se aplicando sobre estes valores o disposto no Art. 158 inciso IV, que determina que 25% da arrecadação com o ICMS e com o IBS pertencem aos Municípios.

Art. 82 § 2º do ADCT

a) PEC 45/2019 Art. 5º - vigência: 2033

Art. 82

§ 2º "(Revogado)."

Art. 82 § 2º do ADCT

a) PEC 45/2019 Art 20 - vigência: imediata

"Art. 20. Ficam revogados:

...

II - em 2033:

...

b) os arts. ... 82, § 2º, e ..., do Ato das Disposições Constitucionais Transitórias."

b) Constituição Federal - redação atual

ADCT "Art. 82

§ 2º Para o financiamento dos Fundos Municipais, poderá ser criado adicional de até meio ponto percentual na alíquota do Imposto sobre serviços ou do imposto que vier a substituí-lo, sobre serviços supérfluos."

c) **Síntese**

Este parágrafo determinava que poderia ser criado um adicional, sobre serviços supérfluos, de meio ponto percentual na alíquota do ISS, ou de imposto que vier a substituí-lo, para aplicação no Fundo de Combate à Pobreza de cada Município. Este parágrafo fica, entretanto, revogado a partir de 2033.

d) Análise - Comentários

A revogação aparece duas vezes na PEC 45, nos artigos 5º e 21.

Art. 83 do ADCT

a) PEC 45/2019 Art 20 - vigência: imediata

"Art. 20. Ficam revogados:

...

II - em 2033:

...

b) os arts. ... 83, do Ato das Disposições Constitucionais Transitórias."

b) Constituição Federal - redação atual

ADCT Art. 83 - Lei federal definirá os produtos e serviços supérfluos a que se referem os arts. 80, II, e 82, § 2º.

c) Síntese

Este artigo determina que lei federal defina produtos e serviços supérfluos. Fica revogado em 2033.

ADCT - Art. 104 IV

a) PEC 45/2019 Art. 2º - vigência: imediata

"Art. 104 ...

...

IV - os Estados e o Conselho Federativo do Imposto sobre Bens e Serviços reterão os repasses previstos, respectivamente, nos §§ 1º e 2º do art. 158 da Constituição Federal e os depositarão na conta especial referida no art. 101 deste Ato das Disposições Constitucionais Transitórias, para utilização como nele previsto."

ADCT - Art. 104 IV

a) PEC 45/2019 Art. 5º - vigência: 2033

"Art. 104 ...

...

IV - o Conselho Federativo do Imposto sobre Bens e Serviços reterá os repasses previstos no § 2º do art. 158 da Constituição Federal, e os depositará na conta especial referida no art. 101 deste Ato das Disposições Constitucionais Transitórias, para utilização como nele previsto."

b) Constituição Federal - redação atual

ADCT – "Art. 104 IV. Os Estados reterão os repasses previstos no parágrafo único do art. 158 da Constituição Federal e os depositarão na conta especial referida no art. 101 deste Ato das Disposições Constitucionais Transitórias, para utilização como nele previsto."

c) Síntese

Os recursos para o pagamento de precatórios deverão ser tempestivamente liberados, no todo ou em parte, nos termos do previstos no Ato das Disposições Constitucionais Transitórias. Se isso não ocorrer, serão retidos montantes referentes à arrecadação, na seguinte forma:

- o repasse das parcelas da arrecadação do ICMS (até 31/12/2032) pertencentes aos Municípios serão retidas pelos Estados e depositadas na conta especial do Tribunal de Justiça dos respectivos Estados para efetivação do pagamento de precatórios e

- o repasse das parcelas, referentes às alíquotas estaduais, da arrecadação do IBS pertencentes aos Municípios serão retidas pelo Conselho Federativo do IBS e também depositadas na conta especial em questão.

Mário Bonafé Jr.

Capítulo 9 - BENEFÍCIOS FISCAIS

Art. 43, § 4º

a) PEC 45/2019 Art. 1º - vigência: imediata

"Art. 43.

...

§ 4º Sempre que possível, a concessão dos incentivos regionais a que se refere o § 2º, III, considerará critérios de preservação do meio ambiente"

b) Constituição Federal - redação atual

§ 4º do Art. 43 - não há.

c) Síntese

Sempre que possível, a concessão de isenções, reduções ou diferimento temporário de tributos federais devidos por pessoas físicas ou jurídicas considerará critérios de preservação do meio-ambiente.

Art. 149-B

a) PEC 45/2019 Art. 1º - vigência: imediata

"Art. 149-B. Os tributos previstos no art. 156-A e no art. 195, V, terão:

I - os mesmos fatos geradores, bases de cálculo, hipóteses de não incidência e sujeitos passivos;

II - as mesmas imunidades;

III - os mesmos regimes específicos, diferenciados ou favorecidos de tributação; e

IV - as mesmas regras de não cumulatividade e de creditamento.

Parágrafo único. Para fins do disposto no inciso II, serão observadas as imunidades previstas no art. 150, VI, não se aplicando a ambos os tributos o disposto no art. 195, § 7º."

b) Constituição Federal - redação atual

Art. 149-B - não há

c) Síntese

O IBS e a CBS terão os mesmos fatos geradores, bases de cálculo, hipóteses de não incidência e sujeitos passivos; terão as mesmas imunidades, os mesmos regimes específicos, diferenciados ou favorecidos de tributação e as mesmas regras de não-cumulatividade e de creditamento.

Serão também observadas imunidades já previstas na Constituição, tais como as dos:

- entes federados;
- entidades religiosas, templos de qualquer culto, incluindo suas organizações assistenciais e beneficentes;
- patrimônio, renda ou serviços dos partidos políticos, inclusive suas fundações;
- entidades sindicais dos trabalhadores;
- instituições de educação e de assistência social sem fins lucrativos, atendidos os requisitos da lei;
- livros, jornais, periódicos e o papel destinado a sua impressão;
- fonogramas e videofonogramas musicais produzidos no Brasil.

Entretanto, no caso de entidades beneficentes de assistência social, que atendam às exigências estabelecidas em lei, somente haverá isenção da CBS.

d) Análise - Comentários

As entidades beneficentes de assistência social estarão isentas somente da CBS, não se estendendo a elas a imunidade ao IBS.

As organizações assistenciais e beneficentes pertencentes a entidades religiosas e os templos de qualquer culto terão imunidade ao IBS e à CBS.

Art. 150 VI "b

a) PEC 45/2019 Art. 1º - vigência: imediata

"Art. 150

...

VI -

...

b) entidades religiosas, templos de qualquer culto, inclusive suas organizações assistenciais e beneficentes;

b) Constituição Federal - redação atual

Art. 150 inc VI "b" - templos de qualquer culto;

c) Síntese

A Constituição veda à União, aos Estados, ao Distrito Federal e aos Municípios, a criação de tributos a templos de qualquer culto. Nesta proposta de alteração constitucional, a vedação passa a beneficiar também entidades religiosas e suas organizações assistenciais e beneficentes.

Art. 150 § 6º

a) PEC 45/2019 Art. 4º - vigência: 2033

"Art. 150 ...

...

§ 6º Qualquer subsídio ou isenção, redução de base de cálculo, concessão de crédito presumido, anistia ou remissão, relativos a impostos, taxas ou contribuições, só poderá ser concedido mediante lei específica, federal, estadual ou municipal, que regule exclusivamente as matérias acima enumeradas ou o correspondente tributo ou contribuição."

b) Constituição Federal - redação atual

"Art. 150 § 6º Qualquer subsídio ou isenção, redução de base de cálculo, concessão de crédito presumido, anistia ou remissão, relativos a impostos, taxas ou contribuições, só poderá ser concedido mediante lei específica, federal, estadual ou municipal, que regule exclusivamente as matérias acima enumeradas ou o correspondente tributo ou contribuição, sem prejuízo do disposto no art. 155, § 2.º, XII, g."

c) Síntese

Na redação proposta, suprimiu-se a citação "sem prejuízo do disposto no art. 155, § 2.º, XII, g", uma vez que este dispositivo estará revogado em 2033.

d) Análise - Comentários

Este parágrafo deve ser analisado observando os artigos 156-A § 1º inciso X e 195 § 15, que determinam que o IBS e a CBS não serão objeto de concessão de incentivos e de benefícios financeiros ou fiscais, ou de regimes específicos, diferenciados ou favorecidos de tributação, excetuadas as hipóteses previstas na Constituição

Art. 156-A § 1º X

a) PEC 45/2019 Art. 1º - vigência: imediata

"X - não será objeto de concessão de incentivos e de benefícios financeiros ou fiscais relativos ao imposto ou de regimes específicos, diferenciados ou favorecidos de tributação, excetuadas as hipóteses previstas nesta Constituição;"

b) Constituição Federal - redação atual

Art. 156-A § 1º X - não há

c) Síntese

O IBS não será objeto de concessão de incentivos e benefícios financeiros ou fiscais relativos ao imposto ou de regimes específicos, diferenciados ou favorecidos de tributação, excetuadas as hipóteses previstas nesta Constituição.

d) Análise - Comentários

Fica reservada à Constituição Federal a concessão de incentivos e benefícios financeiros ou fiscais relativos ao IBS ou de regimes específicos, diferenciados ou favorecidos de tributação.

Art. 156-A § 6º I e II

a) PEC 45/2019 Art. 1º - vigência: imediata

"§ 6º A isenção e a imunidade do imposto previsto no caput:

I - não implicarão crédito para compensação com o montante devido nas operações seguintes; e

II - acarretarão a anulação do crédito relativo às operações anteriores, salvo, na hipótese da imunidade, quando determinado em contrário em lei complementar."

b) Constituição Federal - redação atual

Art. 156-A § 6º I e II - não há

c) Síntese

A isenção e a imunidade não implicarão em créditos a serem aproveitados em operações subsequentes e anularão créditos relativos às operações anteriores.

Em caso de imunidade, lei complementar poderá prever em que casos poderão ser aproveitados os créditos relativos às operações anteriores.

ADCT - Art. 92 B

a) PEC 45/2019 Art. 2º - vigência: imediata

"Art. 92-B. As leis instituidoras dos tributos previstos nos arts. 153, VIII, 156-A e 195, V, da Constituição Federal estabelecerão os mecanismos necessários para manter, em caráter geral, o diferencial competitivo assegurado à Zona Franca de Manaus nos arts. 40 e 92-A, e às áreas de livre comércio existentes em 31 de maio de 2023, nos níveis estabelecidos pela legislação relativa aos tributos extintos a que se refere o art. 124, todos deste Ato das Disposições Constitucionais Transitórias."

b) Constituição Federal - redação atual

ADCT - Art. 92 B - não há

c) Síntese

As leis instituidoras do imposto sobre produção, comercialização ou importação de bens e serviços prejudiciais à saúde ou ao meio-ambiente, do IBS e da CBS estabelecerão mecanismos para manter o caráter competitivo assegurado à Zona Franca de Manaus e às Áreas de Livre Comércio existentes em 31 de maio de 2023, nos níveis estabelecidos pela legislação relativa aos tributos extintos: IPI, ICMS, ISS, Contribuição

Mário Bonafé Jr.

sobre a receita ou faturamento das empresas, Contribuição Social do importador de bens ou serviços e PIS.

d) Análise - Comentários

Temos que distinguir duas coisas: "manter o caráter competitivo das indústrias da Zona Franca de Manaus" de "manter o caráter competitivo da Zona Franca de Manaus".

Para manter o caráter competitivo das indústrias da Zona Franca de Manaus (ZFM), precisamos ver como a substituição dos tributos afetará as indústrias dentro e fora daquela região.

Analisando os setores diversos da economia da nação, haverá um acréscimo substancial na tributação das operações com serviços. Se a arrecadação for mantida nos níveis atuais, as operações com bens (indústria e comércio) poderão ser menos tributadas que atualmente.

Entretanto, este artigo determina que deve ser mantido o caráter competitivo da ZFM. O que significaria isso? Seria manter a arrecadação nos níveis atuais?

A nova legislação, na forma proposta, afetará de forma desigual as arrecadações dos entes federados.

Uma nação ideal é aquela em que todas as suas regiões são homogêneas em termos de desenvolvimento, riqueza, oportunidades e bem-estar.

Como isso não ocorre no Brasil, os Poderes Legislativos e Executivos da Nação precisam estar atentos a eventuais desequilíbrios e criar leis e mecanismos com o objetivo de fazer com que regiões mais carentes equiparem-se às mais desenvolvidas.

Mas este objetivo deverá ser alcançado num prazo razoável, caso contrário pode significar que as leis e mecanismos adotados provavelmente nunca irão alcançá-lo.

Incentivos fiscais e financeiros diversos criaram a Zona Franca de Manaus e as Áreas de Livre Comércio, estas beneficiando as regiões de Tabatinga (AM), Guajará-Mirim (RO), Boa Vista e Bonfim (RR), Macapá e Santana (AP) e Brasiléia com extensão para o município de Epitaciolândia e Cruzeiro do Sul (AC).

Com a extinção de tributo que beneficia entes federados de origem e de destino, e a instituição de outro, beneficiando somente o destino, a arrecadação da Zona Franca de Manaus e das Áreas de Livre Comércio será afetada.

Isto posto, para manter o diferencial competitivo assegurado às indústrias da ZFM, fazendo com que os produtos ali industrializados fiquem mais baratos que os produzidos em outras regiões do país, poderá aumentar a produção local, mas, por mais que essa região produza, os benefícios de uma arrecadação maior somente serão sentidos nas regiões consumidoras, entes de destino dos produtos.

Ao que parece, propostas de criar um imposto sobre o valor acrescido que incida sobre o ente de destino pode ter bons efeitos somente em país composto por regiões similares em termos de desenvolvimento e populações mais homogêneas. Em país de dimensões continentais, população não homogênea e regiões desiguais em termos de desenvolvimento, este sistema aumentará as desigualdades.

ADCT - Art. 92 B § 1º

a) PEC 45/2019 Art. 1º - vigência: imediata

"§ 1º Para fins do disposto no caput, serão utilizados, individual ou cumulativamente, instrumentos fiscais, econômicos ou financeiros, inclusive a ampliação da incidência do imposto de que trata o art. 153, VIII, da Constituição Federal, para alcançar a produção, a comercialização ou a importação de bens que também tenham industrialização na Zona Franca de Manaus ou nas áreas de livre comércio referidas no caput, garantido tratamento favorecido às operações originadas nessas áreas incentivadas."

b) Constituição Federal - redação atual

ADCT - Art. 92 B § 1º - não há

c) Síntese

Para manter o caráter competitivo das indústrias da Zona Franca de Manaus e das Áreas de Livre Comércio, serão utilizados, individual ou cumulativamente, instrumentos fiscais, econômicos ou financeiros, inclusive a ampliação da incidência do imposto sobre produção, comercialização ou importação de bens e serviços prejudiciais à saúde ou ao meio-ambiente, para alcançar a produção, comercialização ou importação de bens que também tenham industrialização na Zona Franca de Manaus ou nas Áreas de Livre Comércio referidas no caput, garantido tratamento favorecido às operações originadas nessas áreas incentivadas.

d) Análise - Comentários

Os incentivos financeiros e fiscais instituídos na criação da Zona Franca de Manaus (ZFM) e das Áreas de Livre Comércio foram importantes para promover o crescimento de algumas regiões menos desenvolvidas do Brasil e incentivar a ocupação da Amazônia. Outras regiões, não tendo sido agraciadas com benefícios específicos, criaram elas próprias incentivos para atrair indústrias e promover seu desenvolvimento. Esses incentivos foram rotulados de "guerra fiscal".

Observa-se que estes incentivos aparentemente foram mais eficazes em promover o desenvolvimento do que as leis e incentivos criados para promover o desenvolvimento da ZFM, uma vez que a Federação tem

Mário Bonafé Jr.

mantido estes benefícios fiscais há décadas, sem conseguir atingir plenamente este objetivo. Entretanto, ao mudar a distribuição da arrecadação, atualmente beneficiando os entes de origem e de destino para beneficiar somente os entes de destino, as regiões que se desenvolveram devido à "guerra fiscal" poderão empobrecer novamente.

Com a Reforma Tributária proposta, prevendo desvantagens para a Zona Franca de Manaus e para as Áreas de Livre Comércio, a Constituição delega à lei complementar a incumbência de estabelecer os mecanismos para manter o caráter competitivo destas regiões, podendo inclusive fazer incidir, sobre a produção, comercialização e importações de produtos que tenham industrialização naqueles locais, o IBSP - "imposto sobre produção, comercialização ou importação de bens e serviços prejudiciais à saúde ou ao meio-ambiente".

A PEC 45/2019 pretende aumentar o custo de produtos que tenham similares sendo industrializados na Zona Franca de Manaus tributando-os com o IBSP. Cremos que não terá resultado importante na arrecadação daquela região.

Fazer com que os produtos da Zona Franca de Manaus fiquem mais baratos que os produzidos em outras regiões do país poderá eventualmente aumentar a produção local, mas, por mais que essa região produza, os benefícios de uma arrecadação maior somente serão sentidos nas regiões consumidoras, entes de destino dos produtos.

A alíquota do IBSP deverá ser fixada de forma a minimizar ou anular a redução da tributação, advinda da reforma tributária em pauta, sobre as indústrias situadas no território nacional fora da ZFM que produzam bens que também tenham industrialização nessa região.

ADCT - Art. 92 B § 2º

a) PEC 45/2019 Art. 1º - vigência: imediata

"§ 2º Lei complementar instituirá Fundo de Sustentabilidade e Diversificação Econômica do Estado do Amazonas, que será constituído com recursos da União e por ela gerido, com o objetivo de fomentar o desenvolvimento e a diversificação das atividades econômicas no Estado."

b) Constituição Federal - redação atual

ADCT - Art. 92 B § 2º - não há

c) Síntese

Para fomentar o desenvolvimento e a diversificação das atividades econômicas no Estado do Amazonas será instituído, por Lei Complementar, o Fundo de Sustentabilidade e Diversificação Econômica do Estado do Amazonas.

ADCT - Art. 92 B § 3º I

a) PEC 45/2019 Art. 1º - vigência: imediata

"§ 3º A lei complementar de que trata o § 2º:

I - estabelecerá o montante mínimo de aporte anual de recursos ao Fundo, bem como os critérios para sua correção; e"

b) Constituição Federal - redação atual

ADCT - Art. 92 B § 3º I - não há

c) Síntese

A lei complementar que instituirá o Fundo de Sustentabilidade e Diversificação Econômica do Estado do Amazonas estabelecerá o aporte anual mínimo de recursos deste Fundo e os critérios para sua correção.

d) Análise - Comentários

A lei complementar definirá o montante anual a ser aportado para o Fundo de Sustentabilidade e Diversificação Econômica do Estado do Amazonas e os critérios para efetuar a correção monetária deste valor. Provavelmente irá definir a origem deste montante, sendo que a União poderá complementar com recursos adicionais, conforme o § 4º deste artigo do ADCT.

ADCT - Art. 92 B § 3º II

a) PEC 45/2019 Art. 1º - vigência: imediata

"II - preverá a possibilidade de utilização dos recursos do Fundo para compensar eventual perda de receita do Estado do Amazonas em função das alterações no sistema tributário decorrentes da instituição dos tributos previstos nos arts. 156-A e 195, V, da Constituição Federal."

b) Constituição Federal - redação atual

ADCT - Art. 92 B § 3º II - não há

c) Síntese

Em função da criação do IBS e da CBS, para compensar eventual perda de arrecadação da receita do Estado do Amazonas, a lei complementar deverá prever recursos neste sentido para o Fundo de Sustentabilidade e Diversificação Econômica do Estado do Amazonas.

d) Análise - Comentários

Como vemos na síntese acima, está prevista a possibilidade de perda na arrecadação do Estado do Amazonas, uma vez que os tributos passarão a beneficiar os polos consumidores do país, em detrimento das regiões produtoras e com menor consumo. Essas regiões poderiam compensar a perda da arrecadação elevando suas alíquotas do tributo, em âmbito municipal e estadual.

Mário Bonafé Jr.

Mas parece estar claro que essa elevação das alíquotas terá efeitos colaterais indesejáveis, uma vez que desestimulará a criação de novas indústrias na região e a continuidade das atividades das indústrias que ali estão instaladas. Poderá surgir, dessa forma, uma nova guerra fiscal: os Estados e Municípios com maior consumo poderão manter suas alíquotas mais baixas, o que poderá ser vantajoso para novas indústrias ali se estabelecerem, o que aumentaria a oferta local de empregos, melhorando ainda mais a qualidade de vida de seus moradores. Conclui-se que, provavelmente, as desigualdades entre as regiões do país poderão aumentar.

ADCT - Art. 92 B § 4º

a) PEC 45/2019 Art. 1º - vigência: imediata

"§ 4º A União poderá aportar recursos adicionais ao Fundo de que trata o § 2º, em contrapartida à redução de benefícios previstos no caput, mediante acordo com o Estado do Amazonas."

b) Constituição Federal - redação atual

ADCT - Art. 92 B § 4º - não há

c) Síntese

Para compensar eventual perda de arrecadação da receita devida à criação do IBS e da CBS, mediante acordo com o Estado do Amazonas a União poderá aportar recursos adicionais para o Fundo de Sustentabilidade e Diversificação Econômica do Estado do Amazonas, instituído por Lei Complementar.

d) Análise - Comentários

Prevendo uma perda da arrecadação devida ao advento do IBS e da CBS, este dispositivo autoriza aporte de recursos para o Estado do Amazonas, através do Fundo de Sustentabilidade a ser instituído por Lei Complementar.

Realmente, há grande possibilidade de haver perda de arrecadação em regiões de menor consumo, uma vez que o IBS beneficiará os entes de destino, onde ocorre o consumo. Desta forma, o Estado do Amazonas pouco receberá deste tributo.

As alíquotas de referência serão fixadas em valores compatíveis com a manutenção dos níveis de arrecadação. Como a arrecadação passará a pertencer aos entes de destino, a alíquota de referência fixada pelo Senado provavelmente será maior para os entes federados onde o consumo é menor e será menor para onde exista maior consumo.

ADCT - Art. 125 § 3º

a) PEC 45/2019 Art. 2º - vigência: imediata

"§ 3º A arrecadação do imposto previsto no art. 156-A da Constituição Federal decorrente do disposto no caput deste artigo não observará as vinculações e destinações previstas na Constituição Federal, devendo ser aplicada, integral e sucessivamente, para:

I - o financiamento do Conselho Federativo, nos termos do art. 156-B, § 2º, III, da Constituição Federal;

II - a composição do Fundo de Compensação de Benefícios Fiscais ou Financeiros-Fiscais do Imposto de que trata o art. 155, II, da Constituição Federal."

b) Constituição Federal - redação atual

ADCT - Art. 125 § 3º - não há

c) Síntese

Em 2026, a arrecadação de IBS será aplicada integralmente no financiamento do Conselho Federativo e na composição do "Fundo de Compensação de Benefícios Fiscais ou Financeiros-fiscais do ICMS", criado nos termos do artigo 12 dessa Emenda Constitucional.

d) Análise - Comentários

A arrecadação com o IBS em 2026 reverterá para a União, sendo que o valor arrecadado será aplicado integralmente no financiamento do Conselho Federativo e na composição do "Fundo de Compensação de Benefícios Fiscais ou Financeiros-fiscais do ICMS".

O ICMS e o ISS serão recolhidos normalmente.

Regulamentação Constitucional

ref.: artigo 6º da Constituição Federal

a) PEC 45/2019 Art. 8º - vigência: imediata

"Fica criada a Cesta Básica Nacional de Alimentos, em observância ao direito social à alimentação previsto no art. 6º da Constituição Federal.

Parágrafo único. Lei complementar definirá os produtos destinados à alimentação humana que comporão a Cesta Básica Nacional de Alimentos, sobre os quais as alíquotas dos tributos previstos nos arts. 156-A e 195, V, da Constituição Federal serão reduzidas a zero."

b) Síntese

Esta Emenda Constitucional institui a Cesta Básica Nacional, composta de produtos destinados à alimentação humana a serem elencados em lei complementar, cujas alíquotas do IBS e da CBS serão iguais a zero.

c) Análise - Comentários

Considerando que a alíquota da CBS, constante no Projeto de Lei nº 3887/2020, será de 12% e a alíquota média nacional do IBS poderá ser por volta de 15%, todas as operações com bens e serviços serão tributadas por estes tributos em cerca de 27%.

Fica, portanto, justificável a providência de reduzir a zero as alíquotas da Cesta Básica Nacional.

REGIME DIFERENCIADO DE TRIBUTAÇÃO

Regulamentação Constitucional
a) PEC 45/2019 Art. 9º - vigência: imediata
"A lei complementar que instituir o imposto de que trata o art. 156-A e a contribuição de que trata o art. 195, V, ambos da Constituição Federal, poderá prever os regimes diferenciados de tributação de que trata este artigo, desde que sejam uniformes em todo o território nacional e sejam realizados os respectivos ajustes nas alíquotas de referência com vistas a reequilibrar a arrecadação da esfera federativa."

b) Síntese
A lei complementar que instituir o IBS e a CBS poderá prever regimes diferenciados de tributação para os serviços e produtos relacionados no § 1º, desde que sejam uniformes em todo o território nacional e sejam reajustadas as alíquotas destes tributos de forma a reequilibrar a arrecadação da esfera federativa.

c) Análise - Comentários
Para aliviar a carga tributária do IBS e da CBS para alguns setores sensíveis, como a saúde, o ensino, o transporte público, a agropecuária, fica prevista uma lei complementar instituindo regimes diferenciados de tributação contemplando estes setores. Estes regimes devem ser uniformes em todo território nacional.

Tendo em vista que esses regimes diferenciados de tributação irão reduzir o montante arrecadado com o IBS e com a CBS, na fixação de suas alíquotas deverão ser feitos ajustes, aumentando, portanto, as referidas alíquotas, para reequilibrar a arrecadação. Nota-se, novamente, a preocupação do legislador em não diminuir a arrecadação.

Regulamentação Constitucional
a) PEC 45/2019 Art. 9º § 1º
"§ 1º Lei complementar definirá as operações com bens ou serviços sobre as quais as alíquotas dos tributos de que trata o caput serão reduzidas em 60% (sessenta por cento), referentes a:
I - serviços de educação;
II - serviços de saúde;

III - dispositivos médicos e de acessibilidade para pessoas com deficiência;

IV - medicamentos e produtos de cuidados básicos à saúde menstrual;

V - serviços de transporte coletivo de passageiros rodoviário, ferroviário e hidroviário, de caráter urbano, semiurbano, metropolitano, intermunicipal e interestadual;

VI - produtos agropecuários, aquícolas, pesqueiros, florestais e extrativistas vegetais in natura;

VII - insumos agropecuários e aquícolas, alimentos destinados ao consumo humano e produtos de higiene pessoal; e

VIII - produções artísticas, culturais, jornalísticas e audiovisuais nacionais e atividades desportivas;

IX - bens e serviços relacionados a segurança e soberania nacional, segurança da informação e segurança cibernética;

§ 2º É vedada a fixação de percentual de redução distinto do previsto no § 1º em relação às hipóteses nele previstas. "

b) Síntese ref. PEC 45/2019 Art. 9º § 1º

O regime diferenciado de tributação previsto no caput, instituído por lei complementar, contará obrigatoriamente com redução de 60% das alíquotas do IBS e da CBS e beneficiará operações a serem definidas referentes aos setores:

I - serviços de educação;

II - serviços de saúde;

III - dispositivos médicos e de acessibilidade para pessoas com deficiência;

IV - medicamentos e produtos de cuidados básicos à saúde menstrual;

V - serviços de transporte coletivo de passageiros rodoviário, ferroviário e hidroviário, de caráter urbano, semiurbano, metropolitano, intermunicipal e interestadual;

VI - produtos agropecuários, aquícolas, pesqueiros, florestais e extrativistas vegetais in natura;

VII - insumos agropecuários e aquícolas, alimentos destinados ao consumo humano e produtos de higiene pessoal;

VIII - produções artísticas, culturais, jornalísticas e audiovisuais nacionais e atividades desportivas;

IX - bens e serviços relacionados a segurança e soberania nacional, segurança da informação e segurança cibernética.

Ver os parágrafos seguintes deste artigo 9º da PEC 45/2019 no capítulo LEGISLAÇÃO NECESSÁRIA.

Regulamentação Constitucional
a) PEC 45/2019 Art. 12 - vigência: imediata

"Art. 12. Fica instituído o Fundo de Compensação de Benefícios Fiscais ou Financeiros-fiscais do Imposto de que trata o art. 155, II, da Constituição Federal, com vistas a compensar, até 31 de dezembro de 2032, pessoas jurídicas beneficiárias de isenções, incentivos e benefícios fiscais ou financeiro-fiscais relativos àquele imposto, concedidos por prazo certo e sob condição.

§ 1º De 2025 a 2032, a União entregará ao Fundo recursos que corresponderão aos seguintes valores, atualizados, de 2023 até o ano anterior ao da entrega, pela variação acumulada do Índice Nacional de Preços ao Consumidor Amplo - IPCA, ou de outro índice que vier a substituí-lo:

I - em 2025, a R$ 8.000.000.000,00 (oito bilhões de reais);

II - em 2026, a R$ 16.000.000.000,00 (dezesseis bilhões de reais);

III - em 2027, a R$ 24.000.000.000,00 (vinte e quatro bilhões de reais);

IV - em 2028, a R$ 32.000.000.000,00 (trinta e dois bilhões de reais);

V - em 2029, a R$ 32.000.000.000,00 (trinta e dois bilhões de reais);

VI - em 2030, a R$ 24.000.000.000,00 (vinte e quatro bilhões de reais);

VII - em 2031, a R$ 16.000.000.000,00 (dezesseis bilhões de reais);

VIII - em 2032, a R$ 8.000.000.000,00 (oito bilhões de reais).

§ 2º Os recursos do Fundo de que trata o caput serão utilizados para compensar a redução do nível de benefícios onerosos do imposto previsto no art. 155, II, da Constituição Federal, suportada pelas pessoas jurídicas em razão da substituição, na forma do parágrafo único do art. 127 do Ato das Disposições Constitucionais Transitórias, do referido imposto pelo previsto no art. 156-A da Constituição Federal, nos termos deste artigo.

§ 3º Para efeitos deste artigo, consideram-se benefícios onerosos as isenções, os incentivos e os benefícios fiscais ou financeiro-fiscais vinculados ao referido imposto concedidos por prazo certo e sob condição, na forma do art. 178 do Lei nº 5.172, de 25 de outubro de 1966.

§ 4º A compensação de que trata o § 1º:

I –aplica-se aos titulares de benefícios onerosos referentes ao imposto previsto no art. 155, II, da Constituição Federal regularmente concedidos até 31 de maio de 2023, observada, se aplicável, a exigência de registro e de depósito estabelecida no art. 3º, II, da Lei Complementar nº 160, de 7 de agosto de 2017, que tenham cumprido tempestivamente as condições exigidas pela norma concessiva do benefício;

II - não se aplica à redução do nível de benefícios decorrente do disposto no art. 3º, § 2º-A, da Lei Complementar nº 160, de 7 de agosto de 2017.

§ 5º A pessoa jurídica perderá o direito à compensação de que trata o § 2º caso deixe de cumprir tempestivamente as condições exigidas pela norma concessiva do benefício.

§ 6º Lei complementar estabelecerá:

I - critérios e limites para apuração do nível de benefícios e de sua redução;

II - procedimentos de análise, pela União, dos requisitos para habilitação do requerente à compensação de que trata o § 2º.

§ 7º É vedada a prorrogação dos prazos de que trata o art. 3º, §§ 2º e 2º-A, da Lei Complementar nº 160, de 7 de agosto de 2017.

§ 8º A União deverá complementar os recursos de que trata o § 1º em caso de insuficiência de recursos para a compensação de que trata o § 2º.

§ 9º Eventual saldo financeiro existente em 31 de dezembro de 2032 será transferido ao Fundo de que trata o art. 159-A, da Constituição Federal, com a redação dada pelo art. 1º desta Emenda Constitucional.

b) Síntese

Fica instituído o Fundo de Compensação de Benefícios Fiscais ou Financeiros-fiscais do ICMS, com vistas a compensar, até 31 de dezembro de 2032, pessoas jurídicas beneficiárias de isenções, incentivos e benefícios fiscais ou financeiro-fiscais relativos àquele imposto, concedidos por prazo certo e sob condição.

- A União entregará a este Fundo, no período de 2025 a 2032 os valores que seguem, referentes a 2023, corrigidos pelo IPCA:

  I - em 2025, a R$ 8.000.000.000,00 (oito bilhões de reais);

  II - em 2026, a R$ 16.000.000.000,00 (dezesseis bilhões de reais);

  III - em 2027, a R$ 24.000.000.000,00 (vinte e quatro bilhões de reais);

  IV - em 2028, a R$ 32.000.000.000,00 (trinta e dois bilhões de reais);

  V - em 2029, a R$ 32.000.000.000,00 (trinta e dois bilhões de reais);

  VI - em 2030, a R$ 24.000.000.000,00 (vinte e quatro bilhões de reais);

  VII - em 2031, a R$ 16.000.000.000,00 (dezesseis bilhões de reais);

  VIII - em 2032, a R$ 8.000.000.000,00 (oito bilhões de reais).

- Os recursos deste Fundo serão utilizados para compensar a redução dos benefícios onerosos referentes ao ICMS, suportada por pessoas jurídicas em razão da substituição do ICMS pelo IBS;

- Os referidos benefícios onerosos são as isenções, os incentivos e os benefícios fiscais ou financeiro-fiscais vinculados ao ICMS, concedidos por prazo certo e sob condição;
- A compensação pela redução dos benefícios em pauta se aplica aos titulares de benefícios onerosos referentes ao ICMS regularmente concedidos até 31 de maio de 2023, observada, se aplicável, a exigência de registro e depósito na Secretaria Executiva do Conselho Nacional de Política Fazendária (Confaz), da documentação comprobatória correspondente aos atos concessivos dos benefícios correspondentes, que tenham cumprido tempestivamente as condições exigidas pela norma concessiva do benefício;
- Lei complementar estabelecerá critérios e limites para apuração do nível de benefícios e de sua redução, bem como procedimentos de análise, pela União, dos requisitos para habilitação do requerente à compensação em pauta;
- É vedado aos Estados e Distrito Federal que prorroguem os prazos de concessão de benefícios fiscais;
- Em caso de insuficiência de recursos para a compensação nos termos deste artigo, a União deve complementar os recursos entregues ao Fundo de Compensação de Benefícios Fiscais ou Financeiros-fiscais do ICMS;
- Eventual saldo financeiro existente em 31/12/2032 deverá ser transferido para o Fundo Nacional de Desenvolvimento Regional.

c) Análise - Comentários

Para evitar prejuízos financeiros para as empresas beneficiárias de isenções, incentivos e benefícios fiscais ou financeiro-fiscais relativos ao ICMS, concedidos por prazo certo e sob condição, será instituído o Fundo de Compensação de Benefícios Fiscais ou Financeiros-fiscais do ICMS.

Lei Complementar estabelecerá os critérios e limites para apuração do nível de benefícios e de sua redução e os procedimentos de análise, pela União, dos requisitos para habilitação do requerente à compensação.

Regulamentação Constitucional

a) PEC 45/2019 Art. 15 - vigência: imediata

"Art. 15. Os recursos entregues na forma do art. 159-A da Constituição Federal, com a redação dada pelo art. 1º desta Emenda Constitucional, os recursos de que trata o art. 12 e as compensações de que tratam o art. 7º não se incluem em bases de cálculo ou em limites de despesas estabelecidos pela lei complementar de que trata o art. 6º da Emenda Constitucional nº 126, de 21 de dezembro de 2022."

b) Síntese

Os recursos que a União deverá entregar aos Estados e Distrito Federal para compor o Fundo Nacional de Desenvolvimento Regional, os para o Fundo de Compensação de Benefícios Fiscais ou Financeiros-fiscais do ICMS e os para os Fundos de Participação e programas de financiamento ao setor produtivo não se incluem na base de cálculo ou em limites de despesas para a realização de operações de créditos.

Capítulo 10 - LEGISLAÇÃO NECESSÁRIA

PRINCIPAIS LEIS COMPLEMENTARES E RESOLUÇÕES DO SENADO FEDERAL QUE DEVERÃO SER CRIADAS

Art. 37 § 17

a) PEC 45/2019 Art. 3º - vigência: 2027

"Art. 37

...

§ 17 Lei complementar estabelecerá normas gerais aplicáveis às Administrações Tributárias da União, dos Estados, do Distrito Federal e dos Municípios, dispondo sobre deveres, direitos e garantias dos servidores das carreiras de que trata o inciso XXII"

b) Constituição Federal - redação atual

Art. 37 § 17 - não há

c) Síntese

Lei Complementar estabelecerá em 2027 normas gerais dispondo sobre deveres, direitos e garantias dos servidores das carreiras específicas que exercem atividades essenciais ao funcionamento do Estado nas Administrações Públicas dos entes federados.

Art. 43, § 4º

a) PEC 45/2019 Art. 1º - vigência: imediata

"Art. 43.

...

§ 4º Sempre que possível, a concessão dos incentivos regionais a que se refere o § 2º, III, considerará critérios de preservação do meio ambiente"

b) Constituição Federal - redação atual

§ 4º do Art. 43 - não há.

c) Síntese

Sempre que possível, a concessão de isenções, reduções ou diferimento de tributos federais devidos por pessoas físicas ou jurídicas considerará critérios de preservação do meio-ambiente.

Art. 61 § 3º

a) PEC 45/2019 Art. 1º - vigência: imediata

"Art. 61.

...

§ 3º A iniciativa de lei complementar que trate do imposto previsto no art. 156-A também caberá ao Conselho Federativo do Imposto sobre Bens e Serviços a que se refere o art. 156-B." (NR)"

b) Constituição Federal - redação atual

Art. 61, § 3º - não há

c) Síntese

O Conselho Federativo do IBS poderá propor Leis Complementares referentes ao Imposto sobre Bens e Serviços, além de qualquer membro ou Comissão da Câmara dos Deputados, do Senado Federal ou do Congresso Nacional, do Presidente da República, do Supremo Tribunal Federal, dos Tribunais Superiores, do Procurador-Geral da República e dos cidadãos, na forma e nos casos previstos nesta Constituição.

Art. 64

a) PEC 45/2019 Art. 1º - vigência: imediata

"Art. 64. A discussão e votação dos projetos de lei de iniciativa do Presidente da República, do Supremo Tribunal Federal, dos Tribunais Superiores e do Conselho Federativo do Imposto sobre Bens e Serviços terão início na Câmara dos Deputados."

b) Constituição Federal - redação atual

Art. 64 - A discussão e votação dos projetos de lei de iniciativa do Presidente da República, do Supremo Tribunal Federal, dos Tribunais Superiores e do Conselho Federativo do Imposto sobre Bens e Serviços terão início na Câmara dos Deputados.

c) Síntese

Iniciarão na Câmara de Deputados a discussão e a votação de projetos de lei de iniciativa do Presidente da República, do Supremo Tribunal Federal, dos Tribunais Superiores e do Conselho Federativo do IBS.

Art. 145 § 3º

a) PEC 45/2019 Art. 1º - vigência: imediata

"Art. 145 ...

...

§ 3º O Sistema Tributário Nacional deve observar os princípios da simplicidade, da transparência, da justiça tributária e do equilíbrio e da defesa do meio ambiente."

b) Constituição Federal - redação atual

Art. 145 § 3º - não há

c) Síntese

O Sistema Tributário Nacional deve observar os princípios da simplicidade, da transparência, da justiça tributária e do equilíbrio e da defesa do meio-ambiente."

Art. 146 inc III "c"

a) PEC 45/2019 Art. 1º - vigência: imediata

"Art. 146.

...

III - ...

c) adequado tratamento tributário ao ato cooperativo praticado pelas sociedades cooperativas, inclusive em relação aos tributos previstos nos arts. 156-A e 195, V; e"

b) Constituição Federal - redação atual

Art. 146 inc III "c" - adequado tratamento tributário ao ato cooperativo praticado pelas sociedades cooperativas.

c) Síntese

Cabe à lei complementar estabelecer normas gerais sobre o adequado tratamento tributário ao ato cooperativo praticado pelas sociedades cooperativas, inclusive em relação ao IBS e à CBS.

d) Análise - Comentários

A Constituição determina que lei complementar seja editada para regulamentar o Ato Cooperativo. Na alteração proposta ao artigo 146 inc III "c", a lei complementar deverá incluir, na regulamentação do Ato Cooperativo, tratamento tributário adequado incluindo o IBS e a CBS.

Ato Cooperativo é aquele praticado entre a cooperativa e seus associados, entre os associados e a cooperativa e por cooperativas associadas entre si, com vistas ao atendimento de suas finalidades sociais (art. 79 da Lei nº5.764/71).

Art. 146 III "d"

a) PEC 45/2019 Art. 1º - vigência: imediata

"d) definição de tratamento diferenciado e favorecido para as microempresas e para as empresas de pequeno porte, inclusive regimes

*especiais ou simplificados no caso dos impostos previstos nos arts. 155, II,
e 156-A, das contribuições sociais previstas no art. 195, I e V, e § 12, e da
contribuição a que se refere o art. 239."*

Art. 146 III "d"
a) PEC 45/2019 Art. 3º - vigência: 2027
"Art. 146

...

III -

...

*d) definição de tratamento diferenciado e favorecido para as
microempresas e para as empresas de pequeno porte, inclusive regimes
especiais ou simplificados no caso dos impostos previstos nos arts. 155, II,
e 156-A e das contribuições previstas nos art. 195, I e V."*

Art. 146 III "d"
a) PEC 45/2019 Art. 4º - vigência: 2033
"Art. 146 ...

...

III -

...

*d) definição de tratamento diferenciado e favorecido para as
microempresas e para as empresas de pequeno porte, inclusive regimes
especiais ou simplificados no caso do imposto previsto no art. 156-A, e
das contribuições sociais previstas nos art. 195, I e V."*

b) Constituição Federal - redação atual
*"Art. 146 inc III "d" - definição de tratamento diferenciado e favorecido
para as microempresas e para as empresas de pequeno porte, inclusive
regimes especiais ou simplificados no caso do imposto previsto no art.
155, II, das contribuições previstas no art. 195, I e §§ 12 e 13, e da
contribuição a que se refere o art. 239."*

c) Síntese
Cabe à lei complementar estabelecer normas tributárias gerais com
definição de tratamento adequado para microempresas e empresas de
pequeno porte, incluindo casos de regimes especiais ou simplificados, no
caso dos seguintes tributos:

- ICMS (até 31/12/2032),
- IBS,

- Contribuição Social de empregadores, empresas e entidades equiparadas a empresas, incidentes sobre folhas de salários ou pagamentos
- Contribuição Social sobre a receita ou faturamento (até 31/12/2026)
- CBS e
- PIS (até 31/12/2026).

Art. 146 § 2º I e II

a) PEC 45/2019 Art. 1º - vigência: imediata

"Art. 146

...

§ 2º Na hipótese de o recolhimento dos tributos previstos nos arts. 156-A e 195, V, ser realizado por meio do regime único de que trata o § 1º, enquanto perdurar a opção:

I - não será permitida a apropriação de créditos dos tributos previstos nos arts. 156-A e 195, V, pelo contribuinte optante pelo regime único; e

II - será permitida ao adquirente de bens e serviços do contribuinte optante a apropriação de créditos dos tributos previstos nos arts. 156-A e 195, V, em montante equivalente ao cobrado por meio do regime único"

b) Constituição Federal - redação atual

Art. 146 § 2º - não há

c) Síntese

Da lei complementar que regulamentará o IBS e a CBS, deverá constar que, se o contribuinte optar pelo Regime Único de arrecadação:

- o contribuinte (ME ou EPP) optante não poderá apropriar-se do crédito referente a suas aquisições em operações tributadas pelo IBC e pela CBS;
- o adquirente de bens ou serviços do contribuinte optante, pode se creditar de montante equivalente ao cobrado pelo Regime Único.

d) Análise - Comentários

O inciso I determina taxativamente que não será permitida a apropriação de créditos de IBS e da CBS. Entretanto, no § 3º deste artigo está prevista uma exceção ao referido inciso.

Art. 146 § 3º

a) PEC 45/2019 Art. 1º - vigência: imediata

"§ 3º O contribuinte optante pelo regime único de que trata o § 1º poderá recolher separadamente os tributos previstos nos arts. 156-A e 195, V, não se aplicando o disposto no § 2º deste artigo, nos termos de lei complementar."

b) Constituição Federal - redação atual

Art. 146 § 3º - não há

c) Síntese

Da lei complementar que regulamentará o IBS e a CBS, deverá constar que, mesmo que o contribuinte opte pelo Regime Único de arrecadação, poderá recolher o IBS e a CBS separadamente dos outros tributos vinculados ao Regime Único de arrecadação, não se aplicando a vedação de apropriação de créditos referentes a operações anteriores pelo contribuinte.

d) Análise - Comentários

Apesar da vedação constante no inciso I do § 2º deste artigo, o contribuinte optante pelo Regime Único de arrecadação poderá recolher o IBS e a CBS separadamente dos outros tributos vinculados ao Regime Único de arrecadação. Neste caso este contribuinte poderá apropriar-se do crédito referente a suas aquisições em operações anteriores tributadas pelo IBC e pela CBS e o adquirente desses bens ou serviços poderá se creditar do montante recolhido.

Regulamentação Constitucional

ref.: artigo 155 § 1º III

a) PEC 45/2019 Art. 16 - vigência: imediata

"Art. 16. Até que lei complementar regule o disposto no art. 155, § 1º, III, da Constituição Federal, o imposto incidente nas hipóteses de que trata aquele dispositivo competirá a:

I - relativamente a bens imóveis e respectivos direitos, ao Estado da situação do bem, ou ao Distrito Federal;

II - se o doador tiver domicílio ou residência no exterior:

a) ao Estado onde tiver domicílio o donatário ou ao Distrito Federal;

b) se o donatário tiver domicílio ou residir no exterior, ao Estado em que se encontrar o bem ou ao Distrito Federal;

III - relativamente aos bens do de cujus, ainda que situados no exterior, ao Estado onde era domiciliado, ou, se domiciliado ou residente no exterior, onde tiver domicílio o herdeiro ou legatário, ou ao Distrito Federal."

b) Constituição Federal - redação atual

"Art. 155 § 1º O imposto previsto no inciso I:

...

III - terá competência para sua instituição regulada por lei complementar:

a) se o doador tiver domicilio ou residência no exterior;

b) se o de cujus possuía bens, era residente ou domiciliado ou teve o seu inventário processado no exterior;"

c) Síntese

O estabelecimento do imposto sobre bens imóveis e respectivos direitos, até que Lei Complementar regulamente a incidência do ITCMD sobre doações ou heranças relativas a bens imóveis e respectivos direitos, competirá ao Estado (ou Distrito Federal) de situação do bem.

Outras doações: caso o doador tenha domicílio ou residência no exterior, competirá ao Estado (ou Distrito Federal) onde o donatário tiver domicílio. Se o donatário tiver domicílio ou residir no exterior, competirá ao Estado (ou Distrito Federal) em que se encontrar o bem.

Herança de bens e direitos: relativamente aos bens do de cujus, ainda que situados no exterior, competirá ao Estado (ou Distrito Federal) onde era domiciliado, ou, caso o de cujus seja domiciliado ou residente no exterior, onde tiver domicílio o herdeiro ou legatário.

Art. 155 1º VII

a) PEC 45/2019 Art. 1º - vigência: imediata

"VII - não incidirá sobre as transmissões e as doações para as instituições sem fins lucrativos com finalidade de relevância pública e social, inclusive as organizações assistenciais e beneficentes de entidades religiosas e institutos científicos e tecnológicos, e por elas realizadas na consecução dos seus objetivos sociais, observadas as condições estabelecidas em lei complementar."

b) Constituição Federal - redação atual

Art. 155 1º VII - não há

c) Síntese

Lei Complementar estabelecerá condições para não incidência do ITCMD sobre as transmissões e doações para as instituições sem fins lucrativos com finalidade de relevância pública e social, inclusive as organizações assistenciais e beneficentes de entidades religiosas e institutos científicos e tecnológicos, e por elas realizadas na consecução dos seus objetivos sociais.

Art. 155 § 6º II

a) PEC 45/2019 Art. 1º - vigência: imediata

"§ 6º

...

II - poderá ter alíquotas diferenciadas em função do tipo, do valor, da utilização e do impacto ambiental;"

b) Constituição Federal - redação atual

"Art. 155 § 6º II - poderá ter alíquotas diferenciadas em função do tipo e utilização."

c) Síntese

O IPVA poderá ter alíquotas diferentes para veículos automotivos diferentes, em função do tipo, do valor, da utilização e do impacto ambiental.

d) Análise - Comentários

Conforme determina o inciso I deste parágrafo, cabe ao Senado fixar as alíquotas mínimas do IPVA. As alíquotas poderão ser diferenciadas em função do tipo, do valor, da utilização e do impacto ambiental dos veículos.

O montante a ser recolhido terá como base de cálculo o valor do veículo.

A alíquota poderá variar conforme o valor do veículo o que também afetará o montante a ser recolhido.

Por exemplo, um veículo elétrico poderá ter alíquota menor que um veículo a gasolina mais antigo, se o Senado julgar que o impacto ambiental deste último seja mais relevante que o primeiro.

Art. 156- A

a) PEC 45/2019 Art. 1º - vigência: imediata

"Art. 156-A. Lei complementar instituirá imposto sobre bens e serviços de competência dos Estados, do Distrito Federal e dos Municípios."

b) Constituição Federal - redação atual

Art. 156-A - não há

c) Síntese

O Imposto sobre Bens e Serviços (IBS), de competência dos Estados, Distrito Federal e Municípios será instituído em Lei Complementar.

d) Análise - Comentários

Mário Bonafé Jr.

A Constituição delega à lei complementar a incumbência de instituir o imposto sobre bens e serviços (IBS), de competência dos Estados, Distrito Federal e Municípios.

Mas essa competência dos entes federados não é de instituí-lo. Não é também de arrecadá-lo ou regulamentá-lo, uma vez que, conforme veremos, essas competências serão de Leis Complementares ou do Conselho Federativo. Este irá arrecadar o imposto e terá independência técnica, administrativa, orçamentária e financeira, com o poder de impor aos entes federativos as regras fiscais, etc. É verdade que 27 membros deste Conselho serão indicados pelos Estados e Distrito Federal e 27 serão eleitos pelos mais de 5.560 Municípios do país, mas as suas resoluções serão de aplicação obrigatória, não importando o que os Poderes Executivo e Legislativo, de um ou mais dos entes federados, julguem ser-lhes mais conveniente.

As competências dos Estados, Distrito Federal e Municípios, conforme proposto nesta PEC, limitam-se à fixação de suas alíquotas e ao gerenciamento da parte da arrecadação que o referido Conselho destinar a cada um dos entes federados.

Em outras palavras, com exceção da fixação das alíquotas, não haverá Leis ou Decretos referentes ao IBS, promulgadas pelos Estados, Distrito Federal ou Municípios. Da mesma forma, com exclusividade, o Conselho Federativo expedirá normas e regulamentações, que serão uniformes e de obediência obrigatória em todo o país.

Art. 156-A § 1º XII

a) PEC 45/2019 Art. 1º - vigência: imediata

"XII - resolução do Senado Federal fixará alíquota de referência do imposto para cada esfera federativa, nos termos de lei complementar, que será aplicada salvo disposição em contrário em lei específica, nos termos do disposto no inciso V deste parágrafo."

b) Constituição Federal - redação atual

Art. 156-A § 1º XII - não há

c) Síntese

O IBS terá uma alíquota de referência para cada esfera federativa, fixada por Resolução do Senado Federal nos termos de Lei Complementar, que será aplicada salvo disposição em contrário em lei específica.

d) Análise - Comentários

As alíquotas de referência do IBS, fixadas pelo Senado, poderão ser adotadas pelos entes federados na fixação da alíquota própria do IBS. Por outro lado, esta alíquota própria fixada por cada Estado, Distrito Federal ou Município, no período de 2029 a 209L8, nos termos do ADCT (Art. 131), não poderá ser inferior a 90,3% da sua alíquota de referência.

Art. 156-A § 3º

a) PEC 45/2019 Art. 1º - vigência: imediata

"*§ 3º Lei complementar poderá definir como sujeito passivo do imposto a pessoa que concorrer para a realização, a execução ou o pagamento da operação, ainda que residente ou domiciliada no exterior.* "

b) Constituição Federal - redação atual

Art. 156-A § 3º- não há

c) Síntese

O sujeito passivo do IBS será definido em Lei Complementar, podendo ser quem concorrer para a realização, a execução ou o pagamento da operação, ainda que residente ou domiciliado no exterior.

d) Análise - Comentários

Lei Complementar definirá quem é sujeito passivo do IBS, podendo ser qualquer pessoa que concorrer para a realização de uma operação, execução ou pagamento, ainda que residente ou domiciliado no exterior.

Por exemplo, um intermediador de venda ou locação poderá ser considerado sujeito passivo do IBS. Uma plataforma de vendas pela Internet, mesmo que tenha sua sede no exterior, pode ser enquadrada na definição de sujeito passivo do IBS, uma vez que concorre para a realização de operações com bens, gerenciando ou não os pagamentos ocorridos.

Art. 156-A § 4º I

a) PEC 45/2019 Art. 1º - vigência: imediata

"*§ 4º Para fins de distribuição do produto da arrecadação do imposto, o Conselho Federativo do Imposto sobre Bens e Serviços:*

I - reterá montante equivalente ao saldo acumulado de créditos do imposto não compensados pelos contribuintes ou não ressarcidos ao final de cada período de apuração; e"

b) Constituição Federal - redação atual

Art. 156-A § 4º I - não há

c) Síntese

Para fins de distribuição do produto da arrecadação do IBS, o Conselho Federativo do Imposto sobre Bens e Serviços reterá montante equivalente ao saldo acumulado de créditos do imposto não compensados pelos contribuintes ou não ressarcidos ao final de cada período de apuração.

d) Análise - Comentários

Mário Bonafé Jr.

O Conselho Federativo, ao final de cada período de apuração, contabilizará os montantes de saldo credor do IBS de todos os contribuintes que eventualmente os tiverem, e reterá o valor correspondente à soma deles (ver também a análise do Art. 156-A § 4º II).

Art. 156-A § 4º II

a) PEC 45/2019 Art. 1º - vigência: imediata

"II - distribuirá o montante excedente ao ente federativo de destino das operações que não tenham gerado creditamento na forma prevista no § 1º, VIII, segundo o disposto no § 5º, I e IV, ambos do art. 156-A."

b) Constituição Federal - redação atual

Art. 156-A § 4º II - não há

c) Síntese

O Conselho Federativo do Imposto sobre Bens e Serviços deduzirá da arrecadação o montante referente aos créditos não compensados e distribuirá o excedente ao ente federado de destino das operações que não tenham gerado creditamento.

d) Análise - Comentários

Ao final de cada período de apuração o valor arrecadado do IBS será distribuído aos entes federados de destino das operações tendo sido retido, antes disso, o valor correspondente à soma dos saldos não compensados de todos os contribuintes que eventualmente os tiverem.

As regras gerais de distribuição da arrecadação entre os entes federados, no período de transição, estão dispostas no ADCT.

Entende-se por crédito não compensado, de cada contribuinte, o saldo credor que ocorrerá quando, ao final de um período de apuração, o débito referente às suas saídas for inferior ao crédito por suas entradas.

Nos termos do inciso VIII do § 1º, não geram crédito do imposto as operações nas quais exclusivamente consumidores finais sejam adquirentes de bem, material ou imaterial, inclusive direito, ou de serviço. Assim, ao usar a expressão "operações que não tenham gerado creditamento" o inciso II deste § 4º poderá ser interpretada como: o Conselho Federativo, após as retenções previstas, distribuirá ao ente federado somente o montante correspondente às aquisições feitas por consumidores finais ou em casos previstos na Constituição.

Art. 156-A § 5º I

a) PEC 45/2019 Art. 1º - vigência: imediata

"§ 5º Lei complementar disporá sobre:

I - as regras para a distribuição do produto da arrecadação do imposto, disciplinando, entre outros aspectos:

a) a sua forma de cálculo;

b) o tratamento em relação às operações em que o imposto não seja recolhido tempestivamente;

c) as regras de distribuição aplicáveis aos regimes específicos e diferenciados de tributação previstos nesta Constituição;"

b) Constituição Federal - redação atual

Art. 156-A § 5º I - não há

c) Síntese

Lei complementar disporá sobre as regras para a distribuição do produto da arrecadação do IBS, tais como a forma de cálculo, o tratamento em relação às operações em que o imposto não seja recolhido tempestivamente e as regras de distribuição aplicáveis aos regimes específicos e diferenciados de tributação.

Art. 156-A § 5º II

a) PEC 45/2019 Art. 1º - vigência: imediata

"II - o regime de compensação, podendo estabelecer hipóteses em que o aproveitamento do crédito ficará condicionado à verificação do efetivo recolhimento do imposto incidente sobre a operação, desde que:

a) o adquirente possa efetuar o recolhimento do imposto incidente nas suas aquisições de bens ou serviços; ou

b) o recolhimento do imposto ocorra na liquidação financeira da operação;"

b) Constituição Federal - redação atual

Art. 156-A § 5º II - não há

c) Síntese

Lei Complementar disporá sobre o regime de compensação do IBS, podendo estabelecer hipóteses condicionando o aproveitamento do crédito à verificação do efetivo recolhimento do imposto incidente sobre a operação, desde que o adquirente possa recolher o imposto ou o recolhimento do imposto ocorra no momento do pagamento da operação.

d) Análise - Comentários

A lei complementar poderá condicionar o aproveitamento do crédito à verificação do efetivo recolhimento do imposto. Neste caso, para poder se creditar, o contribuinte deverá certificar-se antes se o imposto foi devidamente recolhido. A lei complementar deverá indicar como fazer essa comprovação para cada operação sujeita ao IBS.

Art. 156-A § 5º III

a) PEC 45/2019 Art. 1º - vigência: imediata

"III - a forma e o prazo para ressarcimento de créditos acumulados pelo contribuinte;"

b) Constituição Federal - redação atual

Art. 156-A § 5º III - não há

c) Síntese

Lei Complementar disporá sobre como o contribuinte deve proceder para ser ressarcido do crédito acumulado do IBS e que prazo terá para tanto.

d) Análise - Comentários

Para evitar acúmulo de crédito não compensado, a lei complementar deverá dispor sobre prazos e mecanismos para transferência ou ressarcimento dos montantes correspondentes.

Art. 156-A § 5º IV

a) PEC 45/2019 Art. 1º - vigência: imediata

"IV - os critérios para a definição do ente de destino da operação, que poderá ser, inclusive, o local da entrega, da disponibilização ou da localização do bem, o da prestação ou da disponibilização do serviço ou o do domicílio ou da localização do adquirente do bem ou serviço, admitidas diferenciações em razão das características da operação;"

b) Constituição Federal - redação atual

Art. 156-A § 5º IV - não há

c) Síntese

Lei Complementar definirá o conceito de "ente de destino da operação" sujeita ao IBS. Poderá definir este conceito, levando em conta o local da entrega do bem, o local da prestação do serviço, o local da sua disponibilização, a localização do adquirente, as características do bem etc.

d) Análise - Comentários

A arrecadação com o IBS beneficia o ente federado de destino das operações com bens ou serviços. Lei complementar disporá sobre a definição de ente federado de destino das operações sujeitas ao IBS.

No caso do ICMS, em operações interestaduais, são beneficiados com a arrecadação ambos os Estados envolvidos: parte da arrecadação fica com o Estado de origem e parte com o Estado de destino. Em operações dentro do Estado, o beneficiado com a arrecadação é o próprio Estado, origem e destino da operação.

No caso do ISS, a lei complementar 116/2003 determina quem fica com a arrecadação do ISS, podendo ser o Município onde se localiza o prestador de serviço ou o Município de destino, onde o serviço é prestado.

Qual seria o melhor sistema de distribuição da arrecadação: aquele que beneficia a origem e a produção? Aquele que beneficia o consumo? Ou aquele que reparte a arrecadação entre os Municípios que produzem, origem dos bens, e os Municípios que consomem, destino dos bens?

O melhor sistema, provavelmente, é o que promove homogeneamente o desenvolvimento das regiões do país.

Art. 156-A § 5º V "a"

a) PEC 45/2019 Art. 1º - vigência: imediata

"V - os regimes específicos de tributação para:

a) combustíveis e lubrificantes sobre os quais o imposto incidirá uma única vez, qualquer que seja a sua finalidade, hipótese em que:

1. serão uniformes as alíquotas em todo o território nacional, podendo ser específicas, por unidade de medida, e diferenciadas por produto, admitida a não aplicação do disposto no § 1º, V a VII;

2. será vedada a apropriação de créditos em relação às aquisições dos produtos de que trata esta alínea destinados a distribuição, comercialização ou revenda; e

3. será concedido crédito nas aquisições dos produtos de que trata esta alínea por contribuinte do imposto, observado o disposto no item 2 e no § 1º, VIII;"

b) Constituição Federal - redação atual

Art. 156-A § 5º V "a"- não há

c) Síntese

A lei complementar disporá sobre regimes específicos de tributação do IBS para Combustíveis e Lubrificantes.

Para esses produtos o IBS incidirá uma só vez, podendo haver uma alíquota para cada produto. Essa alíquota será uniforme em todo território nacional, não se aplicando as alíquotas fixadas pelos entes federados.

Na distribuição, comercialização ou revenda desses produtos não será admitida a apropriação do crédito do IBS.

A apropriação do crédito será permitida para contribuintes do IBS, desde que não seja para distribuição, comercialização ou revenda.

d) Análise - Comentários

Lei Complementar irá definir regime específico de tributação para combustíveis e lubrificantes, sendo que o IBS incidirá uma única vez.

As alíquotas serão uniformes em todo território nacional, não sendo aplicadas as fixadas pelos entes federados.

Fica vedado o crédito do imposto se a aquisição for feita para distribuição, comercialização ou revenda. Nos demais casos de aquisição por contribuinte do IBS, será permitido o crédito.

Conclui-se que. além das inúmeras alíquotas previstas com a possibilidade de fixação das mesmas por cada um dos Municípios, Estados e Distrito Federal, existirão outras como a aqui prevista, fixadas por lei complementar, que os fornecedores de bens e serviços deverão conhecer, em suas operações.

Art. 156-A § 5º V "b"

a) PEC 45/2019 Art. 1º - vigência: imediata

"b) serviços financeiros, operações com bens imóveis, planos de assistência à saúde e concursos de prognósticos, podendo prever:

1. alterações nas alíquotas, nas regras de creditamento e na base de cálculo, admitida, em relação aos adquirentes dos bens e serviços de que trata esta alínea, a não aplicação do disposto no § 1º, VIII;

2. hipóteses em que o imposto será calculado com base na receita ou no faturamento, com alíquota uniforme em todo o território nacional, admitida a não aplicação do disposto no § 1º, V a VII, e, em relação aos adquirentes dos bens e serviços de que trata esta alínea, também do disposto no § 1º, VIII;"

b) Constituição Federal - redação atual

Art. 156-A § 5º V "b"- não há

c) Síntese

Lei Complementar disporá sobre regime específico de tributação do IBS para:

Serviços Financeiros

Operações com Bens Imóveis

Planos de Assistência à Saúde

Concursos de Prognósticos

Lei Complementar disporá sobre essas operações, podendo prever alterações nas alíquotas aplicáveis, alteração nas regras de creditamento e alteração na base de cálculo. Determinará também as hipóteses em que o IBS incidirá sobre a receita ou faturamento, com alíquota uniforme em todo o país, não se aplicando as alíquotas fixadas pelos entes federados.

Em relação aos adquirentes dos bens e serviços, poderá não ser aplicado, também, o princípio da não-cumulatividade do IBS.

Regulamentação Constitucional

Ref.: Art. 156-A § 5º V "b"
a) PEC 45/2019 Art. 10 I - vigência: imediata
"Art. 10 - Para fins do disposto no art. 156-A, § 5º, V, 'b', da Constituição Federal, consideram-se:

I - serviços financeiros:

a) operações de crédito, câmbio, seguro, resseguro, consórcio, arrendamento mercantil, faturização, securitização, previdência privada, capitalização, arranjos de pagamento, operações com títulos e valores mobiliários, inclusive negociação e corretagem, e outras que impliquem captação, repasse, intermediação, gestão ou administração de recursos; e

b) outros serviços prestados por entidades administradoras de mercados organizados, infraestruturas de mercado e depositárias centrais, e por instituições autorizadas a funcionar pelo Banco Central do Brasil, na forma de lei complementar;"

b) Síntese
Lei complementar disporá sobre regime específico de tributação do IBS para os serviços financeiros que seguem relacionados:

a) operações de crédito, câmbio, seguro, resseguro, consórcio, arrendamento mercantil, faturização, securitização, previdência privada, capitalização, arranjos de pagamento, operações com títulos e valores mobiliários, inclusive negociação e corretagem, e outras que impliquem captação, repasse, intermediação, gestão ou administração de recursos; e

b) outros serviços prestados por entidades administradoras de mercados organizados, infraestruturas de mercado e depositárias centrais, e por instituições autorizadas a funcionar pelo Banco Central do Brasil, na forma de lei complementar.

Regulamentação Constitucional
Ref.: Art. 156-A § 5º V "b"
a) PEC 45/2019 Art. 10 II - vigência: imediata
"Art. 10 II - operações com bens imóveis:

a) construção e incorporação imobiliária;

b) parcelamento do solo e alienação de bem imóvel;

c) locação e arrendamento de bem imóvel; e

d) administração e intermediação de bem imóvel."

b) Síntese
Lei complementar disporá sobre regime específico de tributação do IBS para as seguintes operações com bens imóveis:

a) construção e incorporação imobiliária;

178   *Mário Bonafé Jr.*

b) parcelamento do solo e alienação de bem imóvel;

c) locação e arrendamento de bem imóvel; e

d) administração e intermediação de bem imóvel

Regulamentação Constitucional
Ref.: Art. 156-A § 5º V "b"

a) PEC 45/2019 Art. 10 § Único - vigência: imediata

"Art. 10 Parágrafo único. Em relação às instituições financeiras bancárias:

I - não se aplica o regime específico de que trata o art. 156-A, § 5º, V, 'b', da Constituição Federal aos serviços remunerados por tarifas e comissões, observado o disposto nas normas expedidas pelas entidades reguladoras; e"

II - os demais serviços financeiros sujeitam-se ao regime específico de que trata o art. 156-A, § 5º, V, 'b', da Constituição Federal, devendo as alíquotas e a base de cálculo ser definidas de modo a não elevar o custo das operações de crédito relativamente à tributação da receita decorrente de tais serviços na data da promulgação desta Emenda Constitucional."

b) Síntese

Em relação às instituições financeiras bancárias:

O regime específico de tributação do IBS a ser regulamentado por lei complementar não se aplica aos serviços remunerados por tarifas e comissões relacionados a instituições financeiras bancárias, observado o disposto nas normas expedidas pelas entidades reguladoras.

Os demais serviços financeiros realizados por instituições financeiras bancárias sujeitam-se a regime específico de tributação do IBS a ser regulamentado por Lei Complementar, devendo as alíquotas e a base de cálculo ser definidas de modo a não elevar o custo das operações de crédito relativamente à tributação da receita decorrente de tais serviços na data da promulgação desta Emenda Constitucional.

Art. 156-A § 5º V "c"

a) PEC 45/2019 Art. 1º - vigência: imediata

"c) operações contratadas pela administração pública direta, por autarquias e por fundações públicas, podendo prever hipóteses de:

1. não incidência do imposto e da contribuição prevista no art. 195, V, admitida a manutenção dos créditos relativos às operações anteriores; e

2. destinação integral do produto da arrecadação do imposto e da contribuição prevista no art. 195, V, ao ente federativo contratante, mediante redução a zero das alíquotas dos demais entes e elevação da alíquota do ente contratante em idêntico montante;"

b) Constituição Federal - redação atual

Art. 156-A § 5º V "c"- não há.

c) Síntese

Lei Complementar disporá sobre regime específico de tributação do IBS sobre operações contratadas pela administração pública direta, por autarquias e por fundações públicas. Este regime de tributação:

- poderá prever a possibilidade de não incidência do IBS e da CBS, podendo ser mantido os créditos relativos a operações anteriores e
- poderá prever a possibilidade de destinação integral do valor do IBS e da CBS arrecadados ao ente federativo contratante; neste caso as alíquotas dos demais entes serão reduzidas a zero e a alíquota do ente contratante será elevada em igual montante.

d) Análise - Comentários

A lei complementar disporá sobre o regime específico de tributação sobre operações contratadas por entidades relacionadas com a administração pública.

Assim, poderá haver a não incidência do IBS e da CBS nas operações em questão. Neste caso, os créditos dos fornecedores de produtos e serviços, referentes a operações anteriores, poderá ser mantido.

Há também a possibilidade de destinar a arrecadação integral do IBS e da CBS ao ente federado contratante, ou seja:

- As operações contratadas por entidades relacionadas com a administração pública federal terão a alíquota do IBS reduzida a zero e o montante correspondente destinado integralmente à União.
- As operações contratadas por entidades relacionadas com a administração pública estadual terão a parcela municipal da alíquota do IBS reduzida a zero e a parcela estadual elevada no mesmo valor, sendo que o montante da CBS federal teria destinação integral ao Estado em questão.
- As operações contratadas por entidades relacionadas com a administração pública municipal terão a parcela estadual da alíquota do IBS reduzida a zero e a parcela municipal elevada no mesmo valor, sendo que o montante da CBS federal teria destinação integral ao Município em questão.

Art. 156-A § 5º V "d"

a) PEC 45/2019 Art. 1º - vigência: imediata

"d) sociedades cooperativas, que será optativo, com vistas a assegurar sua competitividade, observados os princípios da livre concorrência e da isonomia tributária, definindo, inclusive:

1. as hipóteses em que o imposto não incidirá sobre as operações realizadas entre a sociedade cooperativa e seus associados, entre estes e aquela e pelas sociedades cooperativas entre si quando associadas para a consecução dos objetivos sociais; e

2. o regime de aproveitamento do crédito das etapas anteriores;"

b) Constituição Federal - redação atual

Art. 156-A § 5º V "d" - não há

c) Síntese

Lei Complementar disporá sobre regime específico de tributação do IBS para sociedades cooperativas, que será optativo, definindo as hipóteses em que o IBS não incidirá sobre as operações realizadas entre a sociedade cooperativa e seus associados e entre sociedades cooperativas quando associadas para a consecução dos objetivos sociais. A lei complementar deverá também dispor sobre o regime de aproveitamento do crédito das etapas anteriores.

d) Análise - Comentários

Na redação dada temos: "... operações realizadas entre a sociedade cooperativa e seus associados, entre estes e aquela ...".

"Operações entre a cooperativa e seus associados" e "entre os associados e a cooperativa" parece ser a mesma coisa.

Talvez o legislador quisesse dizer "... operações realizadas entre a sociedade cooperativa e seus associados, bem como as realizadas entre os seus associados ..." - a conferir.

Art. 156-A § 5º V "e"

a) PEC 45/2019 Art. 1º - vigência: imediata

"e) serviços de hotelaria, parques de diversão e parques temáticos, bares e restaurantes e aviação regional, podendo prever hipóteses de alterações nas alíquotas e nas regras de creditamento, admitida a não aplicação do disposto no § 1º, V a VIII;"

b) Constituição Federal - redação atual

Art. 156-A § 5º V "e" - não há

c) Síntese

Lei Complementar disporá sobre regimes específicos de tributação do IBS para serviços de hotelaria, parques de diversão e parques temáticos, restaurantes e aviação regional. Nestes casos poderá haver alteração das alíquotas, não se aplicando as alíquotas fixadas pelos entes federados.

Poderá não ser aplicado, também, o dispositivo da não-cumulatividade do IBS.

Art. 156-A § 5º VI

a) PEC 45/2019 Art. 1º - vigência: imediata

"VI - a forma como poderá ser reduzido o impacto do imposto sobre a aquisição de bens de capital pelo contribuinte;"

b) Constituição Federal - redação atual

Art. 156-A § 5º VI - não há

c) Síntese

Lei Complementar disporá sobre a forma de reduzir o impacto do IBS sobre a aquisição de bens de capital.

d) Análise - Comentários

Lei Complementar deverá definir como reduzir o impacto da incidência do IBS sobre aquisição de bem de capital.

Art. 156-A § 5º VII

a) PEC 45/2019 Art. 1º - vigência: imediata

"VII - o processo administrativo fiscal do imposto;"

b) Constituição Federal - redação atual

Art. 156-A § 5º VII - não há

c) Síntese

Lei Complementar determinará como será regulamentado o processo administrativo fiscal do IBS.

Art. 156-A § 5º VIII

a) PEC 45/2019 Art. 1º - vigência: imediata

"VIII - as hipóteses de devolução do imposto a pessoas físicas, inclusive os limites e os beneficiários, com o objetivo de reduzir as desigualdades de renda; e"

b) Constituição Federal - redação atual

Art. 156-A § 5º VIII - não há

c) Síntese

Lei Complementar, para reduzir desigualdades de renda, disporá sobre como será devolvido o IBS a pessoas físicas, em que limites e como selecionar os beneficiários.

d) Análise - Comentários

Devolver algo indica que esse algo foi cobrado ou tirado anteriormente.

No que respeita ao Imposto sobre a Renda fica mais simples eventualmente devolver o tributo pago por contribuintes com menor renda, como ocorre em alguns países desenvolvidos.

No caso do IBS, a tarefa é mais complexa, pois para devolvê-lo para pessoas físicas, há que se identificar os valores por ela pagos, em aquisições que fez oneradas pelo imposto. Por exemplo, o beneficiário poderia guardar todos os comprovantes fiscais de suas aquisições de bens ou serviços e pleitear a devolução dos impostos neles relacionados. Neste caso, provavelmente, o custo para manter uma estrutura de checagem poderia tornar esse método inviável.

Uma alternativa a essa devolução, no caso de ser impossível saber o valor cabível a ser devolvido, seria identificar os bens e serviços comumente utilizados por pessoas físicas menos favorecidas e reduzir a zero as alíquotas dos tributos que neles incidem.

Art. 156-A § 5º IX

a) PEC 45/2019 Art. 1º - vigência: imediata

"IX - as hipóteses de diferimento do imposto aplicáveis aos regimes aduaneiros especiais e às zonas de processamento de exportação."

b) Constituição Federal - redação atual

Art. 156-A § 5º IX - não há

c) Síntese

Lei Complementar definirá em que hipóteses haverá diferimento do pagamento do IBS aplicáveis a regimes aduaneiros especiais e às zonas de processamento de exportação.

Art. 156-A § 6º I e II

a) PEC 45/2019 Art. 1º - vigência: imediata

"§ 6º A isenção e a imunidade do imposto previsto no caput:

I - não implicarão crédito para compensação com o montante devido nas operações seguintes; e

II - acarretarão a anulação do crédito relativo às operações anteriores, salvo, na hipótese da imunidade, quando determinado em contrário em lei complementar."

b) Constituição Federal - redação atual

Art. 156-A § 6º I e II - não há

c) Síntese

A isenção e a imunidade não implicarão créditos a serem aproveitados em operações subsequentes e anularão créditos relativos às operações anteriores.

Mas no caso de "imunidade", Lei complementar poderá prever em que casos poderão ser aproveitados os créditos relativos às operações anteriores.

Art. 156-A § 7º

a) PEC 45/2019 Art. 1º - vigência: imediata

"*§ 7º Para fins do disposto neste artigo, a lei complementar de que trata o caput poderá estabelecer o conceito de operações com serviços, seu conteúdo e alcance, admitida essa definição para qualquer operação que não seja classificada como operação com bens.*"

b) Constituição Federal - redação atual

Art. 156-A § 7º - não há

c) Síntese

Lei Complementar referente ao IBS poderá definir o conceito de operações com serviços, como sendo todas as operações que não forem classificadas como operação com bens.

d) Análise - Comentários

A definição dos conceitos "operações com serviços" e "operações com bens" é importante em caso de ser prevista tributação diferente para elas.

Art. 156-A § 8º I

a) PEC 45/2019 Art. 1º - vigência: imediata

"*§ 8º Qualquer alteração na legislação federal que reduza ou eleve a arrecadação do imposto previsto no caput:*

I - deverá ser compensada pela elevação ou redução, pelo Senado Federal, das alíquotas de referência de que trata o § 1º, XII, de modo a preservar a arrecadação das esferas federativas, nos termos de lei complementar;"

b) Constituição Federal - redação atual

Art. 156-A § 8º I - não há

c) Síntese

O Senado Federal deverá elevar ou reduzir as alíquotas de referência sempre que houver qualquer alteração na legislação federal que reduza ou eleve a arrecadação do IBS. As alíquotas de referência serão calculadas de forma a preservar a arrecadação dos Estados, Distrito Federal e Municípios, nos termos de lei complementar.

d) Análise - Comentários

Mário Bonafé Jr.

Se a legislação federal conceder, por exemplo, um benefício fiscal a um setor de atividades, podendo assim diminuir a arrecadação, o Senado deverá aumentar as alíquotas de referência, estadual e municipal, para preservar a arrecadação. Por outro lado, a alteração da alíquota de referência não implica que os Estados e Municípios sejam obrigados a alterar suas alíquotas, desde que respeitem o limite mínimo equivalente a 90,3% daquela fixada pelo Senado.

Art. 156-A § 8º II

a) PEC 45/2019 Art. 1º - vigência: imediata

"II - somente entrará em vigor com o início da produção de efeitos do ajuste das alíquotas de referência de que trata o inciso I;"

b) Constituição Federal - redação atual

Art. 156-A § 8º II - não há

c) Síntese

Qualquer alteração na legislação federal que possa reduzir ou elevar a arrecadação do IBS somente entrará em vigor quando entrarem em vigor as alterações das alíquotas de referência estaduais e municipais, pelo Senado Federal.

Art. 156-A § 9º

a) PEC 45/2019 Art. 1º - vigência: imediata

"§ 9º Os Estados, o Distrito Federal e os Municípios poderão optar por vincular suas alíquotas à alíquota de referência de que trata o § 1º, XII."

b) Constituição Federal - redação atual

Art. 156-A § 9º - não há

c) Síntese

Os Estados, o Distrito Federal e os Municípios poderão optar por vincular suas alíquotas às alíquotas de referência fixada pelo Senado.

Art. 156-A § 10

a) PEC 45/2019 Art. 1º - vigência: imediata

"§ 10. Projeto de lei complementar em tramitação no Congresso Nacional que reduza ou aumente a arrecadação do imposto somente será apreciado se acompanhado de estimativa de impacto no valor das alíquotas de referência de que trata o § 1º, XII."

b) Constituição Federal - redação atual

Art. 156-A § 10- não há

c) Síntese

Eventual projeto de lei complementar em tramitação no Congresso Nacional que reduza ou aumente a arrecadação do imposto somente será apreciado se acompanhado de estimativa de impacto no valor da alíquota de referência fixada pelo Senado Federal.

d) Análise - Comentários

Observa-se que um eventual projeto de lei complementar que reduza ou eleve a arrecadação do IBS, se aprovado, somente entrará em vigor se for atendido o disposto no § 8º deste artigo, isto é, a alíquota de referência deverá obrigatoriamente ter sido revisada e ter entrado em vigor.

Art. 156-A § 11

a) PEC 45/2019 Art. 1º - vigência: imediata

"§ 11. A devolução de que trata o § 5º, VIII, não será considerada nas bases de cálculo de que tratam os arts. 29-A, 198, § 2º, 204, parágrafo único, 212, 212-A, II, e 216, § 6º, não se aplicando a ela, ainda, o disposto no art. 158, IV, 'b'."

b) Constituição Federal - redação atual

Art. 156-A § 11 - não há

c) Síntese

O montante da devolução do IBS a pessoas físicas para reduzir desigualdade de renda não será considerado na base de cálculo do:

- percentual da receita tributária do ente destinado ao poder legislativo respectivo (deputados, vereadores, por ex);
- percentual da receita tributária destinada à saúde;
- percentual da receita tributária destinada ao programa de apoio à inclusão e promoção social;
- percentual da receita tributária destinada ao ensino;
- percentual da receita tributária destinada ao ensino e à remuneração de seus profissionais;
- percentual da receita tributária destinada à cultura.

d) Análise - Comentários

Os valores devolvidos às pessoas físicas de determinado Município serão deduzidos da arrecadação respectiva. Assim, os percentuais que obrigatoriamente seriam distribuídos às diversas entidades (poder legislativo, saúde, ensino, cultura, etc.) somente serão calculados após essa dedução.

O mesmo ocorrerá em relação ao respectivo Estado.

REGIME DIFERENCIADO DE TRIBUTAÇÃO

Mário Bonafé Jr.

Regulamentação Constitucional

a) PEC 45/2019 Art. 9° - vigência: imediata

"A lei complementar que instituir o imposto de que trata o art. 156-A e a contribuição de que trata o art. 195, V, ambos da Constituição Federal, poderá prever os regimes diferenciados de tributação de que trata este artigo, desde que sejam uniformes em todo o território nacional e sejam realizados os respectivos ajustes nas alíquotas de referência com vistas a reequilibrar a arrecadação da esfera federativa."

b) Síntese

A lei complementar que instituir o IBS e a CBS poderá prever regimes diferenciados de tributação para os serviços e produtos relacionados no § 1°, desde que sejam uniformes em todo o território nacional e reajustadas as alíquotas destes tributos, de forma a reequilibrar a arrecadação da esfera federativa.

c) Análise - Comentários

Com a aprovação da aprovação da PEC 45/2019, a Constituição terá acréscimo do artigo 156-A e do inciso V do artigo 195.

No que se refere ao IBS, a PEC deixou para uma lei complementar a incumbência de instituí-lo (Art. 150-A).

Já a CBS, foi instituída no inciso V do artigo 195, deixando sua regulamentação para uma lei complementar ("A seguridade social será financiada ... seguintes contribuições sociais ... V - sobre bens e serviços, nos termos de lei complementar.").

Para aliviar a carga tributária de alguns setores sensíveis para a população, como a saúde, o ensino, o transporte público, a agropecuária, a lei complementar que instituir e regulamentar o IBS e a CBS deverá prever regimes diferenciados de tributação contemplando estes setores. Estes regimes devem ser uniformes em todo território nacional.

Para que não haja alteração no montante arrecadado com o IBS e com a CBS, uma vez que serão reduzidas as alíquotas dos produtos beneficiados com esses regimes diferenciados de tributação, será necessário aumentar as alíquotas incidentes sobre outros produtos. Assim, ao fixar as alíquotas de referência e as alíquotas próprias dos entes federados, deverão ser feitos ajustes nas referidas alíquotas, para reequilibrar a arrecadação.

Regulamentação Constitucional

a) PEC 45/2019 Art. 9° §§ 1° e 2° - vigência: imediata

"§ 1° Lei complementar definirá as operações com bens ou serviços sobre as quais as alíquotas dos tributos de que trata o caput serão reduzidas em 60% (sessenta por cento), referentes a:

I - serviços de educação;

II - serviços de saúde;

III - dispositivos médicos e de acessibilidade para pessoas com deficiência;

IV - medicamentos e produtos de cuidados básicos à saúde menstrual;

V - serviços de transporte coletivo de passageiros rodoviário, ferroviário e hidroviário, de caráter urbano, semiurbano, metropolitano, intermunicipal e interestadual;

VI - produtos agropecuários, aquícolas, pesqueiros, florestais e extrativistas vegetais in natura;

VII - insumos agropecuários e aquícolas, alimentos destinados ao consumo humano e produtos de higiene pessoal; e

VIII - produções artísticas, culturais, jornalísticas e audiovisuais nacionais e atividades desportivas;

IX - bens e serviços relacionados a segurança e soberania nacional, segurança da informação e segurança cibernética;

§ 2º É vedada a fixação de percentual de redução distinto do previsto no § 1º em relação às hipóteses nele previstas."

b) Síntese

O regime diferenciado de tributação previsto no caput, instituído por lei complementar, contará obrigatoriamente com redução de 60% das alíquotas do IBS e da CBS e beneficiará operações, a serem definidas, referentes aos setores:

I - serviços de educação;

II - serviços de saúde;

III - dispositivos médicos e de acessibilidade para pessoas com deficiência;

IV - medicamentos e produtos de cuidados básicos à saúde menstrual;

V - serviços de transporte coletivo de passageiros rodoviário, ferroviário e hidroviário, de caráter urbano, semiurbano, metropolitano, intermunicipal e interestadual;

VI - produtos agropecuários, aquícolas, pesqueiros, florestais e extrativistas vegetais in natura;

VII - insumos agropecuários e aquícolas, alimentos destinados ao consumo humano e produtos de higiene pessoal;

VIII - produções artísticas, culturais, jornalísticas e audiovisuais nacionais e atividades desportivas; e

IX - bens e serviços relacionados a segurança e soberania nacional, segurança da informação e segurança cibernética.

Regulamentação Constitucional

a) PEC 45/2019 Art. 9º § 3º I - vigência: imediata

"§ 3º Lei complementar definirá as hipóteses em que será concedida:

I - isenção, em relação aos serviços de que trata o § 1º, V;"

b) Síntese

Lei complementar definirá hipóteses em que será concedida isenção do IBS e da CBS aos serviços de transporte coletivo de passageiros rodoviário, ferroviário e hidroviário, de caráter urbano, semiurbano, metropolitano, intermunicipal e interestadual.

Regulamentação Constitucional

a) PEC 45/2019 Art. 9º § 3º II - vigência: imediata

"II - redução em 100% (cem por cento) das alíquotas dos tributos referidos no caput para:

a) bens de que trata o § 1º, III e IV; e

b) produtos hortícolas, frutas e ovos, de que trata o art. 28, III, da Lei nº 10.865, de 30 de abril de 2004, com a redação vigente em 31 de maio de 2023."

b) Síntese

O § 2º acima veda redução maior ou menor que 60% na alíquota referentes aos bens e serviços relacionados no § 1º.

Entretanto, neste inciso do § 3º está prevista a possibilidade de lei complementar definir hipóteses de redução de 100% das alíquotas do IBS e da CBS para:

a) dispositivos médicos e de acessibilidade para pessoas com deficiência e medicamentos e produtos de cuidados básicos à saúde menstrual.

b) produtos hortícolas e frutas classificados nos Capítulos 7 e 8 da TIPI, ou seja, "produtos hortícolas, plantas, raízes e tubérculos, comestíveis e frutas comestíveis, cascas de cítricos e melões" e ovos classificados na posição 04.07 da TIPI, ou seja, "ovos de aves, com casca, frescos, conservados ou cozidos".

Regulamentação Constitucional

a) PEC 45/2019 Art. 9º § 3º III - vigência: imediata

"III - redução em 100% (cem por cento) da alíquota da contribuição de que trata o art. 195, V, da Constituição Federal, incidente sobre:

a) serviços de educação de ensino superior nos termos do Programa Universidade para Todos - Prouni, instituído pela Lei nº 11.096, de 13 de janeiro de 2005;

b) até 28 de fevereiro de 2027, serviços beneficiados pelo Programa Emergencial de Retomada do Setor de Eventos (Perse), instituído pela Lei nº 14.148, de 3 de maio de 2021, com a redação vigente na data de publicação desta Emenda Constitucional;"

b) Síntese

Lei complementar definirá as hipóteses em que será concedida redução de 100% da alíquota da CBS (apesar da vedação constante no § 2º acima) incidente sobre:

a) serviços de educação de ensino superior nos termos do PROUNI (Programa Universidade para Todos).

b) Serviços beneficiados pelo PERSE (Programa Emergencial de Retomada do Setor de Eventos).

Regulamentação Constitucional

a) PEC 45/2019 Art. 9º § 3º IV - vigência: imediata

"IV - Isenção ou redução em até 100% (cem por cento) das alíquotas dos tributos referidos no caput para atividades de reabilitação urbana de zonas históricas e de áreas críticas de recuperação e reconversão urbanística."

c) Síntese

Lei complementar definirá as hipóteses em que será concedida isenção ou redução em até 100% das alíquotas do IBS e da CBS (apesar da vedação constante no § 2º acima), para atividades de reabilitação urbana de zonas históricas e de áreas críticas de recuperação e reconversão urbanística.

Regulamentação Constitucional

a) PEC 45/2019 Art. 9º § 4º - vigência: imediata

"§ 4º O produtor rural pessoa física ou jurídica que obtiver receita anual inferior a R$ 3.600.000,00 (três milhões e seiscentos mil reais), atualizada anualmente pelo Índice Nacional de Preços ao Consumidor Amplo - IPCA, e o produtor integrado de que trata o art. 2º, II, da Lei nº 13.288, de 16 de maio de 2016, com a redação vigente em 31 de maio de 2023, poderão optar por ser contribuintes dos tributos de que trata o caput."

b) Síntese

O produtor rural que obtiver receita anual inferior a R$ 3.600.000,00 (valor a ser atualizado anualmente pelo IPCA) e o produtor integrado poderão optar por ser contribuinte do IBS e da CBS.

Regulamentação Constitucional

Mário Bonafé Jr.

a) PEC 45/2019 Art. 9º § 5º - vigência: imediata

"§ 5º É autorizada a concessão de crédito ao contribuinte adquirente de bens e serviços de produtor rural pessoa física ou jurídica que não opte por ser contribuinte na hipótese de que trata o § 4º, nos termos da lei complementar, observado o seguinte:"

b) Síntese

Caso o produtor rural opte por não ser contribuinte do IBS e da CBS, é autorizada a concessão de crédito ao contribuinte adquirente de seus bens ou serviços.

Regulamentação Constitucional

a) PEC 45/2019 Art. 9º § 5º I - vigência: imediata

"I - o Poder Executivo da União e o Conselho Federativo do Imposto de Bens e Serviços poderão revisar, anualmente, de acordo com critérios estabelecidos em lei complementar, o valor do crédito presumido concedido, não se aplicando o disposto no art. 150, I, da Constituição Federal; e"

b) Síntese

Lei complementar estabelecerá os critérios que deverão ser seguidos pelo Poder Executivo da União e pelo Conselho Federativo do IBS, para revisar anualmente o valor do crédito presumido, não se aplicando a vedação aos entes federados de exigir ou aumentar tributos sem que a lei o estabeleça.

Regulamentação Constitucional

a) PEC 45/2019 Art. 9º § 5º II - vigência: imediata

"II - o crédito presumido de que trata este parágrafo terá como objetivo permitir a apropriação de créditos não aproveitados por não contribuinte do imposto em razão do disposto no caput deste parágrafo."

b) Síntese

O crédito presumido de que trata este parágrafo terá como objetivo permitir a apropriação de créditos não aproveitados pelo produtor rural não contribuinte do IBS e da CBS.

Regulamentação Constitucional

a) PEC 45/2019 Art. 9º § 6º - vigência: imediata

"§ 6º Observado o disposto no § 5º, I, é autorizada a concessão de crédito ao contribuinte adquirente de:

I - serviços de transportador autônomo pessoa física que não seja contribuinte do imposto, nos termos da lei complementar;

II - resíduos e demais materiais destinados à reciclagem, reutilização ou logística reversa, de pessoa física, cooperativa ou outra forma de organização popular."

b) Síntese

Observando a mesma regulamentação constante no § 5º, poderá ser concedido crédito referente aos tributos em pauta para contribuinte adquirente de serviços de transportador autônomo não contribuinte, nos termos de lei complementar ou adquirente de resíduos e materiais destinados à reciclagem, reutilização ou logística reversa, de pessoa física, cooperativa ou outra forma de organização popular.

Regulamentação Constitucional

a) PEC 45/2019 Art. 9º § 7º - vigência: imediata

"§ 7º Lei complementar poderá prever a concessão de crédito ao contribuinte que adquira bens móveis usados de pessoa física não contribuinte para revenda, desde que esta seja tributada e o crédito seja vinculado ao respectivo bem, vedado o ressarcimento."

b) Síntese

Lei complementar poderá dispor sobre a concessão de crédito a contribuinte que adquira móveis usados de pessoa física não contribuinte para revenda, desde que ela seja tributada e o crédito vinculado ao respectivo bem, vedado o ressarcimento.

Regulamentação Constitucional

a) PEC 45/2019 Art. 9º § 8º - vigência: imediata

"§ 8º Os benefícios especiais de que trata este artigo serão concedidos observando-se o disposto no art. 149-B, II, da Constituição Federal, exceto em relação ao § 3º, III."

b) Síntese

Os benefícios especiais de que trata este artigo serão concedidos observando-se que o IBS e a CBS terão as mesmas imunidades, com exceção das hipóteses de redução de 100% da alíquota da CBS, a serem regulamentadas por lei complementar, incidente sobre:

a) serviços de educação de ensino superior nos termos do PROUNI (Programa Universidade para Todos) e

b) serviços beneficiados pelo PERSE (Programa Emergencial de Retomada do Setor de Evento

Regulamentação Constitucional

a) PEC 45/2019 Art. 9º § 9º - vigência: imediata

Mário Bonafé Jr.

"§ 9° O imposto previsto no art. 153, VIII, da Constituição Federal, não incidirá sobre os bens ou serviços cujas alíquotas sejam reduzidas nos termos do § 1°."

b) Síntese

O imposto sobre a produção, comercialização ou importação de bens e serviços prejudiciais à saúde ou ao meio-ambiente não incidirá sobre os bens e serviços relacionados no § 1°, que forem beneficiados com redução das alíquotas.

Art. 156-B I II III IV

a) PEC 45/2019 Art. 1° - vigência: imediata

"Art. 156-B. Os Estados, o Distrito Federal e os Municípios exercerão de forma integrada, exclusivamente por meio do Conselho Federativo do Imposto sobre Bens e Serviços, nos termos e nos limites estabelecidos nesta Constituição e em lei complementar, as seguintes competências administrativas relativas ao imposto de que trata o art. 156-A:

I - editar normas infralegais sobre temas relacionados ao imposto, de observância obrigatória por todos os entes que o integram;

II - uniformizar a interpretação e a aplicação da legislação do imposto, que serão vinculantes para todos os entes que o integram;

III - arrecadar o imposto, efetuar as compensações e distribuir o produto da arrecadação entre os Estados, o Distrito Federal e os Municípios;

IV - dirimir as questões suscitadas no âmbito do contencioso administrativo tributário entre o sujeito passivo e a administração tributária."

b) Constituição Federal - redação atual

Art. 156-B I II III IV - não há

c) Síntese

Somente por meio do Conselho Federativo do IBS, os Estados, o Distrito Federal e os Municípios exercerão as seguintes competências administrativas:

I - editar normas infralegais sobre temas relacionados ao imposto, de observância obrigatória por todos os entes que o integram;

II - uniformizar a interpretação e a - vigência da legislação do imposto, que serão vinculantes para todos os entes que o integram;

III - arrecadar o imposto, efetuar as compensações e distribuir o produto da arrecadação entre Estados, Distrito Federal e Municípios;

IV - dirimir as questões suscitadas no âmbito do contencioso administrativo tributário entre o sujeito passivo e a administração tributária.

d) Análise - Comentários

Os Estados, o Distrito Federal e os Municípios não poderão individualmente editar normas, interpretar a legislação, arrecadar o imposto e dirimir questões no âmbito do contencioso administrativo, competência do Conselho Federativo.

• Similaridades entre o Conselho Federativo e o Poder Legislativo:

Terá representantes eleitos, independência técnica, administrativa, orçamentária e financeira. suas decisões e as normas que aprovarem serão de obediência obrigatória pelos contribuintes e pelos entes federados.

• Similaridades entre o Conselho Federativo e as Secretarias da Fazenda dos entes federados:

Arrecadará o imposto, sendo responsável pela gestão do contencioso administrativo tributário, entre outras.

Art. 156-B § 1º

a) PEC 45/2019 Art. 1º - vigência: imediata

"§ 1º O Conselho Federativo do Imposto sobre Bens e Serviços, entidade pública sob regime especial, terá independência técnica, administrativa, orçamentária e financeira."

b) Constituição Federal - redação atual

Art. 156-B § 1º - não há

c) Síntese

O Conselho Federativo do Imposto sobre Bens e Serviços terá independência técnica, administrativa, orçamentária e financeira.

d) Análise - Comentários

No artigo 560-A a Constituição determina ser o IBS de competência dos Estados, Municípios e Distrito Federal.

Mas, neste mesmo artigo, nota-se que praticamente a única competência de cada ente federado será de fixar a alíquota do imposto que lhe caberá.

As demais competências como normatizar, arrecadar, distribuir a arrecadação, etc., será do Conselho Federativo, que terá independência técnica, administrativa, orçamentária e financeira. Essa independência o torna instância superior, na área tributária, a cada Estado ou Município ou ao Distrito Federal, uma vez que suas decisões se tornam de obediência obrigatória para todos os entes federados.

Para evitar essa situação, uma eventual alternativa seria tornar esse Conselho um órgão similar ao atual CONFAZ e, a exemplo dele, com a responsabilidade de criar normas de consenso dos entes federados e propor ao poder legislativo federal eventuais alterações na legislação federal,

Mário Bonafé Jr.

deixando a arrecadação e a fiscalização na responsabilidade dos entes federados.

Para elaborar a lei complementar que instituirá e regulamentará o IBS deverão, também, ser levados em conta os aspectos abaixo para evitar problemas possíveis. Analisando a proposta da PEC 45/2019:

O Conselho Federativo:

- assim como os poderes constituídos da República, o Conselho terá independência total (técnica, administrativa, orçamentária e financeira).
- interpretará a legislação e editará normas, sendo suas resoluções de obediência obrigatória pelos entes federativos - sob este ponto de vista estará acima de cada ente federado.

Isso gerará uma fonte enorme de Poder aos membros do Conselho Federativo. Dependendo de regulamentação por lei complementar, há grande probabilidade de que os 54 membros venham a ser indicados por políticos, atraídos pelo poder que terão e eventuais altos salários.

Além dos membros do Conselho Federativo, lei complementar deverá dispor da composição do quadro de funcionários do Conselho Federativo que poderão ser indicados pelos Estados, Distrito Federal e Municípios e deverão:

- ser concursados,
- ter estabilidade na função e no cargo,
- estar submetidos a uma hierarquia.

Art. 156-B § 2° I

a) PEC 45/2019 Art. 1° - vigência: imediata

"§ 2° Na forma da lei complementar:

I – todos os Estados, o Distrito Federal e todos os Municípios serão representados, de forma paritária, na instância máxima de deliberação do Conselho Federativo;"

b) Constituição Federal - redação atual

Art. 156-B § 2° I - não há

c) Síntese

Na forma da lei complementar:

todos os entes federados serão representados de forma paritária no Conselho Federativo.

d) Análise - Comentários

A lei complementar determinará que todos os entes federados sejam representados de forma paritária, ou seja, terão "número igual de representantes" para cada ente.

Art. 156-B § 2º II

a) PEC 45/2019 Art. 1º - vigência: imediata

"II - será assegurada a alternância na presidência do Conselho Federativo entre o conjunto dos Estados e o Distrito Federal e o conjunto dos Municípios e o Distrito Federal;"

b) Constituição Federal - redação atual

Art. 156-B § 2º II - não há

c) Síntese

Na forma da lei complementar:

A presidência do Conselho Federativo será alternada entre um representante do conjunto de todos os Estados e o Distrito Federal e um representante do conjunto de todos os Municípios e o Distrito Federal.

Art. 156-B § 2º III

a) PEC 45/2019 Art. 1º - vigência: imediata

"III - o Conselho Federativo será financiado por percentual do produto da arrecadação do imposto destinado a cada ente federativo;"

b) Constituição Federal - redação atual

Art. 156-B § 2º III - não há

c) Síntese

O custo de implantação e de manutenção do Conselho Federativo será financiado pela arrecadação do IBS.

d) Análise - Comentários

O custo de implantação e de manutenção do Conselho Federativo será financiado pela arrecadação do IBS.

Isso significa que, ao calcular sua alíquota própria, cada ente federado deverá acrescentar um percentual que será aplicado nesse financiamento.

Nos termos do artigo 14 da PEC 45/2019, inicialmente o custo de implantação do Conselho será financiado pelo governo federal, mas deverá ser ressarcido posteriormente.

O custo de manutenção do Conselho Federativo, que poderá superior ao custo operacional de uma Secretaria da Fazenda como a do Estado de São Paulo e o custo de sua implantação deverão ser computados no cálculo para fixação das alíquotas próprias estaduais e municipais do IBS, para não haver perda de arrecadação dos entes federativos.

Haverá, portanto, aumento da carga tributária para que se possa manter os montantes da arrecadação de cada Estado, Distrito Federal e Município e arcar com os custos extras do Conselho Federativo.

Para a população é importante evitar aumento de carga tributária e para os governantes dos entes federados evitar queda na arrecadação. Assim, poder-se-ia pensar em alterar os moldes propostos para a criação do Conselho Federativo e aproveitar a estrutura do CONFAZ, deixando a arrecadação por conta dos entes federados.

Art. 156-B § 2º IV

a) PEC 45/2019 Art. 1º - vigência: imediata

"IV - o controle externo do Conselho Federativo será exercido pelos Poderes Legislativos dos entes federativos com o auxílio dos Tribunais de Contas dos Estados e do Distrito Federal, bem como dos Tribunais e dos Conselhos de Contas dos Municípios, que atuarão de forma coordenada;"

b) Constituição Federal - redação atual

Art. 156-B § 2º IV - não há

c) Síntese

Os Poderes Legislativos dos entes federado exercerão o controle externo do Conselho Federativo, com auxílio dos Tribunais de Contas.

d) Análise - Comentários

O controle externo do Conselho Federativo será exercido pelo Poder Legislativo de cada ente federado.

Entretanto, provavelmente o Poder Executivo de cada ente federado teria mais competência para acompanhar, controlar e fiscalizar a arrecadação e a distribuição dos valores a cargo do Conselho Federativo.

Os Tribunais de Contas, que auxiliariam o Poder Legislativo, têm a função primordial de controlar o fluxo contábil, financeiro, orçamentário, operacional e patrimonial das entidades públicas.

O controle externo do Conselho Federativo, com a análise dos procedimentos de arrecadação e de distribuição dos montantes arrecadados provavelmente teria melhores resultados se feito pelos Poderes Executivos dos entes federados, através de seus órgãos especializados (Secretarias da Fazenda). Os órgãos das Receitas dos entes federados estão habilitados a fazer o controle externo do Conselho Federativo, através de profissionais concursados na área de auditoria fiscal, além de amplo conhecimento contábil.

Art. 156-B § 2º V

a) PEC 45/2019 Art. 1º - vigência: imediata

"V - o Conselho Federativo coordenará a atuação integrada dos Estados, do Distrito Federal e dos Municípios, na fiscalização, no lançamento, na cobrança e na representação administrativa ou judicial do imposto, podendo definir hipóteses de delegação ou de compartilhamento de competências entre as administrações tributárias e entre as procuradorias dos entes federativos;"

b) Constituição Federal - redação atual

Art. 156-B § 2° V - não há

c) Síntese

O Conselho Federativo exercerá o controle da fiscalização, lançamento, cobrança e representação administrativa ou judicial do IBS, coordenando a atuação integrada dos entes federados. Poderá delegar e compartilhar competências entre as administrações tributárias e procuradorias dos entes federados.

d) Análise - Comentários

A lei complementar disciplinará de que forma que o Conselho Federativo irá coordenar a atuação integrada dos entes federados na fiscalização e compartilhamento de competências, exceto o que lhe for de competência exclusiva.

Observa-se que o caput do artigo em pauta da Constituição Federal determina que os entes federados "exercerão de forma integrada, exclusivamente por meio do Conselho Federativo do IBS as seguintes competências administrativas relativas ao IBS:" editar normas, uniformizar a interpretação e aplicação da legislação do imposto, arrecadar e distribuir o imposto e dirimir questões no âmbito do contencioso administrativo tributário"

Art. 156-B § 2° VI

a) PEC 45/2019 Art. 1° - vigência: imediata

"VI - as competências exclusivas das carreiras da administração tributária e das procuradorias dos Estados, do Distrito Federal e dos Municípios serão exercidas, no Conselho Federativo, por servidores das referidas carreiras; e"

b) Constituição Federal - redação atual

Art. 156-B § 2° VI - não há

c) Síntese

Na forma da lei complementar, as competências que são exclusivas das carreiras da administração tributária dos Estados, do Distrito Federal e dos Municípios, assim como das procuradorias destes entes federados, serão exercidas por servidores das referidas carreiras alocados no Conselho Federativo.

d) Análise - Comentários

A lei complementar disporá que, no Conselho Federativo, os funcionários que exerçam as competências exclusivas das carreiras da administração tributária e das procuradorias estaduais, distrital e municipais (carreiras típicas de Estado) sejam exercidas por servidores das referidas carreiras.

Assim, provavelmente os entes federados deverão alocar tais servidores (auditores fiscais e procuradores) no Conselho Federativo para essas funções exclusivas.

Resta saber se tais servidores, que exercem carreiras exclusivas da administração tributária de seus Estados, Distrito Federal ou Municípios, caso tenham conhecimento de algo que possa ser do interesse dos mesmos, terão o dever funcional de reportá-lo às suas origens.

Art. 156-B § 2º inc VII

a) PEC 45/2019 Art. 1º - vigência: imediata

"VII - serão estabelecidas a estrutura e a gestão do Conselho Federativo, cabendo a regimento interno dispor sobre sua organização e funcionamento."

b) Constituição Federal - redação atual

Art. 156-B § 2º inc VII- não há

c) Síntese

Na forma da lei complementar serão estabelecidas a estrutura e a gestão do Conselho Federativo.

Regimento interno disporá de sua organização e funcionamento.

Art. 156-B § 3º I e II

a) PEC 45/2019 Art. 1º - vigência: imediata

"§ 3º A participação dos entes federativos na instância máxima de deliberação do Conselho Federativo observará a seguinte composição:

I - 27 (vinte e sete) membros, representando cada Estado e o Distrito Federal;

II - 27 (vinte e sete) membros, representando o conjunto dos Municípios e do Distrito Federal, que serão eleitos nos seguintes termos:

a) 14 (quatorze) representantes, com base nos votos de cada Município, com valor igual para todos; e

b) 13 (treze) representantes, com base nos votos de cada Município ponderados pelas respectivas populações."

b) Constituição Federal - redação atual

Art. 156-B § 3º I e II - não há

c) Síntese

O Conselho Federativo terá 54 membros, 27 dos quais serão: um de cada Estado e do Distrito Federal.

Os municípios deverão eleger os demais 27 membros definidos em votação, sendo 14 com maior número de votos entre os mais de 5.560 Municípios e 13 considerando votação ponderada pelas respectivas populações.

d) Análise - Comentários

No § 2º deste artigo, vimos que a representação no Conselho Federativo seria paritária entre os entes federados.

Já neste § 3º temos que será paritária somente no que se refere aos Estados e Distrito Federal (em sua competência estadual).

Quanto aos mais de 5.560 Municípios, estes terão 27 representantes, eleitos da seguinte forma: 14 deles serão os candidatos que tiverem maior número de votos e 13 serão, entre os candidatos, aqueles que tiverem maior número de votos ponderados pela população dos Municípios votantes.

Provavelmente, a lei complementar definirá quem indicará os representantes ou os candidatos ao Conselho Federativo: se será o Poder Executivo ou o Legislativo de cada ente federado. Vamos supor que seja o Poder Executivo. Neste caso,

- cada governador indicará um dos 27 representantes dos Estados e Distrito Federal.
- no que respeita aos Municípios, todos os prefeitos do país deverão votar e indicar 14 representantes. Ou seja, qualquer que seja o número de candidatos para as vagas de representantes, serão eleitos como representantes no Conselho Federativo os 14 mais votados; as 13 vagas remanescentes serão ocupadas pelos mais votados considerando os votos ponderados pelas respectivas populações dos Municípios.

Art. 156-B § 4º I e II

a) PEC 45/2019 Art. 1º - vigência: imediata

"§ 4º As deliberações no âmbito do Conselho Federativo serão consideradas aprovadas se obtiverem, cumulativamente, os votos:

I - em relação ao conjunto dos Estados e do Distrito Federal:

a) da maioria absoluta de seus representantes; e

b) de representantes dos Estados e do Distrito Federal que correspondam a mais de 60% (sessenta por cento) da população do País; e

II - em relação ao conjunto dos Municípios e do Distrito Federal, da maioria absoluta de seus representantes."

b) Constituição Federal - redação atual

Art. 156-B § 4º I e II - não há

c) Síntese

Para se considerar aprovada uma deliberação do Conselho Federativo deverá ter:

- os votos da maioria dos membros dos Estados e Distrito Federal,
- os votos dos representantes dos Estados e Distrito Federal que correspondam a mais de 60% da população do país e
- os votos da maioria dos representantes dos Municípios (e D.F.).

d) Análise - Comentários

Para considerar aprovada uma deliberação do Conselho Federativo será necessário:

a) ter os votos da maioria dos representantes dos 27 Estados e Distrito Federal e

b) ter os votos dos representantes dos Estados e Distrito Federal que correspondam a mais de 60% da população do país. Neste caso, como foi incluído o Distrito Federal nesta condição de aprovação, provavelmente dever-se-á computar os votos dos que aprovaram e verificar se correspondem a 60% ou mais da população, mesmo que não tenham votos dos Estados mais populosos.

c) ser aprovada pela maioria dos representantes dos Municípios e Distrito Federal.

Art. 156-B § 5º

a) PEC 45/2019 Art. 1º - vigência: imediata

"§ 5º O Conselho Federativo do Imposto sobre Bens e Serviços, a administração tributária da União e a Procuradoria-Geral da Fazenda Nacional compartilharão informações fiscais relacionadas aos tributos previstos nos arts. 156-A e 195, V, e atuarão com vistas a harmonizar normas, interpretações e procedimentos a eles relativos."

b) Constituição Federal - redação atual

Art. 156-B § 5º - não há

c) Síntese

O Conselho Federativo do IBS, a administração tributária da União e a Procuradoria-Geral da Fazenda Nacional compartilharão informações fiscais relacionadas aos IBS e CBS e atuarão com vistas a harmonizar normas, interpretações e procedimentos a eles relativos.

d) Análise - Comentários

O Conselho Federativo do IBS e a Receita Federal compartilharão os dados das operações com bens e serviços que forem objeto de recolhimento do IBS e da CBS, uma vez que ambos os tributos tem os mesmos fatos geradores e incidem simultaneamente sobre todas as operações, como regra geral.

Os órgãos citados deverão também atuar de forma a harmonizar normas, interpretações e procedimentos relativos ao IBS e à CBS.

Art. 159-A § 1º

a) PEC 45/2019 Art. 1º - vigência: imediata

"§ 1º Os recursos de que trata o caput serão entregues aos Estados e ao Distrito Federal segundo critérios definidos em lei complementar, vedada a retenção ou qualquer restrição a seu recebimento."

b) Constituição Federal - redação atual

Art. 159-A § 1º - não há

c) Síntese

Lei Complementar definirá os critérios para distribuição dos recursos do Fundo Nacional de Desenvolvimento Regional aos Estados e Distrito Federal, vedada a retenção ou qualquer restrição ao seu recebimento.

Art. 161 I

a1) PEC 45/2019 Art. 1º - vigência: imediata

"Art. 161. ...

I - definir valor adicionado para fins do disposto no art. 158, § 1º, I;"

Art. 161 I

a2) PEC 45/2019 Art 20 - vigência: imediata

"Art. 20. Ficam revogados: ...

II - em 2033:

a) os arts. ... 161, I, todos da Constituição Federal;"

b) Constituição Federal - redação atual

Art. 161 - ...

I - definir valor adicionado para fins do disposto no art. 158, parágrafo único, I;

c) Síntese

Esse inciso determina que lei complementar defina o termo "valor adicionado" nas transações sujeitas ao ICMS, para fins de distribuição parcelas do tributo.

O "parágrafo único" passou a ser "§ 1º" não havendo alteração o texto da Constituição.

O ICMS estará extinto em 2033, ano em que o inciso enfocado ficará revogado.

Art. 195 V

a) PEC 45/2019 Art. 1º - vigência: imediata

"Art. 195 ...

V - sobre bens e serviços, nos termos de lei complementar."

b) Constituição Federal - redação atual

Art. 195 V - não há

c) Síntese

Fica instituída a contribuição social sobre bens e serviços - CBS, nos termos de lei complementar para financiar a seguridade social, entre outros tributos,

d) Análise - Comentários

Este inciso V do artigo 195 institui o tributo "Contribuição Social sobre Bens e Serviços" para financiamento da Seguridade Social.

A alíquota de referência deste tributo deverá ser fixada por Resolução do Senado, de forma a que sua arrecadação compense a redução da receita devido à extinção do IPI e do PIS, conforme consta no artigo 129 do ADCT.

O PL nº 3887/2020 pretende fixar a alíquota própria deste tributo em 12%.

Art. 225 § 1º VIII

a1) PEC 45/2019 Art. 1º - vigência: imediata

"Art. 225 ......

VIII - manter regime fiscal favorecido para os biocombustíveis, na forma de lei complementar, a fim de assegurar-lhes tributação inferior à incidente sobre os combustíveis fósseis, capaz de garantir diferencial competitivo em relação a estes, especialmente em relação às contribuições de que tratam o art. 195, I, 'b', IV e V, e o art. 239 e aos impostos a que se referem os arts. 155, II, e 156-A desta Constituição."

Art. 225 § 1º VIII

a2) PEC 45/2019 Art. 3º - vigência: 2027

"Art. 225 ... §1º ...

VIII - manter regime fiscal favorecido para os biocombustíveis, na forma de lei complementar, a fim de assegurar-lhes tributação inferior à incidente sobre os combustíveis fósseis, capaz de garantir diferencial competitivo em relação a estes, especialmente em relação às contribuições de que tratam o art. 195, V, e aos impostos a que se referem os arts. 155, II, e 156-A desta Constituição."

Art. 225 § 1º VIII

a3) PEC 45/2019 Art. 4º - vigência: 2033

"Art. 225 ... § 1º ...

VIII - manter regime fiscal favorecido para os biocombustíveis, na forma de lei complementar, a fim de assegurar-lhes tributação inferior à incidente sobre os combustíveis fósseis, capaz de garantir diferencial competitivo em relação a estes, especialmente em relação às contribuições de que tratam o art. 195, V, e ao imposto a que se refere o art. 156-A desta Constituição."

b) Constituição Federal - redação atual

"Art. 225 § 1º VIII - manter regime fiscal favorecido para os biocombustíveis destinados ao consumo final, na forma de lei complementar, a fim de assegurar-lhes tributação inferior à incidente sobre os combustíveis fósseis, capaz de garantir diferencial competitivo em relação a estes, especialmente em relação às contribuições de que tratam a alínea "b" do inciso I e o inciso IV do caput do art. 195 e o art. 239 e ao imposto a que se refere o inciso II do caput do art. 155 desta Constituição."

c) Síntese

Para assegurar a manutenção de um meio-ambiente ecologicamente equilibrado, o Poder Público manterá regime especial favorecido para biocombustíveis, na forma de Lei Complementar, com tributação inferior à incidente sobre combustíveis fósseis, sobretudo em relação aos tributos:

- Contribuição Social sobre a receita ou faturamento das empresas (até 31/12/2026)
- Contribuição social na importação de bens ou serviços (até 31/12/2026)
- CBS
- PIS (até 31/12/2026)
- ICMS (até 31/12/2032)
- IBS

d) Análise - Comentários

Será mantido um regime especial de tributação sobre biocombustíveis, prevendo tributação inferior à incidente sobre combustíveis fósseis, nos termos do artigo 225: "Todos têm direito ao meio-ambiente ecologicamente equilibrado ... § 1º Para assegurar a efetividade desse direito, incumbe ao Poder Público: ... VIII - manter regime fiscal favorecido para os biocombustíveis ...". Assim, as alíquotas do IBS e da CBS deverão ser menores para os biocombustíveis.

ADCT - Art. 92 B

a) PEC 45/2019 Art. 2º - vigência: imediata

"Art. 92-B. As leis instituidoras dos tributos previstos nos arts. 153, VIII, 156-A e 195, V, da Constituição Federal estabelecerão os mecanismos necessários para manter, em caráter geral, o diferencial competitivo assegurado à Zona Franca de Manaus nos arts. 40 e 92-A, e às áreas de livre comércio existentes em 31 de maio de 2023, nos níveis estabelecidos pela legislação relativa aos tributos extintos a que se refere o art. 124, todos deste Ato das Disposições Constitucionais Transitórias."

b) Constituição Federal - redação atual

ADCT - Art. 92 B - não há

c) Síntese

As leis instituidoras do imposto sobre produção, comercialização ou importação de bens e serviços prejudiciais à saúde ou ao meio-ambiente, do IBS e da CBS estabelecerão mecanismos para manter o caráter competitivo assegurado à Zona Franca de Manaus e às Áreas de Livre Comércio existentes em 31 de maio de 2023, nos níveis estabelecidos pela legislação relativa aos tributos extintos: IPI, ICMS, ISS, Contribuição sobre a receita ou faturamento das empresas, Contribuição Social do importador de bens ou serviços e Contribuição para o Programa de Integração Social (PIS).

d) Análise - Comentários

Temos que distinguir duas coisas: "manter o caráter competitivo <u>das indústrias</u> da Zona Franca de Manaus" de "manter o caráter competitivo da <u>Zona Franca de Manaus</u>".

Para manter o caráter competitivo das indústrias da Zona Franca de Manaus (ZFM), precisamos ver como a substituição dos tributos afetará as indústrias dentro e fora daquela região.

Analisando os setores diversos da economia da nação, haverá um acréscimo substancial na tributação das operações com serviços. Se a arrecadação for mantida nos níveis atuais, as operações com bens (indústria e comércio) poderão ser menos tributadas que atualmente.

Entretanto, este artigo determina que deve ser mantido o caráter competitivo <u>da ZFM</u>. O que significaria isso? Seria manter a arrecadação nos níveis atuais?

A nova legislação, na forma proposta, afetará de forma desigual as arrecadações dos entes federados.

Uma nação ideal é aquela em que todas as suas regiões são homogêneas em termos de desenvolvimento, riqueza, oportunidades e bem-estar.

Como isso não ocorre no Brasil, os Poderes Legislativos e Executivos da Nação precisam estar atentos a eventuais desequilíbrios e criar leis e mecanismos com o objetivo de fazer com que regiões mais carentes equiparem-se às mais desenvolvidas.

Mas este objetivo deverá ser alcançado num prazo razoável, caso contrário pode significar que as leis e mecanismos adotados provavelmente nunca irão alcançá-lo.

Incentivos fiscais e financeiros diversos criaram a Zona Franca de Manaus e as Áreas de Livre Comércio, estas beneficiando as regiões de Tabatinga (AM), Guajará-Mirim (RO), Boa Vista e Bonfim (RR), Macapá e Santana (AP) e Brasiléia com extensão para o município de Epitaciolândia e Cruzeiro do Sul (AC).

Com a extinção de tributo que beneficia entes federados de origem e de destino, e a instituição de outro, beneficiando somente o destino, a arrecadação da Zona Franca de Manaus e das Áreas de Livre Comércio será afetada.

Isto posto, para manter o diferencial competitivo assegurado às indústrias da ZFM, fazendo com que os produtos ali industrializados fiquem mais baratos que os produzidos em outras regiões do país, poderá aumentar a produção local, mas, por mais que essa região produza, os benefícios de uma arrecadação maior somente serão sentidos nas regiões consumidoras, entes de destino dos produtos.

Ao que parece, propostas de criar um imposto sobre o valor acrescido que incida sobre o ente de destino pode ter bons efeitos somente em país composto por regiões similares em termos de desenvolvimento e populações mais homogêneas. Em país de dimensões continentais, população não homogênea e regiões desiguais em termos de desenvolvimento, este sistema aumentará as desigualdades.

ADCT - Art. 92 B § 1º

a) PEC 45/2019 Art. 1º - vigência: imediata

"§ 1º Para fins do disposto no caput, serão utilizados, individual ou cumulativamente, instrumentos fiscais, econômicos ou financeiros, inclusive a ampliação da incidência do imposto de que trata o art. 153, VIII, da Constituição Federal, para alcançar a produção, a comercialização ou a importação de bens que também tenham industrialização na Zona Franca de Manaus ou nas áreas de livre comércio referidas no caput, garantido tratamento favorecido às operações originadas nessas áreas incentivadas."

b) Constituição Federal - redação atual

ADCT - Art. 92 B § 1º - não há

c) Síntese

Para manter o caráter competitivo das indústrias da Zona Franca de Manaus e das Áreas de Livre Comércio, serão utilizados, individual ou cumulativamente, instrumentos fiscais, econômicos ou financeiros, inclusive a ampliação da incidência do imposto sobre produção, comercialização ou importação de bens e serviços prejudiciais à saúde ou ao meio-ambiente, para alcançar a produção, comercialização ou importação de bens que também tenham industrialização na Zona Franca de Manaus ou nas Áreas de Livre Comércio referidas no caput, garantido tratamento favorecido às operações originadas nessas áreas incentivadas.

d) Análise - Comentários

Os incentivos financeiros e fiscais instituídos na criação da Zona Franca de Manaus (ZFM) e das Áreas de Livre Comércio foram importantes para promover o crescimento de algumas regiões menos desenvolvidas do Brasil e incentivar a ocupação da Amazônia. Outras regiões, não tendo sido agraciadas com benefícios específicos, criaram elas próprias incentivos para atrair indústrias e promover seu desenvolvimento. Esses incentivos foram rotulados de "guerra fiscal".

Observa-se que estes incentivos aparentemente foram mais eficazes em promover o desenvolvimento do que as leis e incentivos criados para promover o desenvolvimento da ZFM, uma vez que a Federação tem mantido estes benefícios fiscais há décadas, sem conseguir atingir plenamente este objetivo. Entretanto, ao mudar a distribuição da arrecadação, atualmente beneficiando os entes de origem e de destino para beneficiar somente os entes de destino, as regiões que se desenvolveram devido à "guerra fiscal" poderão empobrecer novamente.

Com a Reforma Tributária proposta, prevendo desvantagens para a Zona Franca de Manaus e para as Áreas de Livre Comércio, a Constituição delega à lei complementar a incumbência de estabelecer os mecanismos para manter o caráter competitivo destas regiões, podendo inclusive fazer incidir, sobre a produção, comercialização e importações de produtos que tenham industrialização naqueles locais, o IBSP - "imposto sobre produção, comercialização ou importação de bens e serviços prejudiciais à saúde ou ao meio-ambiente".

A PEC 45/2019 pretende aumentar o custo de produtos que tenham similares sendo industrializados na Zona Franca de Manaus tributando-os com o IBSP. Cremos que não terá resultado importante na arrecadação daquela região.

Fazer com que os produtos da Zona Franca de Manaus fiquem mais baratos que os produzidos em outras regiões do país poderá eventualmente aumentar a produção local, mas, por mais que essa região produza, os benefícios de uma arrecadação maior somente serão sentidos nas regiões consumidoras, entes de destino dos produtos.

A alíquota do IBSP deverá ser fixada de forma a minimizar ou anular a redução da tributação, advinda da reforma tributária em pauta, sobre as indústrias situadas no território nacional fora da ZFM que produzam bens que também tenham industrialização nessa região.

ADCT - Art. 92 B § 2º

a) PEC 45/2019 Art. 1º - vigência: imediata

"§ 2º Lei complementar instituirá Fundo de Sustentabilidade e Diversificação Econômica do Estado do Amazonas, que será constituído com recursos da União e por ela gerido, com o objetivo de fomentar o desenvolvimento e a diversificação das atividades econômicas no Estado."

b) Constituição Federal - redação atual

ADCT - Art. 92 B § 2º - não há

c) Síntese

Para fomentar o desenvolvimento e a diversificação das atividades econômicas no Estado do Amazonas será instituído, por Lei Complementar, o Fundo de Sustentabilidade e Diversificação Econômica do Estado do Amazonas.

ADCT - Art. 92 B § 3º I

a) PEC 45/2019 Art. 1º - vigência: imediata

"§ 3º A lei complementar de que trata o § 2º:

I - estabelecerá o montante mínimo de aporte anual de recursos ao Fundo, bem como os critérios para sua correção; e"

b) Constituição Federal - redação atual

ADCT - Art. 92 B § 3º I - não há

c) Síntese

A lei complementar que instituirá o Fundo de Sustentabilidade e Diversificação Econômica do Estado do Amazonas estabelecerá o aporte anual mínimo de recursos deste Fundo e os critérios para sua correção.

d) Análise - Comentários

Lei Complementar definirá o montante anual a ser aportado para o Fundo de Sustentabilidade e Diversificação Econômica do Estado do Amazonas e os critérios para efetuar a correção monetária deste valor. Provavelmente irá definir a origem deste montante, sendo que a União poderá complementar com recursos adicionais, conforme o § 4º deste artigo do ADCT.

ADCT - Art. 92 B § 3º II

a) PEC 45/2019 Art. 1º - vigência: imediata

"II - preverá a possibilidade de utilização dos recursos do Fundo para compensar eventual perda de receita do Estado do Amazonas em função

das alterações no sistema tributário decorrentes da instituição dos tributos previstos nos arts. 156-A e 195, V, da Constituição Federal."

b) Constituição Federal - redação atual

ADCT - Art. 92 B § 3º II - não há

c) Síntese

Em função da criação do IBS e da CBS, para compensar eventual perda de arrecadação da receita do Estado do Amazonas, a lei complementar deverá prever recursos neste sentido para o Fundo de Sustentabilidade e Diversificação Econômica do Estado do Amazonas.

d) Análise - Comentários

Como vimos na síntese acima, está prevista a possibilidade de perda na arrecadação do Estado do Amazonas, uma vez que os tributos passarão a beneficiar os polos consumidores do país, em detrimento das regiões produtoras e com menor consumo. Essas regiões poderiam compensar a perda da arrecadação, elevando suas alíquotas do tributo, em âmbito municipal e estadual.

Mas parece estar claro que essa elevação das alíquotas terá efeitos colaterais indesejáveis, uma vez que desestimulará a criação de novas indústrias na região e a continuidade das atividades das indústrias que ali estão instaladas. Poderá surgir, dessa forma, uma nova guerra fiscal: os Estados e Municípios com maior consumo poderão manter suas alíquotas mais baixas, o que poderá ser vantajoso para novas indústrias ali se estabelecerem, o que aumentaria a oferta local de empregos, melhorando ainda mais a qualidade de vida de seus moradores. Conclui-se que, provavelmente, as desigualdades entre as regiões do país poderão aumentar.

ADCT - Art. 92 B § 4º

a) PEC 45/2019 Art. 1º - vigência: imediata

"§ 4º A União poderá aportar recursos adicionais ao Fundo de que trata o § 2º, em contrapartida à redução de benefícios previstos no caput, mediante acordo com o Estado do Amazonas."

b) Constituição Federal - redação atual

ADCT - Art. 92 B § 4º - não há

c) Síntese

Para compensar eventual perda de arrecadação da receita devido à criação do IBS e da CBS, mediante acordo com o Estado do Amazonas a União poderá aportar recursos adicionais para o Fundo de Sustentabilidade e Diversificação Econômica do Estado do Amazonas, instituído por Lei Complementar.

d) Análise - Comentários

Prevendo perda da arrecadação devido ao advento do IBS e da CBS, este dispositivo autoriza aporte de recursos para o Estado do Amazonas, através do Fundo de Sustentabilidade a ser instituído por Lei Complementar.

Realmente, há grande possibilidade de haver perda de arrecadação em regiões de menor consumo, uma vez que o IBS beneficiará os entes de destino, onde ocorre o consumo. Desta forma o Estado do Amazonas pouco receberá deste tributo.

As alíquotas de referência serão fixadas em valores compatíveis com a manutenção dos níveis de arrecadação.

Como a arrecadação passará a pertencer aos entes de destino, as alíquotas próprias provavelmente serão maiores onde o consumo é menor, e serão menores onde existir maior consumo.

ADCT - Art. 127

a) PEC 45/2019 Art. 2º - vigência: imediata

"Art. 127. A partir de 2027, ficam reduzidas a zero as alíquotas do imposto previsto no art. 153, IV, da Constituição Federal, exceto em relação aos produtos que também tenham industrialização na Zona Franca de Manaus, em 31 de dezembro de 2026, nos termos de lei complementar."

b) Constituição Federal - redação atual

Art. 127- não há

c) Síntese

IPI:

A partir de 2027 o IPI passa a ter alíquota zero, com exceção de produtos que também tenham industrialização na Zona Franca de Manaus em 31 de dezembro de 2026, nos termos de lei complementar.

d) Análise - Comentários

Os produtos sobre os quais incide o IPI terão a alíquota deste imposto reduzida a zero em 2027, com exceção daqueles que sejam também industrializados na Zona Franca de Manaus, para manter a competitividade daquela região. Como vimos, essa medida provavelmente não será eficaz após a extinção do ICMS, uma vez que, por mais que a região produza, pouco arrecadará, pois o IBS incidirá nas regiões de destino de sua produção.

Com referência à competitividade, ver análise no artigo 92 B do ADCT.

A ZFM - Zona Franca de Manaus tornou-se uma região produtora importante, mas não é polo consumidor relevante.

Está sendo esperada uma queda substancial na arrecadação estadual e municipal da ZFM, uma vez que o IBS será cobrado no local de destino das operações com bens e serviços, privilegiando polos consumidores.

Observa-se que atualmente, na Zona Franca de Manaus, os produtos ali fabricados trazem benefícios àquela região, uma vez que, na - vigência do ICMS, a arrecadação com esse tributo beneficia o Estado de origem e os Estados de destino nas saídas interestaduais. A ZFM foi criada em 1967, com o objetivo de desenvolver e ocupar o Estado do Amazonas. Com o IBS, o Estado do Amazonas tenderá a precisar permanentemente da ajuda financeira da União.

ADCT - Art. 130 I

a) PEC 45/2019 Art. 2º - vigência: imediata

"Art. 130. Resolução do Senado Federal fixará, para todas as esferas federativas, as alíquotas de referência dos tributos previstos nos arts. 156-A e 195, V, da Constituição Federal, observados a forma de cálculo e os limites previstos em lei complementar, de forma a compensar:

I - de 2027 a 2033, no caso da União, a redução da receita:

a) das contribuições previstas no art. 195, I, 'b' e IV, e da contribuição para o Programa de Integração Social de que trata o art. 239, ambos da Constituição Federal; e

b) do imposto previsto no art. 153, IV, deduzida da receita proveniente do imposto previsto no art. 153, VIII, ambos da Constituição Federal;"

b) Constituição Federal - redação atual

ADCT - Art. 130 I - não há

c) Síntese *ref. ao inciso I do art 130 do ADCT*

Resolução do Senado fixará a alíquota de referência da CBS para os exercícios de 2027 a 2033, respeitando limites previstos em Lei Complementar, de forma a compensar a redução da receita arrecadada com os tributos: Contribuição social do empregador incidente sobre sua receita ou faturamento, Contribuição Social do importador de bens ou serviços, PIS e IPI. No cálculo, para a fixação da alíquota em questão, será deduzida da receita da arrecadação do IPI a receita da arrecadação do IBSP - Imposto sobre produção, comercialização ou importação de bens e serviços prejudiciais à saúde ou ao meio-ambiente.

d) Análise - Comentários *ref. ao inciso I do art 130 do ADCT*

Na proposta da Reforma Tributária a CBS e o IBSP - Imposto sobre produção, comercialização ou importação de bens e serviços prejudiciais à saúde ou ao meio-ambiente substituirão o IPI, o PIS, a "Contribuição social do empregador incidente sobre sua receita ou faturamento" e a "Contribuição Social do importador de bens ou serviços"

A alíquota de referência a ser fixada pelo Senado deverá considerar a necessidade de manter o montante arrecadado pelos tributos extintos em 2027 e pela redução a zero do IPI para determinados produtos no período de 2027 a 2033, ano em que o IPI estará também extinto.

ADCT - Art. 130 II

a) PEC 45/2019 Art. 2º - vigência: imediata

"II - de 2029 a 2033, no caso dos Estados e do Distrito Federal, a redução da receita do imposto previsto no art. 155, II, da Constituição Federal; e"

b) Constituição Federal - redação atual

ADCT - Art. 130 II - não há

c) Síntese *ref. ao inciso II do art 130 do ADCT*

Resolução do Senado fixará a alíquota de referência estadual do IBS para os exercícios de 2029 a 2033, respeitando os limites previstos em Lei Complementar, de forma a compensar a redução da receita arrecadada com o ICMS.

d) Análise - Comentários *ref. ao inciso II do art 130 do ADCT*

No período de 2029 a 2033, haverá redução de 1/10 por ano nas alíquotas fixadas para o ICMS nas legislações estaduais.

Para compensar essa perda de receita, essa redução será levada em conta na fixação, pelo Senado, da alíquota de referência dos Estados e do Distrito Federal, em sua competência estadual.

ADCT - Art. 130 III

a) PEC 45/2019 Art. 2º - vigência: imediata

"III - de 2029 a 2033, no caso dos Municípios e do Distrito Federal, a redução da receita do imposto previsto no art. 156, III, da Constituição Federal."

b) Constituição Federal - redação atual

ADCT - Art. 130 III - não há

c) Síntese *ref. ao inciso III do art 130 do ADCT*

Resolução do Senado fixará as alíquotas de referência municipais do IBS para os exercícios de 2029 a 2033, respeitando os limites previstos em Lei Complementar, de forma a compensar a redução da receita arrecadada com o ISS.

d) Análise - Comentários *ref. ao inciso III do art 130 do ADCT*

No período de 2029 a 2033, haverá redução de 1/10 por ano nas alíquotas fixadas para o ISS nas legislações municipais.

Para compensar essa perda de receita, essa redução será levada em conta na fixação pelo Senado, das alíquotas de referência dos Municípios e Distrito Federal em sua competência municipal.

ADCT - Art. 130 § 3° e § 4°

a) PEC 45/2019 Art. 1° - vigência: imediata

"§ 3° Na forma definida em lei complementar, as alíquotas de referência serão revisadas anualmente, durante os períodos estabelecidos no caput, nos termos deste artigo, com vistas à manutenção da carga tributária.

§ 4° A revisão de que trata o § 3° não implicará cobrança ou restituição de imposto relativo a anos anteriores ou transferência de recursos entre os entes federativos."

b) Constituição Federal - redação atual

ADCT - Art. 130 § 3° e § 4° - não há

c) Síntese

As alíquotas de referência deverão ser revisadas anualmente pelo Senado, no período de 2027 a 2033, visando à manutenção da carga tributária, na forma definida em Lei Complementar. Essas revisões não considerarão cobranças ou restituições de impostos relativos a anos anteriores ou transferência de recursos entre os entes federados.

ADCT - Art. 131

a) PEC 45/2019 Art. 2° - vigência: imediata

"Art. 131 De 2029 a 2078, o produto da arrecadação dos Estados, do Distrito Federal e dos Municípios com o imposto de que trata o art. 156-A da Constituição Federal será distribuído a estes conforme o disposto neste artigo."

b) Constituição Federal - redação atual

ADCT - Art. 131 - não há

c) Síntese

No período de 2029 a 2078, a distribuição da arrecadação do IBS será feita na forma disposta nos incisos que seguem.

A distribuição da arrecadação será feita de acordo com critérios da lei complementar, nos termos do artigo 156 A § 5° inc I.

d) Análise - Comentários

Neste período de 50 anos, de 2029 a 2078, o montante arrecadado com o IBS por cada ente federado não será entregue a ele integralmente, devendo o Conselho Federativo seguir as regras de distribuição elencadas neste artigo do ADCT.

Como essas regras de distribuição afetarão o montante do tributo que será disponibilizado a cada um dos entes federados, estes deverão estudá-las antes de fixar suas alíquotas próprias.

Nota-se que, no que se refere à implantação dos novos tributos com a extinção dos antigos, o período de transição dos tributos irá de 01/01/2026 a 31/12/2032.

No que se refere à distribuição da arrecadação entre os entes federados, a transição continuará até 2098, conforme consta no § 3º deste ADCT .

ADCT - Art. 131 § 1º

a) PEC 45/2019 Art. 2º - vigência: imediata

"§ 1º Será retido do produto da arrecadação do imposto de cada Estado, do Distrito Federal e de cada Município, calculada nos termos do art. 156-A, § 4º, II, e § 5º, I e IV, antes da aplicação do disposto no art. 158, IV, 'b', ambos da Constituição Federal:

I - de 2029 a 2034, montante correspondente a 90% (noventa por cento) do valor do imposto apurado com base nas alíquotas de referência de que trata o art. 130 deste Ato das Disposições Constitucionais Transitórias;

II - de 2035 a 2078, montante correspondente ao percentual em 2034, reduzido à razão de 1/45 (um quarenta e cinco avos) por ano, do valor do imposto apurado com base nas alíquotas de referência de que trata o art. 130 deste Ato das Disposições Constitucionais Transitórias."

b) Constituição Federal - redação atual

ADCT - Art. 131 § 1º- não há

c) Síntese

O § 1º do artigo 131 do ADCT determina que, no período de 2029 a 2078, antes de distribuir o produto da arrecadação com o IBS a cada ente federado, será retida uma parte que será rateada entre eles, na forma aqui prevista.

Esta retenção do produto da arrecadação de cada ente federado, no período de 2029 a 2034, será de 90% do imposto apurado com base na alíquota de referência fixada para ele pelo Senado.

No período de 2035 a 2078, será retido, do produto da arrecadação, o mesmo montante (ou seja, não será mais baseado na alíquota de referência) retido em 2034 reduzido em um quarenta e cinco avos por ano.

Assim, em 2035 será retido, do produto da arrecadação, 44/45 do montante retido em 2034.

Em 2036 será retido, do produto da arrecadação, 43/45 do montante retido em 2034.

214

E assim por diante, até 2078, ano em que será retido 1/45 do montante retido em 2034.

d) Análise - Comentários

De 2029 a 2034 será retido, de cada ente federado, o valor correspondente a 90% do imposto que seria arrecadado se calculado com a alíquota de referência fixada para ele pelo Senado.

No período de 2035 a 2078, o montante a ser retido não será mais de 90% do imposto calculado à alíquota de referência, mas o valor da retenção será o mesmo retido em 2034, reduzido em 1/45 por ano. Observa-se que aqui não está prevista a correção deste valor por algum índice econômico.

ADCT - Art. 131 § 2º

a) PEC 45/2019 Art. 2º - vigência: imediata

"§ 2º Na forma estabelecida em lei complementar, o montante retido nos termos do § 1º será distribuído entre os Estados, o Distrito Federal e os Municípios proporcionalmente à receita média de cada ente federativo entre 2024 e 2028, devendo ser considerada:

I - no caso dos Estados, a arrecadação do imposto previsto no art. 155, II, após aplicação do disposto no art. 158, IV, 'a', todos da Constituição Federal;

II - no caso do Distrito Federal:

a) a arrecadação do imposto previsto no art. 155, II, da Constituição Federal; e

b) a arrecadação do imposto previsto no art. 156, III, da Constituição Federal;

III - no caso dos Municípios:

a) a arrecadação do imposto previsto no art. 156, III, da Constituição Federal; e

b) a parcela creditada na forma do art. 158, IV, 'a', da Constituição Federal."

b) Constituição Federal - redação atual

ADCT - Art. 131 § 2º- não há

c) Síntese

O montante retido, nos termos do inciso anterior, será distribuído a estes entes federados de forma proporcional às respectivas receitas médias entre 2024 e 2028.

Para calcular a receita média dos Estados será considerada a arrecadação do ICMS deduzindo 25% pertencente aos seus Municípios.

Para calcular a receita média do Distrito Federal será considerada a arrecadação do ICMS e do ISS.

Para calcular a receita média de cada Município será considerada a arrecadação do ISS somada à parcela do ICMS creditada para ele pelo seu Estado.

d) Análise - Comentários

A retenção de 90% do IBS arrecadado e posterior distribuição aos Estados será uma maneira de acomodar, aos poucos, eventual perda de arrecadação.

ADCT - Art. 131 § 3º

a) PEC 45/2019 Art. 2º - vigência: imediata

"§ 3º Não se aplica o disposto no art. 158, IV, 'b', da Constituição Federal aos recursos distribuídos na forma do § 2º, I, deste artigo."

b) Constituição Federal - redação atual

ADCT - Art. 131 § 3º- não há

c) Síntese

A parte distribuída a cada Estado, advinda do montante de IBS retido, pertencerá integralmente a ele e não será objeto de rateio com seus Municípios.

ADCT - Art. 131 § 4º

a) PEC 45/2019 Art. 2º - vigência: imediata

"§ 4º A parcela do produto da arrecadação do imposto não retida nos termos do § 1º, após a retenção de que trata o art. 132 deste Ato das Disposições Constitucionais Transitórias, será distribuída a cada Estado, ao Distrito Federal e a cada Município de acordo com os critérios da lei complementar de que trata o art. 156-A, § 5º, I, da Constituição Federal, nela computada a variação de alíquota fixada pelo ente em relação à de referência."

b) Constituição Federal - redação atual

ADCT - Art. 131 § 4º- não há

c) Síntese

Do montante da arrecadação de cada ente federado serão retidos montantes conforme determinado nos artigos 131 § 1º e 132 deste ADCT, sendo que a parcela não retida será a ele entregue, nos termos de Lei Complementar.

d) Análise - Comentário

Mário Bonafé Jr.

Será repassado ao ente federado o montante correspondente ao imposto arrecadado considerando sua alíquota própria, deduzindo-se dele 90% do valor correspondente ao imposto calculado, considerando a alíquota de referência fixada para ele pelo Senado e também deduzindo 0,3% deste mesmo valor (ou seja, 3% dos 10% restantes), nos termos do artigo 132 deste ADCT.

Como vemos, quanto maior for sua alíquota própria, maior será o valor não retido que caberá ao ente federado. A PEC 45/2019 não prevê limite máximo para os entes federados fixarem suas alíquotas próprias.

Desta forma, poderá haver uma tendência de os entes federados fixarem alíquotas próprias maiores, para ter um montante maior não retido. Qualquer alíquota superior à alíquota de referência implicará um aumento da carga tributária, considerando que a alíquota de referência será calculada corretamente, obedecendo à Constituição no que se refere à manutenção dos níveis da arrecadação.

Observe-se que, de 2035 a 2978, o montante que será retido para rateio entre os entes federados será cada vez menor, ano a ano.

ADCT - Art. 131 § 5º

a) PEC 45/2019 Art. 2º - vigência: imediata

"§ 5º Os recursos de que trata este artigo serão distribuídos nos termos estabelecidos em lei complementar, aplicando-se o seguinte:

I - constituirão a base de cálculo dos fundos de que trata o art. 212-A, II, da Constituição Federal, observado que:

a) para o Distrito Federal, o percentual de que trata aquele inciso será aplicado proporcionalmente à razão entre a soma dos valores distribuídos nos termos do § 2º, II, 'a', e do § 4º, e a soma dos valores distribuídos nos termos do § 2º, II, e do § 4º, considerada, em ambas as somas, somente a parcela estadual nos valores distribuídos nos termos do § 4º; e

b) para os Municípios, o percentual de que trata aquele inciso será aplicado proporcionalmente à razão entre a soma dos valores distribuídos nos termos do § 2º, III, 'b', e a soma dos valores distribuídos nos termos do § 2º, III;

II - constituirão as bases de cálculo de que tratam os arts. 29-A, 198, § 2º, 204, parágrafo único, 212, 216, § 6º, todos da Constituição Federal;

III - poderão ser vinculados para prestação de garantias às operações de crédito por antecipação de receita previstas no art. 165, § 8º, para pagamento de débitos com a União e para prestar-lhe garantia ou contragarantia, nos termos do art. 167, § 4º, todos da Constituição Federal."

b) Constituição Federal - redação atual

ADCT - Art. 131 § 5º- não há

c) Síntese

Os recursos oriundos da arrecadação do IBS serão distribuídos nos termos estabelecidos em Lei Complementar, aplicando-se o seguinte:

d) FUNDEB - Os recursos oriundos da arrecadação do IBS integrarão a base de cálculo para cálculo dos montantes que devem ser depositados para os "Fundos de Manutenção e Desenvolvimento da Educação Básica e de Valorização dos Profissionais da Educação" (Fundeb), sendo que o percentual previsto no artigo 212-A inciso II será aplicado nos termos das alíneas "a" e "b" do inciso I deste artigo.

e) Esses recursos constituem também a Base de Cálculo:

*   como limite para despesas do poder legislativo municipal
*   para o cálculo dos recursos mínimos anuais para ações e serviços da saúde
*   para o cálculo dos recursos máximos a serem vinculados a programa de apoio à inclusão social
*   para o cálculo dos recursos para manutenção e desenvolvimento do ensino
*   para o cálculo dos recursos máximos a serem vinculados a fundo estadual de fomento à cultura.

f) Esses recursos poderão ser vinculados para prestação de garantias às operações de crédito por antecipação de receitas previstas na lei orçamentária anual para pagamentos de débitos com a União e para prestar-lhe garantia ou contragarantia.

ADCT - Art. 131 § 6º

a) PEC 45/2019 Art. 2º - vigência: imediata

"§ 6º Durante o período de que trata o caput deste artigo, é vedado aos Estados, ao Distrito Federal e aos Municípios fixar alíquotas próprias do imposto de que trata o art. 156-A da Constituição Federal inferiores às necessárias para garantir as retenções de que tratam o § 1º e o art. 132."

b) Constituição Federal - redação atual

ADCT - Art. 131 § 6º- não há

c) Síntese

No período de 2029 a 2078 é vedado aos Estados, ao Distrito Federal e aos Municípios fixar alíquotas próprias do IBS inferiores às necessárias para garantir a retenção.

d) Análise - Comentários

Fica vedado aos entes federados a fixação de alíquotas próprias inferiores às necessárias para garantir as retenções. Assim, as alíquotas próprias não

Mário Bonafé Jr.

poderão ser inferiores a 90,3% das respectivas alíquotas de referência, garantindo a retenção de 90% do imposto calculado à alíquota de referência prevista no § 1º do artigo 131 do ADCT e a retenção de 3% dos 10% restantes do imposto assim calculado, conforme determinado no artigo 132 do ADCT.

ADCT - Art. 134

a) PEC 45/2019 Art. 2º - vigência: imediata

"Art. 134. Os saldos credores relativos ao imposto previsto no art. 155, II, da Constituição Federal existentes ao final de 2032 serão aproveitados pelos contribuintes na forma deste artigo.

§ 1º O disposto neste artigo alcança os saldos credores cujo aproveitamento ou ressarcimento sejam admitidos pela legislação em vigor e que tenham sido homologados pelos respectivos entes federativos, observado o seguinte:

I - apresentado o pedido de homologação, o ente federativo deverá pronunciar-se no prazo estabelecido na lei complementar;

II - na ausência de resposta ao pedido de homologação no prazo a que se refere o inciso I, os respectivos saldos credores serão considerados homologados.

§ 2º O disposto neste artigo também é aplicável aos créditos do imposto referido no caput deste artigo que sejam reconhecidos após o prazo nele estabelecido.

§ 3º O saldo dos créditos homologados será informado pelos Estados e pelo Distrito Federal ao Conselho Federativo do Imposto sobre Bens e Serviços para que seja compensado com o imposto de que trata o art. 156-A da Constituição Federal:

I - pelo prazo remanescente, apurado nos termos do art. 20, § 5º, da Lei Complementar nº 87, de 13 de setembro de 1996, para os créditos relativos à entrada de mercadorias destinadas ao ativo permanente;

II - em 240 (duzentos e quarenta) parcelas mensais, iguais e sucessivas, nos demais casos.

§ 4º O Conselho Federativo do Imposto sobre Bens e Serviços deduzirá do produto da arrecadação do imposto previsto no art. 156-A devido ao respectivo ente federativo o valor compensado na forma do § 3º, o qual não comporá base de cálculo para fins do disposto nos arts. 158, IV, 198, § 2º, 204, parágrafo único, 212, 212-A, II, e 216, § 6º, todos da Constituição Federal.

§ 5º A partir de 2033, os saldos credores serão atualizados pelo Índice Nacional de Preços ao Consumidor Amplo (IPCA), ou por outro índice que venha a substituí-lo.

§ 6° Lei complementar disporá sobre:

I - as regras gerais de implementação do parcelamento previsto no § 3°;

II - a forma mediante a qual os titulares dos créditos de que trata este artigo poderão transferi-los a terceiros;

III - a forma pela qual o crédito de que trata este artigo poderá ser ressarcido ao contribuinte pelo Conselho Federativo do Imposto sobre Bens e Serviços, caso não seja possível compensar o valor da parcela nos termos do § 3°."

b) Constituição Federal - redação atual

ADCT - Art. 134 - não há

c) Síntese

Saldos Credores do ICMS existentes no final de 2032, cujo aproveitamento ou ressarcimento sejam admitidos pela legislação em vigor e que tenham sido homologados pelos respectivos entes federados, mesmo que posteriormente a 2032, terão o seguinte tratamento:

- O interessado deverá apresentar pedido de homologação do aproveitamento ou ressarcimento dos saldos credores de ICMS;
- Lei Complementar estabelecerá o prazo para pronunciamento do ente federado;
- na ausência de resposta ao pedido dentro do prazo, os saldos credores serão considerados homologados;
- O saldo dos créditos homologados será informado pelos Estados e pelo Distrito Federal ao Conselho Federativo para que seja compensado com o IBS arrecadado, nos prazos remanescentes em caso de entradas para o Ativo das empresas ou em 240 parcelas mensais, nos demais casos;
- O Conselho Federativo deduzirá do montante da arrecadação do IBS a ser distribuída ao ente federado o valor que compensou referente a saldos credores. Este valor não comporá a base de cálculo para:

  repasse da parcela estadual do IBS pertencente aos Municípios;

  ações e serviços públicos de saúde;

  programa de apoio à inclusão e promoção social;

  Manutenção e desenvolvimento do ensino;

  FUNDEB e

  fundo estadual de fomento à cultura;

- A partir de 2033, os saldos credores serão atualizados pelo Índice Nacional de Preços ao Consumidor Amplo (IPCA), ou por outro índice que venha a substituí-lo;
- Lei Complementar disporá sobre as regras gerais de implementação do parcelamento para pagamento dos saldos credores homologados, a

forma mediante a qual os titulares dos créditos de que trata este artigo poderão transferi-los a terceiros e a forma pela qual o crédito de que trata este artigo poderá ser ressarcido ao contribuinte pelo Conselho Federativo do Imposto sobre Bens e Serviços, caso não seja possível compensar o valor da parcela nos prazos do § 3º deste artigo.

Regulamentação Constitucional

ref.: artigo 6º da Constituição Federal

a) PEC 45/2019 Art. 8º - vigência: imediata

"Fica criada a Cesta Básica Nacional de Alimentos, em observância ao direito social à alimentação previsto no art. 6º da Constituição Federal.

Parágrafo único. Lei complementar definirá os produtos destinados à alimentação humana que comporão a Cesta Básica Nacional de Alimentos, sobre os quais as alíquotas dos tributos previstos nos arts. 156-A e 195, V, da Constituição Federal serão reduzidas a zero."

b) Síntese

Esta Emenda Constitucional institui a Cesta Básica Nacional, composta de produtos destinados à alimentação humana a serem elencados em lei complementar, cujas alíquotas do IBS e da CBS serão iguais a zero.

c) Análise - Comentários

Considerando que a alíquota da CBS, constante no Projeto de Lei nº 3887/2020, será de 12% e a alíquota média nacional do IBS poderá ser por volta de 15%, todas as operações com bens e serviços serão tributadas por estes tributos em cerca de 27%.

Fica, portanto, justificável a providência de reduzir a zero as alíquotas da Cesta Básica Nacional.

Mário Bonafé Jr.

Capítulo 11 - TRIBUTOS EM GERAL

Art. 43, § 4º

a) PEC 45/2019 Art. 1º - vigência: imediata

"Art. 43 ...

§ 4º Sempre que possível, a concessão dos incentivos regionais a que se refere o § 2º, III, considerará critérios de preservação do meio ambiente"

b) Constituição Federal - redação atual

§ 4º do Art. 43 - não há.

c) Síntese

Sempre que possível, a concessão de isenções, reduções ou diferimento temporário de tributos federais devidos por pessoas físicas ou jurídicas considerará critérios de preservação do meio-ambiente.

Art. 62 §2º

a) PEC 45/2019 Art. 1º - vigência: imediata

"Art. 62 ...

§ 2º Medida provisória que implique instituição ou majoração de impostos, exceto os previstos nos arts. 153, I, II, IV, V e VIII, e 154, II, só produzirá efeitos no exercício financeiro seguinte se houver sido convertida em lei até o último dia daquele em que foi editada."

b) Constituição Federal - redação atual

"Art. 62, § 2º - Medida provisória que implique instituição ou majoração de impostos, exceto os previstos nos arts. 153, I, II, IV, V, e 154, II, só produzirá efeitos no exercício financeiro seguinte se houver sido convertida em lei até o último dia daquele em que foi editada."

c) Síntese

Somente produzirá efeitos no exercício financeiro seguinte, desde que seja convertida em lei até o último dia do ano em que foi editada, Medida Provisória instituindo ou majorando impostos, com exceção dos relacionados a seguir:

- Imposto sobre a Importação,
- Imposto sobre a Exportação,
- Imposto sobre Produtos Industrializados,
- Imposto sobre operações de crédito, câmbio e seguro, ou relativas a títulos ou valores mobiliários,
- Imposto sobre a produção, comercialização ou importação de bens e serviços prejudiciais à saúde ou ao meio-ambiente e

- Impostos extraordinários instituídos pela União, compreendidos ou não em sua competência tributária, na iminência ou no caso de guerra externa.

Art. 64

a) PEC 45/2019 Art. 1º - vigência: imediata

"Art. 64. A discussão e votação dos projetos de lei de iniciativa do Presidente da República, do Supremo Tribunal Federal, dos Tribunais Superiores e do Conselho Federativo do Imposto sobre Bens e Serviços terão início na Câmara dos Deputados."

b) Constituição Federal - redação atual

"Art. 64 - A discussão e votação dos projetos de lei de iniciativa do Presidente da República, do Supremo Tribunal Federal, dos Tribunais Superiores e do Conselho Federativo do Imposto sobre Bens e Serviços terão início na Câmara dos Deputados."

c) Síntese

Iniciar-se-ão na Câmara de Deputados a discussão e a votação de projetos de lei de iniciativa do Presidente da República, do Supremo Tribunal Federal, dos Tribunais Superiores e do Conselho Federativo do IBS.

Art. 145 § 3º

a) PEC 45/2019 Art. 1º - vigência: imediata

"Art. 145 ...

...

§ 3º O Sistema Tributário Nacional deve observar os princípios da simplicidade, da transparência, da justiça tributária e do equilíbrio e da defesa do meio ambiente."

b) Constituição Federal - redação atual

Art. 145 § 3º - não há

c) Síntese

O Sistema Tributário Nacional deve observar os princípios da simplicidade, da transparência, da justiça tributária e do equilíbrio e da defesa do meio-ambiente."

Art. 146 inc III "c"

a) PEC 45/2019 Art. 1º - vigência: imediata

"Art. 146 ... III - ...

c) adequado tratamento tributário ao ato cooperativo praticado pelas sociedades cooperativas, inclusive em relação aos tributos previstos nos arts. 156-A e 195, V; e"

b) Constituição Federal - redação atual

Art. 146 inc III "c" - adequado tratamento tributário ao ato cooperativo praticado pelas sociedades cooperativas.

c) Síntese

Cabe à lei complementar estabelecer normas gerais sobre o adequado tratamento tributário ao ato cooperativo praticado pelas sociedades cooperativas, inclusive em relação ao IBS e à CBS.

d) Análise - Comentários

A Constituição determina que a lei complementar seja editada para regulamentar o Ato Cooperativo. Na alteração proposta ao artigo 146 inc III "c", a lei complementar deverá incluir, na regulamentação do Ato Cooperativo, tratamento tributário adequado incluindo o IBS e a CBS.

Ato Cooperativo é aquele praticado entre a cooperativa e seus associados, entre os associados e a cooperativa e por cooperativas associadas entre si, com vistas ao atendimento de suas finalidades sociais (art. 79 da Lei nº5.764/71).

Art. 146 III "d"

a1) PEC 45/2019 Art. 1º - vigência: imediata

"d) definição de tratamento diferenciado e favorecido para as microempresas e para as empresas de pequeno porte, inclusive regimes especiais ou simplificados no caso dos impostos previstos nos arts. 155, II, e 156-A, das contribuições sociais previstas no art. 195, I e V, e § 12, e da contribuição a que se refere o art. 239."

Art. 146 III "d"

a2) PEC 45/2019 Art. 3º - vigência: 2027

"Art. 146 ... III - ...

d) definição de tratamento diferenciado e favorecido para as microempresas e para as empresas de pequeno porte, inclusive regimes especiais ou simplificados no caso dos impostos previstos nos arts. 155, II, e 156-A e das contribuições previstas nos art. 195, I e V."

Art. 146 III "d"

a3) PEC 45/2019 Art. 4º - vigência: 2033

"Art. 146 ... III - ...

d) definição de tratamento diferenciado e favorecido para as microempresas e para as empresas de pequeno porte, inclusive regimes especiais ou simplificados no caso do imposto previsto no art. 156-A, e das contribuições sociais previstas nos art. 195, I e V."

b) Constituição Federal - redação atual

Art. 146 inc III "d" - definição de tratamento diferenciado e favorecido para as microempresas e para as empresas de pequeno porte, inclusive regimes especiais ou simplificados no caso do imposto previsto no art. 155, II, das contribuições previstas no art. 195, I e §§ 12 e 13, e da contribuição a que se refere o art. 239.

c) Síntese

Cabe à lei complementar estabelecer normas tributárias gerais com definição de tratamento adequado para microempresas e empresas de pequeno porte, incluindo casos de regimes especiais ou simplificados, no caso dos seguintes tributos:

- ICMS (até 31/12/2032);
- IBS (a partir de 2033);
- Contribuição Social do empregador, da empresa e da entidade a ela equiparada, incidentes sobre a folha de salários e demais rendimentos do trabalho, Contribuição Social sobre o lucro;
- Contribuição Social sobre a receita ou faturamento (até 31/12/2026);
- CBS (a partir de 2033);
- PIS (até 31/12/2026);
- Programa de Integração Social - PIS (até 31/12/ 2026).

Art. 146 § 2º I e II

a) PEC 45/2019 Art. 1º - vigência: imediata

"Art. 146 ...

§ 2º Na hipótese de o recolhimento dos tributos previstos nos arts. 156-A e 195, V, ser realizado por meio do regime único de que trata o § 1º, enquanto perdurar a opção:

I - não será permitida a apropriação de créditos dos tributos previstos nos arts. 156-A e 195, V, pelo contribuinte optante pelo regime único; e

II - será permitida ao adquirente de bens e serviços do contribuinte optante a apropriação de créditos dos tributos previstos nos arts. 156-A e 195, V, em montante equivalente ao cobrado por meio do regime único."

b) Constituição Federal - redação atual

Art. 146 § 2º - não há

c) Síntese

Da lei complementar que regulamentará o IBS e a CBS deverá constar que, se o contribuinte optar pelo Regime Único de arrecadação:

- o contribuinte (ME ou EPP) optante não poderá apropriar-se do crédito referente a suas aquisições em operações tributadas pelo IBC e pela CBS;
- o adquirente de bens ou serviços do contribuinte optante, pode se creditar de montante equivalente ao cobrado pelo Regime Único.

d) Análise – Comentários

O inciso I determina taxativamente que não será permitida a apropriação de créditos de IBS e da CBS. Entretanto, no § 3º deste artigo está prevista uma exceção ao referido inciso.

Art. 146 § 3º

a) PEC 45/2019 Art. 1º - vigência: imediata

"§ 3º O contribuinte optante pelo regime único de que trata o § 1º poderá recolher separadamente os tributos previstos nos arts. 156-A e 195, V, não se aplicando o disposto no § 2º deste artigo, nos termos de lei complementar."

b) Constituição Federal - redação atual

Art. 146 § 3º - não há

c) Síntese

Da lei complementar que regulamentará o IBS e a CBS deverá constar que, mesmo que o contribuinte opte pelo Regime Único de arrecadação, poderá recolher o IBS e a CBS separadamente dos outros tributos vinculados ao Regime Único de arrecadação, não se aplicando a vedação de apropriação de créditos referentes a operações anteriores pelo contribuinte.

d) Análise - Comentários

Apesar da vedação constante no inciso I do § 2º deste artigo, o contribuinte optante pelo Regime Único de arrecadação poderá recolher o IBS e a CBS separadamente dos outros tributos vinculados ao Regime Único de arrecadação. Neste caso este contribuinte poderá apropriar-se do crédito referente a suas aquisições em operações anteriores tributadas pelo IBC e pela CBS e o adquirente desses bens ou serviços poderá se creditar do montante recolhido.

Art. 150 VI "b

a) PEC 45/2019 Art. 1º - vigência: imediata

"Art. 150 ... VI - ...

b) entidades religiosas, templos de qualquer culto, inclusive suas organizações assistenciais e beneficentes;

b) Constituição Federal - redação atual

Art. 150 inc VI "b" - templos de qualquer culto;

c) Síntese

A Constituição veda à União, aos Estados, ao Distrito Federal e aos Municípios, a criação de tributos a templos de qualquer culto. Nesta proposta de alteração constitucional, a vedação passa a beneficiar também entidades religiosas e suas organizações assistenciais e beneficentes.

Art. 150 § 1º

a1) PEC 45/2019 Art. 1º - vigência: imediata

"§ 1º A vedação do inciso III, 'b', não se aplica aos tributos previstos nos arts. 148, I, 153, I, II, IV, V e VIII, e 154, II, e a vedação do inciso III, 'c', não se aplica aos tributos previstos nos arts. 148, I, 153, I, II, III e V, e 154, II, nem à fixação da base de cálculo dos impostos previstos nos arts. 155, III, e 156, I."

Art. 150 § 1º

a2) PEC 45/2019 Art. 4º - vigência: 2033

"Art. 150 ...

§ 1º A vedação do inciso III, "b", não se aplica aos tributos previstos nos arts. 148, I; 153, I, II, V e VIII; e 154, II; e a vedação do inciso III, "c", não se aplica aos tributos previstos nos arts. 148, I; 153, I, II, III e V; e 154, II, nem à fixação da base de cálculo dos impostos previstos nos arts. 155, III, e 156, I."

b) Constituição Federal - redação atual

"Art. 150 § 1º - A vedação do inciso III, b, não se aplica aos tributos previstos nos arts. 148, I, 153, I, II, IV e V; e 154, II; e a vedação do inciso III, c, não se aplica aos tributos previstos nos arts. 148, I, 153, I, II, III e V; e 154, II, nem à fixação da base de cálculo dos impostos previstos nos arts. 155, III, e 156, I."

c) Síntese

Podem ser cobrados, no mesmo ano em que foram instituídos ou majorados, os tributos:

- Empréstimos Compulsórios para atender a despesas extraordinárias, decorrentes de calamidade pública, de guerra externa ou sua iminência;
- Imposto sobre a Importação;
- Imposto sobre a Exportação;
- Imposto sobre Produtos Industrializados (até 31/12/2032);
- Imposto sobre operações de crédito, câmbio e seguro, ou relativas a títulos ou valores mobiliários;

- Imposto sobre produção, comercialização ou importação de bens e serviços prejudiciais à saúde ou ao meio-ambiente;
- Imposto extraordinário na iminência ou no caso de guerra externa.

Podem ser cobrados, sem aguardar o prazo de 90 dias após serem instituídos ou majorados, os tributos:

- Empréstimos Compulsórios para atender a despesas extraordinárias, decorrentes de calamidade pública, de guerra externa ou sua iminência;
- Imposto sobre a Importação;
- Imposto sobre a Exportação;
- Imposto sobre a Renda e Proventos de qualquer natureza (IR);
- Imposto sobre operações de crédito, câmbio e seguro, ou relativas a títulos ou valores mobiliários;
- Imposto extraordinário na iminência ou no caso de guerra externa.

Podem ser cobrados, sem aguardar o prazo de 90 dias após fixação da base de cálculo, os tributos:

- Imposto sobre a propriedade de veículos automotores (IPVA);
- Imposto sobre a Propriedade Territorial Urbana (IPTU).

d) Análise - Comentários

A cobrança pode ser imediata, após os seguintes tributos serem instituídos ou majorados:

- Empréstimos compulsórios para atender a despesas extraordinárias, decorrentes de calamidade pública, de guerra externa ou sua iminência;
- Imposto sobre a Importação;
- Imposto sobre a Exportação;
- Imposto sobre operações de crédito, câmbio e seguro, ou relativas a títulos ou valores mobiliários;
- Imposto extraordinário na iminência ou no caso de guerra externa.

Pode ser feita, no dia 1º de janeiro do ano imediatamente posterior à sua instituição ou majoração, a cobrança do Imposto sobre a Renda e Proventos de qualquer natureza (IR).

Pode ser feita no dia 1º de janeiro do ano imediatamente posterior à instituição ou majoração da base de cálculo, a cobrança do Imposto sobre a propriedade de veículos automotores (IPVA) e do Imposto sobre a Propriedade Territorial Urbana (IPTU).

A cobrança do Imposto sobre produção, comercialização ou importação de bens e serviços prejudiciais à saúde ou ao meio-ambiente e do Imposto sobre Produtos Industrializados (IPI) pode ser feita 90 dias após ser instituído ou majorado. No caso do IPI, a regra é válida até sua extinção, em 31/12/2032.

Art. 150 § 6º

a) PEC 45/2019 Art. 4º - vigência: 2033

"Art. 150 ...

§ 6º Qualquer subsídio ou isenção, redução de base de cálculo, concessão de crédito presumido, anistia ou remissão, relativos a impostos, taxas ou contribuições, só poderá ser concedido mediante lei específica, federal, estadual ou municipal, que regule exclusivamente as matérias acima enumeradas ou o correspondente tributo ou contribuição."

b) Constituição Federal - redação atual

"Art. 150 § 6º Qualquer subsídio ou isenção, redução de base de cálculo, concessão de crédito presumido, anistia ou remissão, relativos a impostos, taxas ou contribuições, só poderá ser concedido mediante lei específica, federal, estadual ou municipal, que regule exclusivamente as matérias acima enumeradas ou o correspondente tributo ou contribuição, sem prejuízo do disposto no art. 155, § 2.º, XII, g."

c) Síntese

Na redação proposta suprimiu-se a citação "sem prejuízo do disposto no art. 155, § 2.º, XII, g" uma vez que este dispositivo estará revogado em 2033.

d) Análise - Comentários

O disposto neste parágrafo conflita com os artigos 156-A § 1º inciso X e 195 § 15 que determinam que o IBS e a CBS não serão objeto de concessão de incentivos e de benefícios financeiros ou fiscais, ou de regimes específicos, diferenciados ou favorecidos de tributação, excetuadas as hipóteses previstas na Constituição.

Art. 153 § 1º

a1) PEC 45/2019 Art. 1º - vigência: imediata

"§ 1º É facultado ao Poder Executivo, atendidas as condições e os limites estabelecidos em lei, alterar as alíquotas dos impostos enumerados nos incisos I, II, IV, V e VIII."

Art. 153 § 1º

a) PEC 45/2019 Art. 4º - vigência: 2033

"Art. 153 ...

§ 1º É facultado ao Poder Executivo, atendidas as condições e os limites estabelecidos em lei, alterar as alíquotas dos impostos enumerados nos incisos I, II, V e VIII."

Mário Bonafé Jr.

b) Constituição Federal - redação atual

"Art. 153 § 1º - É facultado ao Poder Executivo, atendidas as condições e os limites estabelecidos em lei, alterar as alíquotas dos impostos enumerados nos incisos I, II, IV e V."

c) Síntese

O Poder Executivo da União, atendidas as condições e os limites estabelecidos em lei, poderá alterar as alíquotas dos Impostos sobre:

- a Importação de produtos estrangeiros;
- a Exportação, para o exterior, de produtos nacionais ou nacionalizados;
- Produtos industrializados (até 31/12/2032);
- Operações de crédito, câmbio e seguro, ou relativas a títulos ou valores mobiliários;
- A produção, importação ou comercialização de bens e serviços prejudiciais à saúde ou ao meio-ambiente.

Art. 153 § 1º

a1) PEC 45/2019 Art. 1º - vigência: imediata

"§ 1º É facultado ao Poder Executivo, atendidas as condições e os limites estabelecidos em lei, alterar as alíquotas dos impostos enumerados nos incisos I, II, IV, V e VIII."

Art. 153 § 1º

a2) PEC 45/2019 Art. 4º - vigência: 2033

"Art. 153 ...

§ 1º É facultado ao Poder Executivo, atendidas as condições e os limites estabelecidos em lei, alterar as alíquotas dos impostos enumerados nos incisos I, II, V e VIII."

b) Constituição Federal - redação atual

"Art. 153 § 1º - É facultado ao Poder Executivo, atendidas as condições e os limites estabelecidos em lei, alterar as alíquotas dos impostos enumerados nos incisos I, II, IV e V."

c) Síntese

O Poder Executivo da União, atendidas as condições e os limites estabelecidos em lei, poderá alterar as alíquotas dos Impostos sobre:

- a Importação de produtos estrangeiros;
- a Exportação, para o exterior, de produtos nacionais ou nacionalizados;
- Produtos industrializados (até 31/12/2032);

- Operações de crédito, câmbio e seguro, ou relativas a títulos ou valores mobiliários;
- A produção, importação ou comercialização de bens e serviços prejudiciais à saúde ou ao meio-ambiente.

Art. 153 § 6º

a1) PEC 45/2019 Art. 1º - vigência: imediata

"§ 6º O imposto previsto no inciso VIII:

I - não incidirá sobre as exportações;

II - integrará a base de cálculo dos tributos previstos nos arts. 155, II, 156, III, 156-A e 195, V; e

III - poderá ter o mesmo fato gerador e a mesma base de cálculo de outros tributos."

Art. 153 § 6º

a2) PEC 45/2019 Art. 4º - vigência: imediata

"Art. 153 ... § 6º ...

II - integrará a base de cálculo dos tributos previstos nos arts. 156-A e 195, V; e"

b) Constituição Federal - redação atual

Art. 153 § 6º - não há

c) Síntese

O Imposto sobre a produção, importação ou comercialização de bens e serviços prejudiciais à saúde ou ao meio-ambiente:

- não incidirá sobre as exportações;
- integrará a base de cálculo dos tributos: ICMS (até 31/12/2032), ISS (até 31/12/2032), IBS e CBS;
- poderá ter o mesmo fato gerador e base de cálculo de outros tributos.

Art. 155 § 3º

a1) PEC 45/2019 Art. 1º - vigência: imediata

"§ 3º À exceção dos impostos de que tratam o inciso II do caput deste artigo e os arts. 153, I, II e VIII, e 156-A, nenhum outro imposto poderá incidir sobre operações relativas a energia elétrica, serviços de telecomunicações, derivados de petróleo, combustíveis e minerais do País."

Art. 155 § 3º

a2) PEC 45/2019 Art 20 - vigência: imediata

"Art. 20. Ficam revogados: ...

II - em 2033:

a) os arts. 153, IV e § 3º, 155, II e §§ 2º a 5º, 156, III e § 3º, 158, IV, 'a', e § 1º, e 161, I, todos da Constituição Federal;"

b) Constituição Federal - redação atual

"Art. 155 § 3º - À exceção dos impostos de que tratam o inciso II do caput deste artigo e o art. 153, I e II, nenhum outro imposto poderá incidir sobre operações relativas a energia elétrica, serviços de telecomunicações, derivados de petróleo, combustíveis e minerais do País."

c) Síntese

Até 31/12/2032, sobre as operações relativas a energia elétrica, serviços de telecomunicações, derivados de petróleo, combustíveis e minerais do País, somente incidirão os impostos:

- ICMS (até 31/12/2032);
- Imposto sobre Importação;
- Imposto sobre Exportação;
- Imposto sobre produção, comercialização ou importação de bens e serviços prejudiciais à saúde ou ao meio-ambiente;
- IBS.

d) Análise - Comentário

Até 31/12/2032, somente os impostos acima relacionados poderão incidir sobre a energia elétrica, serviços de telecomunicações, derivados de petróleo, combustíveis e minerais do País.

Esse dispositivo fica revogado em 2033, conforme o artigo 20da PEC 45/2019.

Pelo que se infere da redação enfocada, sendo revogada essa limitação de incidência de impostos a partir de 2033, outros poderão incidir após essa data.

Mário Bonafé Jr.

Capítulo 12 - TRIBUTOS FEDERAIS

Outras disposições sobre os Tributos Federais nos capítulos referentes à CBS e ao IBSP.

Art. 62 §2º

a) PEC 45/2019 Art. 1º - vigência: imediata

"Art. 62.

...

§ 2º Medida provisória que implique instituição ou majoração de impostos, exceto os previstos nos arts. 153, I, II, IV, V e VIII, e 154, II, só produzirá efeitos no exercício financeiro seguinte se houver sido convertida em lei até o último dia daquele em que foi editada."

b) Constituição Federal - redação atual

"Art. 62, § 2º - Medida provisória que implique instituição ou majoração de impostos, exceto os previstos nos arts. 153, I, II, IV, V, e 154, II, só produzirá efeitos no exercício financeiro seguinte se houver sido convertida em lei até o último dia daquele em que foi editada."

c) Síntese

Somente produzirá efeitos no exercício financeiro seguinte, desde que seja convertida em lei até o último dia do ano em que foi editada, Medida Provisória instituindo ou majorando impostos, com exceção dos relacionados a seguir:

Imposto sobre a Importação;

Imposto sobre a Exportação;

Imposto sobre Produtos Industrializados;

Imposto sobre operações de crédito, câmbio e seguro, ou relativas a títulos ou valores mobiliários;

Imposto sobre a produção, comercialização ou importação de bens e serviços prejudiciais à saúde ou ao meio-ambiente;

Impostos extraordinários instituídos pela União, compreendidos ou não em sua competência tributária, na iminência ou no caso de guerra externa.

Art. 145 § 3º

a) PEC 45/2019 Art. 1º - vigência: imediata

"Art. 145 ...

...

§ 3° O Sistema Tributário Nacional deve observar os princípios da simplicidade, da transparência, da justiça tributária e do equilíbrio e da defesa do meio ambiente."

b) Constituição Federal - redação atual

Art. 145 § 3° - não há

c) Síntese

O Sistema Tributário Nacional deve observar os princípios da simplicidade, da transparência, da justiça tributária e do equilíbrio e da defesa do meio-ambiente."

Art. 146 III "d"

a1) PEC 45/2019 Art. 1° - vigência: imediata

"d) definição de tratamento diferenciado e favorecido para as microempresas e para as empresas de pequeno porte, inclusive regimes especiais ou simplificados no caso dos impostos previstos nos arts. 155, II, e 156-A, das contribuições sociais previstas no art. 195, I e V, e § 12, e da contribuição a que se refere o art. 239."

Art. 146 III "d"

a2) PEC 45/2019 Art. 3° - vigência: 2027

"Art. 146 ... III - ...

d) definição de tratamento diferenciado e favorecido para as microempresas e para as empresas de pequeno porte, inclusive regimes especiais ou simplificados no caso dos impostos previstos nos arts. 155, II, e 156-A e das contribuições previstas nos art. 195, I e V."

Art. 146 III "d"

a3) PEC 45/2019 Art. 4° - vigência: 2033

"Art. 146 ... III - ...

d) definição de tratamento diferenciado e favorecido para as microempresas e para as empresas de pequeno porte, inclusive regimes especiais ou simplificados no caso do imposto previsto no art. 156-A, e das contribuições sociais previstas nos art. 195, I e V."

b) Constituição Federal - redação atual

Art. 146 inc III "d" - definição de tratamento diferenciado e favorecido para as microempresas e para as empresas de pequeno porte, inclusive regimes especiais ou simplificados no caso do imposto previsto no art. 155, II, das contribuições previstas no art. 195, I e §§ 12 e 13, e da contribuição a que se refere o art. 239.

c) Síntese

Cabe à lei complementar estabelecer normas tributárias gerais com definição de tratamento adequado para microempresas e empresas de

Mário Bonafé Jr.

pequeno porte, incluindo casos de regimes especiais ou simplificados, no caso dos seguintes tributos:

- ICMS (até 31/12/2032);
- IBS;
- Contribuição Social de empregadores, empresas e entidades equiparadas a empresas, incidentes sobre folhas de salários ou pagamentos;
- Contribuição Social sobre a receita ou faturamento (até 31/12/2026);
- CBS;
- PIS (até 31/12/2026).

Art. 150 VI "b
a) PEC 45/2019 Art. 1º - vigência: imediata
"Art. 150 ... VI - ...
b) entidades religiosas, templos de qualquer culto, inclusive suas organizações assistenciais e beneficentes;
b) Constituição Federal - redação atual
Art. 150 inc VI "b" - templos de qualquer culto;
c) Síntese
A Constituição veda à União, aos Estados, ao Distrito Federal e aos Municípios, a criação de tributos a templos de qualquer culto. Nesta proposta de alteração constitucional, a vedação passa a beneficiar também entidades religiosas e suas organizações assistenciais e beneficentes.

Art. 150 § 1º
a1) PEC 45/2019 Art. 1º - vigência: imediata
"§ 1º A vedação do inciso III, 'b', não se aplica aos tributos previstos nos arts. 148, I, 153, I, II, IV, V e VIII, e 154, II, e a vedação do inciso III, 'c', não se aplica aos tributos previstos nos arts. 148, I, 153, I, II, III e V, e 154, II, nem à fixação da base de cálculo dos impostos previstos nos arts. 155, III, e 156, I."

Art. 150 § 1º
a2) PEC 45/2019 Art. 4º - vigência: 2033
"Art. 150 ...
§ 1º A vedação do inciso III, "b", não se aplica aos tributos previstos nos arts. 148, I; 153, I, II, V e VIII; e 154, II; e a vedação do inciso III, "c", não se aplica aos tributos previstos nos arts. 148, I; 153, I, II, III e V; e 154, II, nem à fixação da base de cálculo dos impostos previstos nos arts. 155, III, e 156, I."

b) Constituição Federal - redação atual

"Art. 150 § 1º - A vedação do inciso III, b, não se aplica aos tributos previstos nos arts. 148, I, 153, I, II, IV e V; e 154, II; e a vedação do inciso III, c, não se aplica aos tributos previstos nos arts. 148, I, 153, I, II, III e V; e 154, II, nem à fixação da base de cálculo dos impostos previstos nos arts. 155, III, e 156, I."

c) Síntese

Podem ser cobrados, no mesmo ano em que foram instituídos ou majorados, os tributos:

- Empréstimos Compulsórios para atender a despesas extraordinárias, decorrentes de calamidade pública, de guerra externa ou sua iminência;
- Imposto sobre a Importação;
- Imposto sobre a Exportação;
- Imposto sobre Produtos Industrializados (até 31/12/2032);
- Imposto sobre operações de crédito, câmbio e seguro, ou relativas a títulos ou valores mobiliários;
- Imposto sobre produção, comercialização ou importação de bens e serviços prejudiciais à saúde ou ao meio-ambiente;
- Imposto extraordinário na iminência ou no caso de guerra externa.

Podem ser cobrados, sem aguardar o prazo de 90 dias após serem instituídos ou majorados, os tributos:

- Empréstimos Compulsórios para atender a despesas extraordinárias, decorrentes de calamidade pública, de guerra externa ou sua iminência;
- Imposto sobre a Importação;
- Imposto sobre a Exportação;
- Imposto sobre a Renda e Proventos de qualquer natureza (IR);
- Imposto sobre operações de crédito, câmbio e seguro, ou relativas a títulos ou valores mobiliários;
- Imposto extraordinário na iminência ou no caso de guerra externa.

Podem ser cobrados, sem aguardar o prazo de 90 dias após fixação da base de cálculo, os tributos:

- Imposto sobre a propriedade de veículos automotores (IPVA);
- Imposto sobre a Propriedade Territorial Urbana (IPTU).

d) Análise - Comentários

A cobrança pode ser imediata, após serem instituídos ou majorados, os impostos:

- Empréstimos Compulsórios para atender a despesas extraordinárias, decorrentes de calamidade pública, de guerra externa ou sua iminência;

- Imposto sobre a Importação;
- Imposto sobre a Exportação;
- Imposto sobre operações de crédito, câmbio e seguro, ou relativas a títulos ou valores mobiliários;
- Imposto extraordinário na iminência ou no caso de guerra externa.

Pode ser feita no dia 1º de janeiro do ano imediatamente posterior à sua instituição ou majoração, a cobrança do Imposto sobre a Renda e Proventos de qualquer natureza (IR).

Pode ser feita no dia 1º de janeiro do ano imediatamente posterior à instituição ou majoração da base de cálculo, a cobrança do Imposto sobre a propriedade de veículos automotores (IPVA) e do Imposto sobre a Propriedade Territorial Urbana (IPTU).

A cobrança do Imposto sobre produção, comercialização ou importação de bens e serviços prejudiciais à saúde ou ao meio-ambiente e do Imposto sobre Produtos Industrializados (IPI) pode ser feita 90 dias após ser instituído ou majorado. No caso do IPI a regra é válida até sua extinção, em 31/12/2032.

Art. 150 § 6º

a) PEC 45/2019 Art. 4º - vigência: 2033

"Art. 150 ...

§ 6º Qualquer subsídio ou isenção, redução de base de cálculo, concessão de crédito presumido, anistia ou remissão, relativos a impostos, taxas ou contribuições, só poderá ser concedido mediante lei específica, federal, estadual ou municipal, que regule exclusivamente as matérias acima enumeradas ou o correspondente tributo ou contribuição."

b) Constituição Federal - redação atual

"Art. 150 § 6º Qualquer subsídio ou isenção, redução de base de cálculo, concessão de crédito presumido, anistia ou remissão, relativos a impostos, taxas ou contribuições, só poderá ser concedido mediante lei específica, federal, estadual ou municipal, que regule exclusivamente as matérias acima enumeradas ou o correspondente tributo ou contribuição, sem prejuízo do disposto no art. 155, § 2.º, XII, g."

c) Síntese

Na redação proposta suprimiu-se a citação "sem prejuízo do disposto no art. 155, § 2.º, XII, g" uma vez que este dispositivo estará revogado em 2033.

d) Análise - Comentários

Este parágrafo deve ser analisado observando-se os artigos 156-A § 1º inciso X e 195 § 15 que determinam que o IBS e a CBS não serão objeto de concessão de incentivos e de benefícios financeiros ou fiscais, ou de regimes específicos, diferenciados ou favorecidos de tributação, excetuadas as hipóteses previstas na Constituição.

Regulamentação Constitucional

ref.: Artigo 153 III da Constituição Federal

a) PEC 45/2019 Art. 18 - vigência: imediata

"Art. 18. O Poder Executivo deverá encaminhar ao Congresso Nacional, em até 180 (cento e oitenta) dias após a promulgação desta Emenda Constitucional, projeto de lei que reforme a tributação da renda, acompanhado das correspondentes estimativas e estudos de impactos orçamentários e financeiros.

Parágrafo único. Eventual arrecadação adicional da União decorrente da aprovação da medida de que trata o caput poderá ser considerada como fonte de compensação para redução da tributação incidente sobre a folha de pagamentos e sobre o consumo de bens e serviços."

b) Constituição Federal

"Art. 153. Compete à União instituir impostos sobre:

...

III - renda e proventos de qualquer natureza;"

c) Síntese

O Poder Executivo da União deverá encaminhar ao Congresso projeto de lei reformando a tributação sobre a renda, estando previsto que eventual arrecadação adicional possa ser considerada fonte de compensação para redução da tributação sobre a folha de pagamento e sobre o consumo de bens e serviços.

d) Análise - Comentários

A PEC 45 determina que o Executivo altere a tributação sobre a renda, mas não estabelece objetivos a serem alcançados, quais sejam: aumentar ou diminuir a carga tributária, simplificar a legislação existente, etc.

No que respeita a um eventual aumento de arrecadação decorrente desta reforma da tributação sobre a renda, a PEC estabelece que poderá ser considerado como uma compensação para redução da tributação incidente sobre a folha de pagamentos e sobre o consumo de bens e serviços. Não determina, entretanto, que haja redução nestes tributos.

Assim, há uma possibilidade de que a reforma na tributação sobre a renda ocasione aumento na carga tributária sobre a população brasileira.

Art. 153 IV

a1) PEC 45/2019 Art. 4º - vigência: 2033

"Art. 153 ...

IV - (Revogado)"

Art. 153 IV

a2) PEC 45/2019 Art 20 - vigência: imediata

"Art. 20. Ficam revogados: ...

II - em 2033:

a) os arts. 153, IV e § 3º, 155, II e §§ 2º a 5º, 156, III e § 3º, 158, IV, 'a', e § 1º, e 161, I, todos da Constituição Federal;"

b) Constituição Federal - redação atual

"Art. 153. Compete à União instituir impostos sobre:

...

IV - produtos industrializados;"

c) Síntese

A partir de 2033 a competência de a União instituir Imposto sobre Produtos Industrializado fica extinta.

d) Análise - Comentários

A revogação aparece duas vezes na PEC 45/2019, no artigo 4º e no artigo 21.

Art. 153 § 1º

a1) PEC 45/2019 Art. 1º - vigência: imediata

"§ 1º É facultado ao Poder Executivo, atendidas as condições e os limites estabelecidos em lei, alterar as alíquotas dos impostos enumerados nos incisos I, II, IV, V e VIII."

Art. 153 § 1º

a2) PEC 45/2019 Art. 4º - vigência: 2033

"Art. 153 ...

§ 1º É facultado ao Poder Executivo, atendidas as condições e os limites estabelecidos em lei, alterar as alíquotas dos impostos enumerados nos incisos I, II, V e VIII."

b) Constituição Federal - redação atual

"Art. 153 § 1º - É facultado ao Poder Executivo, atendidas as condições e os limites estabelecidos em lei, alterar as alíquotas dos impostos enumerados nos incisos I, II, IV e V."

c) Síntese

O Poder Executivo da União, atendidas as condições e os limites estabelecidos em lei, poderá alterar as alíquotas dos Impostos sobre:

* a Importação de produtos estrangeiros;

- a Exportação, para o exterior, de produtos nacionais ou nacionalizados;
- Produtos industrializados (até 31/12/2032);
- Operações de crédito, câmbio e seguro, ou relativas a títulos ou valores mobiliários;
- A produção, importação ou comercialização de bens e serviços prejudiciais à saúde ou ao meio-ambiente.

Art. 153 § 3º

a) PEC 45/2019 Art. 4º - vigência: 2033

"§ 3º (Revogado)

Incisos I, II, III, IV e V (Revogados)"

b) Constituição Federal - redação atual

"Art. 153 § 3º O imposto previsto no inciso IV:

I - será seletivo, em função da essencialidade do produto;

II - será não-cumulativo, compensando-se o que for devido em cada operação com o montante cobrado nas anteriores;

III - não incidirá sobre produtos industrializados destinados ao exterior

IV - terá reduzido seu impacto sobre a aquisição de bens de capital pelo contribuinte do imposto, na forma da lei."

c) Síntese

Considerando que o IPI será extinto em 2033, todo o § 3º do artigo 153, que a ele se refere, deixa de produzir efeitos e será extinto.

Art. 153 § 3º V

a) PEC 45/2019 Art. 1º - vigência: imediata

"§ 3º...

V - não incidirá sobre produtos tributados pelo imposto previsto no inciso VIII."

b) Constituição Federal - redação atual

Art. 153 § 3º V - não há

c) Síntese

O imposto sobre produtos industrializados não incidirá sobre produtos tributados pelo IBSP - Imposto sobre a produção, importação ou comercialização de bens e serviços prejudiciais à saúde ou ao meio-ambiente. Este inciso fica revogado a partir de 2033.

d) Análise - Comentários

Considerando-se que o IPI será extinto em 2033, todo o § 3º do artigo 153, que a ele se refere, deixa de produzir efeitos e estará extinto.

Mário Bonafé Jr.

Art. 153 § 6°

a1) PEC 45/2019 Art. 1° - vigência: imediata

"§ 6° O imposto previsto no inciso VIII:

I - não incidirá sobre as exportações;

II - integrará a base de cálculo dos tributos previstos nos arts. 155, II, 156, III, 156-A e 195, V; e

III - poderá ter o mesmo fato gerador e a mesma base de cálculo de outros tributos."

Art. 153 § 6°

a2) PEC 45/2019 Art. 4° - vigência: imediata

"Art. 153 ...

§ 6° ...

II - integrará a base de cálculo dos tributos previstos nos arts. 156-A e 195, V; e"

b) Constituição Federal - redação atual

Art. 153 § 6° - não há

c) Síntese

O IBSP - Imposto sobre a produção, importação ou comercialização de bens e serviços prejudiciais à saúde ou ao meio-ambiente:

- não incidirá sobre as exportações;
- integrará a base de cálculo dos tributos: ICMS (até 31/12/2032), ISS (até 31/12/2032), IBS e CBS;
- poderá ter o mesmo fato gerador e base de cálculo de outros tributos.

Art. 155 § 3°

a1) PEC 45/2019 Art. 1° - vigência: imediata

"§ 3° À exceção dos impostos de que tratam o inciso II do caput deste artigo e os arts. 153, I, II e VIII, e 156-A, nenhum outro imposto poderá incidir sobre operações relativas a energia elétrica, serviços de telecomunicações, derivados de petróleo, combustíveis e minerais do País."

Art. 155 § 3°

a2) PEC 45/2019 Art 20 - vigência: imediata

"Art. 20. Ficam revogados:

...

II - em 2033:

a) os arts. ... 155, ... §§ 2º a 5º, ..., todos da Constituição Federal;"

b) Constituição Federal - redação atual

Art. 155 § 3º - À exceção dos impostos de que tratam o inciso II do caput deste artigo e o art. 153, I e II, nenhum outro imposto poderá incidir sobre operações relativas a energia elétrica, serviços de telecomunicações, derivados de petróleo, combustíveis e minerais do País.

c) Síntese

Até 31/12/2032, sobre as operações relativas a energia elétrica, serviços de telecomunicações, derivados de petróleo, combustíveis e minerais do País, somente incidirão os impostos:

- ICMS (até 31/12/2032);
- Imposto sobre Importação;
- Imposto sobre Exportação;
- Imposto sobre produção, comercialização ou importação de bens e serviços prejudiciais à saúde ou ao meio-ambiente;
- IBS.

d) Análise - Comentários

Até 31/12/2032, somente os impostos acima relacionados poderão incidir sobre a energia elétrica, serviços de telecomunicações, derivados de petróleo, combustíveis e minerais do País.

Esse dispositivo fica revogado em 2033, conforme o artigo 20da PEC 45/2019.

Pelo que se infere da redação enfocada, sendo revogada essa limitação de incidência de impostos a partir de 2033, outros poderão incidir após essa data.

Art. 195 I b

a1) PEC 45/2019 Art. 3º - vigência: 2027

"Art. 195 - ...

I - ...

b) (Revogado)"

Art. 195 I b

a2) PEC 45/2019 Art 20 - vigência: imediata

"Art. 20. Ficam revogados:

I - em 2027, o art. 195, I, "b", IV e § 12, da Constituição Federal;"

b) Constituição Federal - redação atual

"Art. 195 -... I - ...

b) a receita ou o faturamento;"

c) Síntese

A partir de 2027 fica revogada a "Contribuição Social do empregador, da empresa e da entidade a ela equiparada na forma da lei, incidentes sobre a receita ou o faturamento" – COFINS.

d) Análise - Comentários

A Contribuição Social do empregador sobre a receita ou faturamento - COFINS será extinta em 2027.

A revogação aparece duas vezes na PEC 45, nos artigos 3º e 21.

Regulamentação Constitucional

ref: artigo 195 I b da Constituição Federal

a) PEC 45/2019 Art. 11 - vigência: 2027

"Art. 11. A revogação do art. 195, I, 'b', não produzirá efeitos sobre as contribuições incidentes sobre a receita ou o faturamento vigentes na data de publicação desta Emenda Constitucional que substituam a contribuição de que trata o art. 195, I, 'a', ambos da Constituição Federal, e sejam cobradas com base naquele dispositivo, observado o disposto no art. 30 da Emenda Constitucional nº 103, de 12 de novembro de 2019."

b) Síntese

A revogação da Contribuição Social incidente sobre a receita ou o faturamento da empresa não produzirá efeitos sobre as contribuições vigentes na data de publicação desta Emenda Constitucional, incidentes sobre a receita ou o faturamento, que substituam a Contribuição social do empregador incidente sobre a folha de salários e sejam cobradas com base naquele dispositivo.

Art. 195 IV

a1) PEC 45/2019 Art. 3º - vigência: 2027

"Art. 195 ...

IV - (Revogado)"

Art. 195 IV

a2) PEC 45/2019 Art 20 - vigência: imediata

"Art. 20. Ficam revogados:

I - em 2027, o art. 195, I, "b", IV e § 12, da Constituição Federal;"

b) Constituição Federal - redação atual

Art. 195-...

IV - do importador de bens ou serviços do exterior, ou de quem a lei a ele equiparar.

c) Síntese

A partir de 2027 fica revogada a Contribuição Social do importador de bens ou serviços do exterior.

d) Análise - Comentários

A revogação aparece duas vezes na PEC 45, nos artigos 3º e 21.

Art. 195 § 9º

a) PEC 45/2019 Art. 3º - vigência: 2027

"§ 9º As contribuições sociais previstas no inciso I do caput deste artigo poderão ter alíquotas diferenciadas em razão da atividade econômica, da utilização intensiva de mão de obra, do porte da empresa ou da condição estrutural do mercado de trabalho, sendo também autorizada a adoção de bases de cálculo diferenciadas apenas no caso da alínea "c" do inciso I do caput."

b) Constituição Federal - redação atual

"§ 9º - As contribuições sociais previstas no inciso I do caput deste artigo poderão ter alíquotas diferenciadas em razão da atividade econômica, da utilização intensiva de mão de obra, do porte da empresa ou da condição estrutural do mercado de trabalho, sendo também autorizada a adoção de bases de cálculo diferenciadas apenas no caso das alíneas "b" e "c" do inciso I do caput."

c) Síntese

As Contribuições Sociais do empregador, da empresa e da entidade a ela equiparada na forma da lei, incidentes sobre "a folha de salários e demais rendimentos do trabalho pagos ou creditados" e sobre "o lucro", poderão ter alíquotas diferenciadas em razão da atividade econômica, da utilização intensiva de mão-de-obra, do porte da empresa ou da condição estrutural do mercado de trabalho, sendo também autorizada a adoção de bases de cálculo diferenciadas apenas no caso da referida Contribuição Social sobre o lucro.

d) Análise - Comentários

A nova redação deste § 9º entra em vigor em 2027.

O parágrafo 9º original do artigo 195 incluía a Contribuição do empregador incidente sobre sua receita ou faturamento, tributo esse que estará extinto a partir de 2027. A nova redação deixa de citar este tributo.

Art. 195 § 12

a1) PEC 45/2019 Art. 3º - vigência: 2027

"§ 12. (Revogado)"

Art. 195 § 12

a2) PEC 45/2019 Art 20 - vigência: imediata

"Art. 20. Ficam revogados:

I - em 2027, ... o art. 195 ... § 12, da Constituição Federal;"

b) Constituição Federal - redação atual

Art. 195 ...

§ 12. A lei definirá os setores de atividade econômica para os quais as contribuições incidentes na forma dos incisos I, b; e IV do capu t, serão não-cumulativas.

c) Síntese

Este parágrafo, que dispõe sobre setores de atividade econômica para os quais a Contribuição Social das empresas incidentes sobre a receita ou faturamento e a Contribuição Social do importador de bens ou serviços, fica revogado a partir de 2027, uma vez que esses tributos serão extintos naquela data.

d) Análise - Comentários

A revogação aparece duas vezes na PEC 45, nos artigos 3§ e 21 da PEC 45/2019.

Mário Bonafé Jr.

Capítulo 13 - TRIBUTOS ESTADUAIS

Outras disposições sobre Tributos Estaduais no capítulo referente ao IBS.

Art. 145 § 3º

a) PEC 45/2019 Art. 1º - vigência: imediata

"Art. 145 ......

§ 3º O Sistema Tributário Nacional deve observar os princípios da simplicidade, da transparência, da justiça tributária e do equilíbrio e da defesa do meio ambiente."

b) Constituição Federal - redação atual

Art. 145 § 3º - não há

c) Síntese

O Sistema Tributário Nacional deve observar os princípios da simplicidade, da transparência, da justiça tributária e do equilíbrio e da defesa do meio-ambiente."

Art. 146 inc III "c"

a) PEC 45/2019 Art. 1º - vigência: imediata

"Art. 146. ... III - ...

c) adequado tratamento tributário ao ato cooperativo praticado pelas sociedades cooperativas, inclusive em relação aos tributos previstos nos arts. 156-A e 195, V; e"

b) Constituição Federal - redação atual

"Art. 146 inc III "c" - adequado tratamento tributário ao ato cooperativo praticado pelas sociedades cooperativas."

c) Síntese

Cabe à lei complementar estabelecer normas gerais sobre o adequado tratamento tributário ao ato cooperativo praticado pelas sociedades cooperativas, inclusive em relação ao IBS e à CBS.

d) Análise - Comentários

A Constituição determina que uma lei complementar seja editada para regulamentar o Ato Cooperativo. Na alteração proposta ao artigo 146 inc III "c", a lei complementar deverá incluir, na regulamentação do Ato Cooperativo, tratamento tributário adequado, incluindo o IBS e a CBS.

Ato Cooperativo é aquele praticado entre a cooperativa e seus associados, entre os associados e a cooperativa e por cooperativas associadas entre si, com vistas ao atendimento de suas finalidades sociais (art. 79 da Lei nº5.764/71).

Art. 146 III "d"
a1) PEC 45/2019 Art. 1º - vigência: imediata

"d) definição de tratamento diferenciado e favorecido para as microempresas e para as empresas de pequeno porte, inclusive regimes especiais ou simplificados no caso dos impostos previstos nos arts. 155, II, e 156-A, das contribuições sociais previstas no art. 195, I e V, e § 12, e da contribuição a que se refere o art. 239."

Art. 146 III "d"
a2) PEC 45/2019 Art. 3º - vigência: 2027

"Art. 146 ... III - ...

d) definição de tratamento diferenciado e favorecido para as microempresas e para as empresas de pequeno porte, inclusive regimes especiais ou simplificados no caso dos impostos previstos nos arts. 155, II, e 156-A e das contribuições previstas nos art. 195, I e V."

Art. 146 III "d"
a3) PEC 45/2019 Art. 4º - vigência: 2033

"Art. 146 ... III - ...

d) definição de tratamento diferenciado e favorecido para as microempresas e para as empresas de pequeno porte, inclusive regimes especiais ou simplificados no caso do imposto previsto no art. 156-A, e das contribuições sociais previstas nos art. 195, I e V."

b) Constituição Federal - redação atual

"Art. 146 inc III "d" - definição de tratamento diferenciado e favorecido para as microempresas e para as empresas de pequeno porte, inclusive regimes especiais ou simplificados no caso do imposto previsto no art. 155, II, das contribuições previstas no art. 195, I e §§ 12 e 13, e da contribuição a que se refere o art. 239."

c) Síntese

Cabe à lei complementar estabelecer normas tributárias gerais com definição de tratamento adequado para microempresas e empresas de pequeno porte, incluindo casos de regimes especiais ou simplificados, no caso dos seguintes tributos:

- ICMS (até 31/12/2032);
- IBS;
- Contribuição Social de empregadores, empresas e entidades equiparadas a empresas, incidentes sobre folhas de salários ou pagamentos;
- Contribuição Social sobre a receita ou faturamento (até 31/12/2026);
- CBS;
- PIS (até 31/12/2026).

Art. 150 VI "b

a) PEC 45/2019 Art. 1º - vigência: imediata

"Art. 150 ... VI - ...

b) entidades religiosas, templos de qualquer culto, inclusive suas organizações assistenciais e beneficentes;

b) Constituição Federal - redação atual

Art. 150 inc VI "b" - templos de qualquer culto;

c) Síntese

A Constituição veda à União, aos Estados, ao Distrito Federal e aos Municípios, a criação de tributos a templos de qualquer culto. Nesta proposta de alteração constitucional, a vedação passa a beneficiar também entidades religiosas e suas organizações assistenciais e beneficentes.

Art. 150 § 1º

a1) PEC 45/2019 Art. 1º - vigência: imediata

"§ 1º A vedação do inciso III, 'b', não se aplica aos tributos previstos nos arts. 148, I, 153, I, II, IV, V e VIII, e 154, II, e a vedação do inciso III, 'c', não se aplica aos tributos previstos nos arts. 148, I, 153, I, II, III e V, e 154, II, nem à fixação da base de cálculo dos impostos previstos nos arts. 155, III, e 156, I."

Art. 150 § 1º

a2) PEC 45/2019 Art. 4º - vigência: 2033

"Art. 150 ...

§ 1º A vedação do inciso III, "b", não se aplica aos tributos previstos nos arts. 148, I; 153, I, II, V e VIII; e 154, II; e a vedação do inciso III, "c", não se aplica aos tributos previstos nos arts. 148, I; 153, I, II, III e V; e 154, II, nem à fixação da base de cálculo dos impostos previstos nos arts. 155, III, e 156, I."

b) Constituição Federal - redação atual

"Art. 150 § 1º - A vedação do inciso III, b, não se aplica aos tributos previstos nos arts. 148, I, 153, I, II, IV e V; e 154, II; e a vedação do inciso III, c, não se aplica aos tributos previstos nos arts. 148, I, 153, I, II, III e V; e 154, II, nem à fixação da base de cálculo dos impostos previstos nos arts. 155, III, e 156, I."

c) Síntese

Podem ser cobrados, no mesmo ano em que foram instituídos ou majorados, os tributos:

- Empréstimos compulsórios para atender a despesas extraordinárias, decorrentes de calamidade pública, de guerra externa ou sua iminência;
- Imposto sobre a Importação;
- Imposto sobre a Exportação;
- Imposto sobre Produtos Industrializados (até 31/12/2032);
- Imposto sobre operações de crédito, câmbio e seguro, ou relativas a títulos ou valores mobiliários;
- Imposto sobre produção, comercialização ou importação de bens e serviços prejudiciais à saúde ou ao meio-ambiente;
- Imposto extraordinário na iminência ou no caso de guerra externa.

Podem ser cobrados, sem aguardar o prazo de 90 dias após serem instituídos ou majorados, os tributos:

- Empréstimos Compulsórios para atender a despesas extraordinárias, decorrentes de calamidade pública, de guerra externa ou sua iminência;
- Imposto sobre a Importação;
- Imposto sobre a Exportação;
- Imposto sobre a Renda e Proventos de qualquer natureza (IR);
- Imposto sobre operações de crédito, câmbio e seguro, ou relativas a títulos ou valores mobiliários;
- Imposto extraordinário na iminência ou no caso de guerra externa.

Podem ser cobrados, sem aguardar o prazo de 90 dias após fixação da base de cálculo, os tributos:

- Imposto sobre a propriedade de veículos automotores (IPVA);
- Imposto sobre a Propriedade Territorial Urbana (IPTU).

d) Análise - Comentários

A cobrança pode ser imediata, após serem instituídos ou majorados, os tributos:

- Empréstimos compulsórios para atender a despesas extraordinárias, decorrentes de calamidade pública, de guerra externa ou sua iminência;
- Imposto sobre a Importação;
- Imposto sobre a Exportação;
- Imposto sobre operações de crédito, câmbio e seguro, ou relativas a títulos ou valores mobiliários;
- Imposto extraordinário na iminência ou no caso de guerra externa.

Pode ser feita no dia 1º de janeiro do ano imediatamente posterior à sua instituição ou majoração, a cobrança do Imposto sobre a Renda e Proventos de qualquer natureza (IR).

Pode ser feita no dia 1º de janeiro do ano imediatamente posterior à instituição ou majoração da base de cálculo, a cobrança do Imposto sobre a propriedade de veículos automotores (IPVA) e do Imposto sobre a Propriedade Territorial Urbana (IPTU).

A cobrança do Imposto sobre produção, comercialização ou importação de bens e serviços prejudiciais à saúde ou ao meio-ambiente e do Imposto sobre Produtos Industrializados (IPI), pode ser feita 90 dias após ser instituído ou majorado. No caso do IPI a regra é válida até sua extinção em 31/12/2032.

Art. 150 § 6º

a) PEC 45/2019 Art. 4º - vigência: 2033

"Art. 150 ...

§ 6º Qualquer subsídio ou isenção, redução de base de cálculo, concessão de crédito presumido, anistia ou remissão, relativos a impostos, taxas ou contribuições, só poderá ser concedido mediante lei específica, federal, estadual ou municipal, que regule exclusivamente as matérias acima enumeradas ou o correspondente tributo ou contribuição."

b) Constituição Federal - redação atual

"Art. 150 § 6º Qualquer subsídio ou isenção, redução de base de cálculo, concessão de crédito presumido, anistia ou remissão, relativos a impostos, taxas ou contribuições, só poderá ser concedido mediante lei específica, federal, estadual ou municipal, que regule exclusivamente as matérias acima enumeradas ou o correspondente tributo ou contribuição, sem prejuízo do disposto no art. 155, § 2.º, XII, g."

c) Síntese

Na redação proposta suprimiu-se a citação "sem prejuízo do disposto no art. 155, § 2.º, XII, g" uma vez que este dispositivo estará revogado em 2033.

d) Análise - Comentários

O disposto neste parágrafo conflita com os artigos 156-A § 1º inciso X e 195 § 15 que determinam que o IBS e a CBS não serão objeto de concessão de incentivos e de benefícios financeiros ou fiscais, ou de regimes específicos, diferenciados ou favorecidos de tributação, excetuadas as hipóteses previstas na Constituição.

Art. 153 § 6º

a1) PEC 45/2019 Art. 1º - vigência: imediata

"§ 6º O imposto previsto no inciso VIII:

I - não incidirá sobre as exportações;

II - integrará a base de cálculo dos tributos previstos nos arts. 155, II, 156, III, 156-A e 195, V; e

III - poderá ter o mesmo fato gerador e a mesma base de cálculo de outros tributos."

Art. 153 § 6º

a2) PEC 45/2019 Art. 4º - vigência: imediata

"Art. 153 ... § 6º ...

II - integrará a base de cálculo dos tributos previstos nos arts. 156-A e 195, V; e"

b) Constituição Federal - redação atual

Art. 153 § 6º - não há

c) Síntese

O IBSP - Imposto sobre a produção, importação ou comercialização de bens e serviços prejudiciais à saúde ou ao meio-ambiente:

- não incidirá sobre as exportações;
- integrará a base de cálculo dos tributos: ICMS (até 31/12/2032), ISS (até 31/12/2032), IBS e CBS;
- poderá ter o mesmo fato gerador e base de cálculo de outros tributos.

Art. 155 inc II

a) PEC 45/2019 Art 20 - vigência: imediata

"Art. 20. Ficam revogados: ...

II - em 2033:

a) os arts. 153, IV e § 3º, 155, II e §§ 2º a 5º, 156, III e § 3º, 158, IV, 'a', e § 1º, e 161, I, todos da Constituição Federal;"

b) Constituição Federal - redação atual

Art. 155 - Compete aos Estados e ao Distrito Federal instituir impostos sobre:

...

II - operações relativas à circulação de mercadorias e sobre prestações de serviços de transporte interestadual e intermunicipal e de comunicação, ainda que as operações e as prestações se iniciem no exterior;

c) Síntese

A partir de 2033, fica revogada a competência dos Estados e do Distrito Federal para instituir o ICMS.

d) Análise - Comentários

Como vemos no texto constitucional, a partir de 2033, fica revogada a competência dos Estados e do Distrito Federal para instituir o ICMS - portanto não pode mais ser instituído este imposto a partir deste ano.

Art. 155 § 1º II

a) PEC 45/2019 Art. 1º - vigência: imediata

"Art. 155 ... § 1º ...

II - relativamente a bens móveis, títulos e créditos, compete ao Estado onde era domiciliado o de cujus, ou tiver domicílio o doador, ou ao Distrito Federal;"

b) Constituição Federal - redação atual

"Art. 155. Compete aos Estados e ao Distrito Federal instituir impostos sobre:

I - transmissão causa mortis e doação, de quaisquer bens ou direitos; ...

§ 1º O imposto previsto no inciso I: ...

II - relativamente a bens móveis, títulos e créditos, compete ao Estado onde se processar o inventário ou arrolamento, ou tiver domicílio o doador, ou ao Distrito Federal;"

c) Síntese

Nos termos da nova disposição constitucional, o ITCMD relativo a bens móveis, títulos e créditos é de competência do Estado (ou Distrito Federal) onde era domiciliado o de cujus, ou tiver domicílio o doador.

Regulamentação Constitucional

ref.: artigo 155 § 1º II

a) PEC 45/2019 Art. 17 - vigência: imediata

"Art. 17. A alteração do art. 155, 1º, II, da Constituição Federal, promovida pelo art. 1º desta Emenda Constitucional aplica-se às sucessões abertas a partir da publicação desta Emenda Constitucional."

b) Síntese

A alteração introduzida passará a fazer efeito sobre as sucessões abertas a partir da data de publicação da Emenda Constitucional objeto desta PEC, ou seja, a partir da referida publicação o ITCMD passa a ser da competência do Estado onde era domiciliado o de cujus, ou tiver domicílio o doador, ou ao Distrito Federal as sucessões relativas a bens móveis, títulos e créditos.

Regulamentação Constitucional

ref.: artigo 155 § 1º III

a) PEC 45/2019 Art. 16 - vigência: imediata

"Art. 16. Até que lei complementar regule o disposto no art. 155, § 1º, III, da Constituição Federal, o imposto incidente nas hipóteses de que trata aquele dispositivo competirá a:

I - relativamente a bens imóveis e respectivos direitos, ao Estado da situação do bem, ou ao Distrito Federal;

II - se o doador tiver domicílio ou residência no exterior:

a) ao Estado onde tiver domicílio o donatário ou ao Distrito Federal;

b) se o donatário tiver domicílio ou residir no exterior, ao Estado em que se encontrar o bem ou ao Distrito Federal;

III - relativamente aos bens do de cujus, ainda que situados no exterior, ao Estado onde era domiciliado, ou, se domiciliado ou residente no exterior, onde tiver domicílio o herdeiro ou legatário, ou ao Distrito Federal."

b) Constituição Federal - redação atual

"Art. 155 § 1º O imposto previsto no inciso I:

...

III - terá competência para sua instituição regulada por lei complementar:

a) se o doador tiver domicilio ou residência no exterior;

b) se o de cujus possuía bens, era residente ou domiciliado ou teve o seu inventário processado no exterior;"

c) Síntese

Bens imóveis e respectivos direitos: até que lei complementar regulamente a incidência do ITCMD sobre doações ou heranças relativas a bens imóveis e respectivos direitos, este imposto competirá ao Estado (ou Distrito Federal) de situação do bem.

Outras doações: caso o doador tenha domicílio ou residência no exterior, competirá ao Estado (ou Distrito Federal) onde tiver domicílio o donatário. Se o donatário tiver domicílio ou residir no exterior, competirá ao Estado (ou Distrito Federal) em que se encontrar o bem.

Herança de bens e direitos: relativamente aos bens do de cujus, ainda que situados no exterior, competirá ao Estado (ou Distrito Federal) onde era domiciliado, ou, se o de cujus era domiciliado ou residente no exterior, onde tiver domicílio o herdeiro ou legatário.

Art. 155 § 1º VI

Mário Bonafé Jr.

a) PEC 45/2019 Art. 1º - vigência: imediata

"VI - será progressivo em razão do valor da transmissão ou da doação; e"

b) Constituição Federal - redação atual

Art. 155 § 1º VI- não há

c) Síntese

O ITCMD será progressivo em razão do valor da transmissão ou da doação.

Art. 155 1º VII

a) PEC 45/2019 Art. 1º - vigência: imediata

"VII - não incidirá sobre as transmissões e as doações para as instituições sem fins lucrativos com finalidade de relevância pública e social, inclusive as organizações assistenciais e beneficentes de entidades religiosas e institutos científicos e tecnológicos, e por elas realizadas na consecução dos seus objetivos sociais, observadas as condições estabelecidas em lei complementar."

b) Constituição Federal - redação atual

Art. 155 1º VII - não há

c) Síntese

Lei Complementar estabelecerá condições para não incidência do ITCMD sobre as transmissões e doações para as instituições sem fins lucrativos com finalidade de relevância pública e social, inclusive as organizações assistenciais e beneficentes de entidades religiosas e institutos científicos e tecnológicos, e por elas realizadas na consecução dos seus objetivos sociais.

Art. 155 § 2º

a2) PEC 45/2019 Art 20 - vigência: imediata

"Art. 20. Ficam revogados: ...

II - em 2033:

a) os arts. 153, IV e § 3º, 155, II e §§ 2º a 5º, 156, III e § 3º, 158, IV, 'a', e § 1º, e 161, I, todos da Constituição Federal;"

b) Constituição Federal - redação atual

"Art. 155 - Compete aos Estados e ao Distrito Federal instituir impostos sobre:

...

§ 2º O imposto previsto no inciso II atenderá ao seguinte:

I - será não-cumulativo, compensando-se o que for devido em cada operação relativa à circulação de mercadorias ou prestação de serviços com ... (etc.)

...

XII - (deixamos de transcrever aqui os 12 incisos deste parágrafo, uma vez que o tributo relativo a eles (ICMS) fica revogado juntamente com esta § 2° em 2033)"

c) Síntese

Uma vez que o ICMS estará extinto em 2033, sua regulamentação deixa de produzir efeitos e será revogada a partir daquela data.

Art. 155 § 3°

a1) PEC 45/2019 Art. 1° - vigência: imediata

"§ 3° À exceção dos impostos de que tratam o inciso II do caput deste artigo e os arts. 153, I, II e VIII, e 156-A, nenhum outro imposto poderá incidir sobre operações relativas a energia elétrica, serviços de telecomunicações, derivados de petróleo, combustíveis e minerais do País."

Art. 155 § 3°

a2) PEC 45/2019 Art 20 - vigência: imediata

"Art. 20. Ficam revogados: ...

II - em 2033:

a) os arts. 153, IV e § 3°, 155, II e §§ 2° a 5°, 156, III e § 3°, 158, IV, 'a', e § 1°, e 161, I, todos da Constituição Federal;"

b) Constituição Federal - redação atual

"Art. 155 § 3° - À exceção dos impostos de que tratam o inciso II do caput deste artigo e o art. 153, I e II, nenhum outro imposto poderá incidir sobre operações relativas a energia elétrica, serviços de telecomunicações, derivados de petróleo, combustíveis e minerais do País."

c) Síntese

Até 31/12/2032, sobre as operações relativas a energia elétrica, serviços de telecomunicações, derivados de petróleo, combustíveis e minerais do País, somente incidirão os impostos:

- ICMS (até 31/12/2032);
- Imposto sobre Importação;
- Imposto sobre Exportação;
- Imposto sobre produção, comercialização ou importação de bens e serviços prejudiciais à saúde ou ao meio-ambiente;

- IBS.

d) Análise - Comentários

Até 31/12/2032, somente os impostos acima relacionados poderão incidir sobre a energia elétrica, serviços de telecomunicações, derivados de petróleo, combustíveis e minerais do País.

Esse dispositivo fica revogado em 2033, conforme o artigo 20da PEC 45/2019.

Pelo que se infere da redação enfocada, sendo revogada essa limitação de incidência de impostos a partir de 2033, outros poderão incidir após essa data.

Art. 155 § 6º II

a) PEC 45/2019 Art. 1º - vigência: imediata

"§ 6º...

II - poderá ter alíquotas diferenciadas em função do tipo, do valor, da utilização e do impacto ambiental;"

b) Constituição Federal - redação atual

"Art. 155 § 6º II - poderá ter alíquotas diferenciadas em função do tipo e utilização."

c) Síntese

O IPVA poderá ter alíquotas diferentes para veículos automotivos diferentes, em função do tipo, do valor, da utilização e do impacto ambiental.

d) Análise - Comentários

Conforme determina o inciso I deste parágrafo, cabe ao Senado fixar as alíquotas mínimas do IPVA. As alíquotas poderão ser diferenciadas em função do tipo, do valor, da utilização e do impacto ambiental dos veículos.

O montante a ser recolhido terá como base de cálculo o valor do veículo.

A alíquota poderá variar conforme o valor do veículo, o que também afetará o montante a ser recolhido.

Por exemplo, um veículo elétrico poderá ter alíquota menor que um veículo a gasolina mais antigo, se o Senado julgar que o impacto ambiental deste último seja mais relevante que o primeiro.

Art. 155 § 6º III

a) PEC 45/2019 Art. 1º - vigência: imediata

"III - incidirá sobre a propriedade de veículos automotores terrestres, aquáticos e aéreos, excetuadas:

a) aeronaves agrícolas e de operador certificado para prestar serviços aéreos a terceiros;

b) embarcações de pessoa jurídica que detenha outorga para prestar serviços de transporte aquaviário ou de pessoa física ou jurídica que pratique pesca industrial, artesanal, científica ou de subsistência;

c) plataformas suscetíveis de se locomoverem na água por meios próprios; e

d) tratores e máquinas agrícolas."

b) Constituição Federal - redação atual

Art. 155 § 6º III - não há

c) Síntese

O IPVA incidirá sobre a propriedade de veículos automotores terrestres, aquáticos e aéreos, exceto:

- a) aeronaves agrícolas e de operador certificado para prestar serviços aéreos a terceiros;

- b) embarcações de pessoa jurídica que detenha outorga para prestar serviços de transporte aquaviário ou de pessoa física ou jurídica que pratique pesca industrial, artesanal, científica ou de subsistência;

- c) plataformas suscetíveis de se locomoverem na água por meios próprios; e

- d) tratores e máquinas agrícolas.

d) Análise - Comentários

O IPVA passa a incidir também sobre a propriedade de trator para terraplanagem e obras civis, aeronave não agrícola, barco motorizado de recreação, jet-ski, lancha, etc.

Art. 156-A § 1º IX

a1) PEC 45/2019 Art. 1º - vigência: imediata

"IX - não integrará sua própria base de cálculo nem a dos tributos previstos nos arts. 153, VIII, 155, II, 156, III, e 195, V;"

Art. 156-A § 1º IX

a2) PEC 45/2019 Art. 4º - vigência: 2033

"IX - não integrará sua própria base de cálculo nem a dos tributos previstos nos arts. 153, VIII e 195, V;"

b) Constituição Federal - redação atual

Art. 156-A - não há

c) Síntese

O IBS não integrará sua própria base de cálculo, nem a base de cálculo dos tributos:

- IBSP - Imposto sobre produção, comercialização ou importação de bens e serviços prejudiciais à saúde ou ao meio-ambiente;
- ICMS (até 31/12/2032);
- ISS (até 31/12/2032);
- CBS.

d) Análise - Comentários

O IBS não integrará sua própria base de cálculo. O valor deste imposto não integrará também a base de cálculo dos tributos: Imposto sobre produção, comercialização ou importação de bens e serviços prejudiciais à saúde ou ao meio-ambiente, ICMS, do ISS e CBS.

Art. 158 III

a) PEC 45/2019 Art. 1º - vigência: imediata

"Art. 158 ...

III - 50% (cinquenta por cento) do produto da arrecadação do imposto do Estado sobre a propriedade de veículos automotores licenciados em seus territórios ou, em relação a veículos aquáticos e aéreos, cujos proprietários sejam domiciliados em seus territórios;"

b) Constituição Federal - redação atual

Art. 158 III - cinqüenta por cento do produto da arrecadação do imposto do Estado sobre a propriedade de veículos automotores licenciados em seus territórios;

c) Síntese

Pertencem aos Municípios 50% do produto da arrecadação do IPVA dos:

- veículos automotores terrestres licenciados em seus territórios e
- veículos automotores aquáticos e aéreos cujos proprietários sejam domiciliados em seus territórios.

d) Análise - Comentários

A arrecadação com o IPVA, de competência estadual, será repartida igualmente entre cada Estado e cada Município seu, onde os veículos automotores terrestres foram licenciados ou onde sejam domiciliados os proprietários dos veículos automotores aquáticos ou aéreos.

Art. 158 IV a

a1) PEC 45/2019 Art. 1º - vigência: imediata

"IV - 25% (vinte e cinco por cento):

a) do produto da arrecadação do imposto do Estado sobre operações relativas à circulação de mercadorias e sobre prestações de serviços de transporte interestadual e intermunicipal e de comunicação;"

Art. 158 IV a

a2) PEC 45/2019 Art 20 - vigência: imediata

"Art. 20. Ficam revogados: ...

II - em 2033:

a) os arts. 153, IV e § 3º, 155, II e §§ 2º a 5º, 156, III e § 3º, 158, IV, 'a', e § 1º, e 161, I, todos da Constituição Federal;"

b) Constituição Federal - redação atual

"Art. 158 IV

a) vinte e cinco por cento do produto da arrecadação do imposto do Estado sobre operações relativas à circulação de mercadorias e sobre prestações de serviços de transporte interestadual e intermunicipal e de comunicação."

c) Síntese

Até 2033, pertencem aos Municípios 25% do ICMS arrecadado no respectivo Estado.

Não altera o texto constitucional vigente do "inciso IV", mas passa a intitulá-lo de "inciso IV alínea a".

d) Análise - Comentários

O ICMS ficará extinto a partir de 2033, data em que deixará de produzir efeitos essa alínea "a", uma vez que se refere à repartição do ICMS.

Art. 158 § 1º

a1) PEC 45/2019 Art. 1º - vigência: imediata

"§ 1º As parcelas de receita pertencentes aos Municípios mencionadas no inciso IV, 'a', serão creditadas conforme os seguintes critérios:"

Art. 158 § 1º

a2) PEC 45/2019 Art 20 - vigência: imediata

"Art. 20. Ficam revogados:

...

II - em 2033:

a) os arts. 153, IV e § 3º, 155, II e §§ 2º a 5º, 156, III e § 3º, 158, IV, 'a', e § 1º, e 161, I, todos da Constituição Federal;"

b) Constituição Federal - redação atual

"Art. 158 Parágrafo único -As parcelas de receita pertencentes aos Municípios, mencionadas no inciso IV, serão creditadas conforme os seguintes critérios:"

c) Síntese

Não altera o texto constitucional vigente do "Parágrafo único", mas passa a intitulá-lo de "§ 1º".

Esse parágrafo determina que as parcelas de receita do ICMS (até 31/12/2032) pertencentes aos Municípios serão creditadas conforme os seguintes critérios:

I - 65%, no mínimo, na proporção do valor adicionado nas operações relativas à circulação de mercadorias e nas prestações de serviços, realizadas em seus territórios;

II - até 35%, de acordo com o que dispuser lei estadual sendo, no mínimo, 10 (dez) pontos percentuais com base em indicadores de melhoria nos resultados de aprendizagem e de aumento da equidade, considerado o nível socioeconômico dos educandos.

d) Análise - Comentários

Texto referente ao ICMS, que estará extinto em 2033, data em que este § 1º deixará de produzir efeitos.

Art. 158 § 2º

a) PEC 45/2019 Art. 1º - vigência: imediata

"§ 2º As parcelas de receita pertencentes aos Municípios mencionadas no inciso IV, 'b', serão creditadas conforme os seguintes critérios:

I - 85% (oitenta e cinco por cento), na proporção da população;

II - 10% (dez por cento), com base em indicadores de melhoria nos resultados de aprendizagem e de aumento da equidade, considerado o nível socioeconômico dos educandos, de acordo com o que dispuser lei estadual; e

III - 5% (cinco por cento), em montantes iguais para todos os Municípios do Estado."

b) Constituição Federal - redação atual

Art. 158 § 2º - não há

c) Síntese

As parcelas da receita estadual do IBS, pertencentes aos Municípios serão creditadas conforme os seguintes critérios:

I - 85% (oitenta e cinco por cento), no mínimo, na proporção da população;

II - 10% (dez por cento), com base em indicadores de melhoria nos resultados de aprendizagem e de aumento da equidade, considerado o nível socioeconômico dos educandos, de acordo com o que dispuser lei estadual; e

III - 5% (cinco por cento), em montantes iguais para todos os Municípios do Estado.

d) Análise - Comentários

25% da parcela estadual do IBS arrecadada por cada Estado, que pertence aos Municípios, será rateada entre eles na mesma proporção adotada com o ICMS, ora vigente.

Regulamentação Constitucional

a) PEC 45/2019 Art. 20 - vigência: imediata

"Art. 19. Os Estados e o Distrito Federal poderão instituir contribuição sobre produtos primários e semielaborados, produzidos nos respectivos territórios, para investimento em obras de infraestrutura e habitação, em substituição a contribuição a fundos estaduais, estabelecida como condição à aplicação de diferimento, regime especial ou outro tratamento diferenciado, relacionados com o imposto de que trata o art. 155, II, da Constituição Federal, prevista na respectiva legislação estadual em 30 de abril de 2023.

Parágrafo único. O disposto neste artigo aplica-se até 31 de dezembro de 2043."

b) Constituição Federal - redação atual

Não há.

c) Síntese

Este artigo dá poder aos Estados e Distrito Federal de instituir um tributo: a Contribuição sobre Produtos Primários e Semielaborados produzidos nos respectivos territórios, mas somente EM SUBSTITUIÇÃO à eventual existência de alguma Contribuição a fundos estaduais instituída por legislação estadual até 30/04/2023, contribuição essa instituída como condição à aplicação de diferimento, regime especial ou outro tratamento diferenciado relacionados com o ICMS.

Essa regulamentação será aplicada até 31 de dezembro de 2043.

d) Análise - Comentários

Temos aqui algumas inovações: instituição de Contribuição Estadual e tributo cumulativo, beneficiando somente alguns estados da federação.

Seria interessante analisar se este tributo se enquadra no tema Reforma Tributária.

O texto constitucional autorizará, quando aprovada a PEC 45/2019, somente alguns Estados a instituir um tributo, a Contribuição sobre Produtos Primários e Semielaborados.

De fato, estão autorizados a instituir este tributo, os Estados que instituíram anteriormente a 30/04/2023, por lei estadual, Contribuição a fundos estaduais, estabelecida como condição à aplicação de diferimento, regime especial ou outro tratamento diferenciado, relacionados com o ICMS.

Mário Bonafé Jr.

Assim, para poder usufruir de diferimento do ICMS ou de regime especial ou tratamento diferenciado referente ao ICMS, o contribuinte teria que aderir ao pagamento desta contribuição, adesão opcional, portanto.

Essa regulamentação será aplicada até 31 de dezembro de 2043, ou seja, os Estados elegíveis poderão instituir essa Contribuição até 31/12/2043.

Entretanto, observa-se que, se atualmente já existe contribuição estadual deste teor, este artigo parece ser supérfluo na proposta de reforma tributária do Brasil.

Mário Bonafé Jr.

Capítulo 14 - TRIBUTOS MUNICIPAIS

Outras disposições sobre Tributos Municipais no capítulo referente ao IBS.

Art. 145 § 3°

a) PEC 45/2019 Art. 1° - vigência: imediata

"Art. 145 ......

§ 3° O Sistema Tributário Nacional deve observar os princípios da simplicidade, da transparência, da justiça tributária e do equilíbrio e da defesa do meio ambiente."

b) Constituição Federal - redação atual

Art. 145 § 3° - não há

c) Síntese

O Sistema Tributário Nacional deve observar os princípios da simplicidade, da transparência, da justiça tributária e do equilíbrio e da defesa do meio-ambiente."

Art. 149-A

a) PEC 45/2019 Art. 1° - vigência: imediata

"Art. 149-A. Os Municípios e o Distrito Federal poderão instituir contribuição, na forma das respectivas leis, para o custeio, a expansão e a melhoria do serviço de iluminação pública, observado o disposto no art. 150, I e III."

b) Constituição Federal - redação atual

Art. 149-A - não há

c) Síntese

Os Municípios e o Distrito Federal poderão instituir tributos para custeio, expansão e melhoria da iluminação pública, na forma das respectivas leis. observando que:

- os fatos geradores não serão retroativos, mas somente ocorrerão após o início de vigência da lei;
- a cobrança do tributo não poderá ser no mesmo exercício da publicação da lei;
- tenha decorrido pelo menos noventa dias após a publicação da lei.

Art. 150 VI "b

a) PEC 45 Art. 1º - vigência: imediata

"Art. 150 ... VI - ...

b) entidades religiosas, templos de qualquer culto, inclusive suas organizações assistenciais e beneficentes;"

b) Constituição Federal - redação atual

Art. 150 inc VI "b" - templos de qualquer culto;

c) Síntese

A Constituição veda à União, aos Estados, ao Distrito Federal e aos Municípios, a criação de tributos a templos de qualquer culto. Nesta proposta de alteração constitucional, a vedação passa a beneficiar também entidades religiosas e suas organizações assistenciais e beneficentes.

Art. 150 § 1º

a1) PEC 45/2019 Art. 1º - vigência: imediata

"§ 1º A vedação do inciso III, 'b', não se aplica aos tributos previstos nos arts. 148, I, 153, I, II, IV, V e VIII, e 154, II, e a vedação do inciso III, 'c', não se aplica aos tributos previstos nos arts. 148, I, 153, I, II, III e V, e 154, II, nem à fixação da base de cálculo dos impostos previstos nos arts. 155, III, e 156, I."

Art. 150 § 1º

a2) PEC 45/2019 Art. 4º - vigência: 2033

"Art. 150 ...

...

§ 1º A vedação do inciso III, "b", não se aplica aos tributos previstos nos arts. 148, I; 153, I, II, V e VIII; e 154, II; e a vedação do inciso III, "c", não se aplica aos tributos previstos nos arts. 148, I; 153, I, II, III e V; e 154, II, nem à fixação da base de cálculo dos impostos previstos nos arts. 155, III, e 156, I."

b) Constituição Federal - redação atual

"Art. 150 § 1º - A vedação do inciso III, b, não se aplica aos tributos previstos nos arts. 148, I, 153, I, II, IV e V; e 154, II; e a vedação do inciso III, c, não se aplica aos tributos previstos nos arts. 148, I, 153, I, II, III e V; e 154, II, nem à fixação da base de cálculo dos impostos previstos nos arts. 155, III, e 156, I."

c) Síntese

Podem ser cobrados, no mesmo ano em que foram instituídos ou majorados, os tributos:

- Empréstimos Compulsórios para atender a despesas extraordinárias, decorrentes de calamidade pública, de guerra externa ou sua iminência;

Mário Bonafé Jr.

- Imposto sobre a Importação;
- Imposto sobre a Exportação;
- Imposto sobre Produtos Industrializados (até 31/12/2032);
- Imposto sobre operações de crédito, câmbio e seguro, ou relativas a títulos ou valores mobiliários;
- IBSP - Imposto sobre produção, comercialização ou importação de bens e serviços prejudiciais à saúde ou ao meio-ambiente;
- Imposto extraordinário na iminência ou no caso de guerra externa.

Podem ser cobrados, sem aguardar o prazo de 90 dias após serem instituídos ou majorados, os tributos:

- Empréstimos Compulsórios para atender a despesas extraordinárias, decorrentes de calamidade pública, de guerra externa ou sua iminência;
- Imposto sobre a Importação;
- Imposto sobre a Exportação;
- Imposto sobre a Renda e Proventos de qualquer natureza (IR);
- Imposto sobre operações de crédito, câmbio e seguro, ou relativas a títulos ou valores mobiliários;
- Imposto extraordinário na iminência ou no caso de guerra externa.

Podem ser cobrados, sem aguardar o prazo de 90 dias após fixação da base de cálculo, os tributos:

- Imposto sobre a propriedade de veículos automotores (IPVA);
- Imposto sobre a Propriedade Territorial Urbana (IPTU).

d) Análise - Comentários

A cobrança pode ser imediata, após serem instituídos ou majorados, os impostos:

- Empréstimos Compulsórios para atender a despesas extraordinárias, decorrentes de calamidade pública, de guerra externa ou sua iminência;
- Imposto sobre a Importação;
- Imposto sobre a Exportação;
- Imposto sobre operações de crédito, câmbio e seguro, ou relativas a títulos ou valores mobiliários;
- Imposto extraordinário na iminência ou no caso de guerra externa.

Pode ser feita no dia 1º de janeiro do ano imediatamente posterior à sua instituição ou majoração, a cobrança do Imposto sobre a Renda e Proventos de qualquer natureza (IR).

Pode ser feita no dia 1º de janeiro do ano imediatamente posterior à instituição ou majoração da base de cálculo, a cobrança do Imposto sobre a propriedade de veículos automotores (IPVA) e do Imposto sobre a Propriedade Territorial Urbana (IPTU).

A cobrança do Imposto sobre produção, comercialização ou importação de bens e serviços prejudiciais à saúde ou ao meio-ambiente e do Imposto sobre Produtos Industrializados (IPI), pode ser feita 90 dias após ser instituído ou majorado. No caso do IPI a regra é válida até sua extinção em 31/12/2032.

Art. 150 § 6º

a) PEC 45/2019 Art. 4º - vigência: 2033

"Art. 150 ...

...

§ 6º Qualquer subsídio ou isenção, redução de base de cálculo, concessão de crédito presumido, anistia ou remissão, relativos a impostos, taxas ou contribuições, só poderá ser concedido mediante lei específica, federal, estadual ou municipal, que regule exclusivamente as matérias acima enumeradas ou o correspondente tributo ou contribuição."

b) Constituição Federal - redação atual

Art. 150 § 6º Qualquer subsídio ou isenção, redução de base de cálculo, concessão de crédito presumido, anistia ou remissão, relativos a impostos, taxas ou contribuições, só poderá ser concedido mediante lei específica, federal, estadual ou municipal, que regule exclusivamente as matérias acima enumeradas ou o correspondente tributo ou contribuição, sem prejuízo do disposto no art. 155, § 2.º, XII, g.

c) Síntese

Na redação proposta suprimiu-se a citação "sem prejuízo do disposto no art. 155, § 2.º, XII, g" uma vez que este dispositivo estará revogado em 2033.

d) Análise - Comentários

Este parágrafo deve ser analisado observando os artigos 156-A § 1º inciso X e 195 § 15 que determinam que o IBS e a CBS não serão objeto de concessão de incentivos e de benefícios financeiros ou fiscais, ou de regimes específicos, diferenciados ou favorecidos de tributação, excetuadas as hipóteses previstas na Constituição

Art. 153 § 6º

a1) PEC 45/2019 Art. 1º - vigência: imediata

"§ 6º O imposto previsto no inciso VIII:

I - não incidirá sobre as exportações;

II - integrará a base de cálculo dos tributos previstos nos arts. 155, II, 156, III, 156-A e 195, V; e

III - poderá ter o mesmo fato gerador e a mesma base de cálculo de outros tributos."

Art. 153 § 6°

a2) PEC 45/2019 Art. 4° - vigência: imediata

"Art. 153 ... § 6°...

II - integrará a base de cálculo dos tributos previstos nos arts. 156-A e 195, V; e"

b) Constituição Federal - redação atual

Art. 153 § 6° - não há

c) Síntese

O Imposto sobre a produção, importação ou comercialização de bens e serviços prejudiciais à saúde ou ao meio-ambiente:

- não incidirá sobre as exportações
- integrará a base de cálculo dos tributos: ICMS (até 31/12/2032), ISS (até 31/12/2032), IBS e CBS
- poderá ter o mesmo fato gerador e base de cálculo de outros tributos.

Art. 156 III

a) PEC 45/2019 Art 20 - vigência: imediata

"Art. 20. Ficam revogados:

...

II - em 2033:

a) os arts. 153, IV e § 3°, 155, II e §§ 2° a 5°, 156, III e § 3°, 158, IV, 'a', e § 1°, e 161, I, todos da Constituição Federal;"

b) Constituição Federal - redação atual

Art. 156 - Compete aos Municípios instituir impostos sobre:

...

III - serviços de qualquer natureza, não compreendidos no art. 155, II, definidos em lei complementar.

c) Síntese

Fica revogado o inc III, que dava aos Municípios a competência para instituir o ISS.

d) Análise - Comentários

A partir de 2033 fica revogada a competência dos Municípios para instituir o ISS.

Art. 156 § 1° III

a) PEC 45/2019 Art. 1° - vigência: imediata

"Art. 156. ...

§ 1º...

III - ter sua base de cálculo atualizada pelo Poder Executivo, conforme critérios estabelecidos em lei municipal."

b) Constituição Federal - redação atual

Art. 156 § 1º III - não há

c) Síntese

Lei Municipal estabelecerá critérios para o Poder Executivo atualizar a base de cálculo do IPTU.

d) Análise - Comentários

Os critérios de atualização da base de cálculo do IPTU poderão ser estabelecidos por Lei Municipal.

O Poder Executivo do Município pode atualizá-la periodicamente baseando-se nesses critérios, independentemente de eventual progressividade na cobrança do imposto devido à sua não edificação ou subutilização ou não utilização, desde que o Município tenha um plano diretor e haja lei específica nesse sentido incluída nesse plano (artigo 182 § 4º II da Constituição Federal). A atualização na base de cálculo terá - vigência no exercício seguinte à sua majoração, não se aplicando a vedação de cobrança em prazo inferior a 90 dias (artigo 150 §1º da Constituição Federal).

Art. 156 § 3º

a2) PEC 45/2019 Art 20 - vigência: imediata

"Art. 20. Ficam revogados: ...

II - em 2033:

a) os arts. 153, IV e § 3º, 155, II e §§ 2º a 5º, 156, III e § 3º, 158, IV, 'a', e § 1º, e 161, I, todos da Constituição Federal;"

b) Constituição Federal - redação atual

Art. 156 ...

§ 3º Em relação ao imposto previsto no inciso III do caput deste artigo, cabe à lei complementar:

I - fixar as suas alíquotas máximas e mínimas;

II - excluir da sua incidência exportações de serviços para o exterior.

III - regular a forma e as condições como isenções, incentivos e benefícios fiscais serão concedidos e revogados.

c) Síntese

O § 3º do artigo 156 fica revogado partir de 2033, uma vez que se refere ao ISS - imposto sobre serviços de qualquer natureza, também revogado a partir daquela data.

Capítulo 15 - ATIVIDADES ECONÔMICAS

Art. 155 § 3º

a1) PEC 45/2019 Art. 1º - vigência: imediata

"§ 3º À exceção dos impostos de que tratam o inciso II do caput deste artigo e os arts. 153, I, II e VIII, e 156-A, nenhum outro imposto poderá incidir sobre operações relativas a energia elétrica, serviços de telecomunicações, derivados de petróleo, combustíveis e minerais do País."

Art. 155 § 3º

a) PEC 45/2019 Art 20 - vigência: imediata

"Art. 20. Ficam revogados: ...

II - em 2033:

a) os arts. 153, IV e § 3º, 155, II e §§ 2º a 5º, 156, III e § 3º, 158, IV, 'a', e § 1º, e 161, I, todos da Constituição Federal;"

b) Constituição Federal - redação atual

"Art. 155 § 3º - À exceção dos impostos de que tratam o inciso II do caput deste artigo e o art. 153, I e II, nenhum outro imposto poderá incidir sobre operações relativas a energia elétrica, serviços de telecomunicações, derivados de petróleo, combustíveis e minerais do País."

c) Síntese

Até 31/12/2032, sobre as operações relativas a energia elétrica, serviços de telecomunicações, derivados de petróleo, combustíveis e minerais do País, somente incidirão os impostos:

- ICMS (até 31/12/2032)
- Imposto sobre Importação
- Imposto sobre Exportação
- Imposto sobre produção, comercialização ou importação de bens e serviços prejudiciais à saúde ou ao meio-ambiente,
- IBS

d) Análise - Comentários

Até 31/12/2032, somente os impostos acima relacionados poderão incidir sobre a energia elétrica, serviços de telecomunicações, derivados de petróleo, combustíveis e minerais do País.

Esse dispositivo fica revogado em 2033, conforme o artigo 20da PEC 45/2019.

Pelo que se infere da redação enfocada, sendo revogada essa limitação de incidência de impostos a partir de 2033, outros poderão incidir após essa data.

Art. 155 § 4º

a) PEC 45/2019 Art 20 - vigência: imediata

"Art. 20. Ficam revogados:

...

II - em 2033:

a) os arts. ..., 155, II e §§ 2º a 5º, ..., todos da Constituição Federal;"

b) Constituição Federal - redação atual

"Art. 155 ...

§ 4º Na hipótese do inciso XII, h , observar-se-á o seguinte:

I - nas operações com os lubrificantes e combustíveis derivados de petróleo, o imposto caberá ao Estado onde ocorrer o consumo;

II - nas operações interestaduais, entre contribuintes, com gás natural e seus derivados, e lubrificantes e combustíveis não incluídos no inciso I deste parágrafo, o imposto será repartido entre os Estados de origem e de destino, mantendo-se a mesma proporcionalidade que ocorre nas operações com as demais mercadorias;

III - nas operações interestaduais com gás natural e seus derivados, e lubrificantes e combustíveis não incluídos no inciso I deste parágrafo, destinadas a não contribuinte, o imposto caberá ao Estado de origem;

IV - as alíquotas do imposto serão definidas mediante deliberação dos Estados e Distrito Federal, nos termos do § 2º, XII, g , observando-se o seguinte:

a) serão uniformes em todo o território nacional, podendo ser diferenciadas por produto;

b) poderão ser específicas, por unidade de medida adotada, ou ad valorem, incidindo sobre o valor da operação ou sobre o preço que o produto ou seu similar alcançaria em uma venda em condições de livre concorrência;

c) poderão ser reduzidas e restabelecidas, não se lhes aplicando o disposto no art. 150, III, b."

c) Síntese

O § 4º do artigo 155 da Constituição refere-se ao inciso XII, "h" do parágrafo 2º. Como este parágrafo estará revogado em 2033, fica também revogado o §4º.

Art. 155 § 5º

a2) PEC 45/2019 Art 20 - vigência: imediata

"Art. 20. Ficam revogados:

II - em 2033:

a) os arts. ... 155, ... §§ 2º a 5º..., todos da Constituição Federal;"

b) Constituição Federal - redação atual

"Art. 155 ...

§ 5º As regras necessárias à - vigência do disposto no § 4º, inclusive as relativas à apuração e à destinação do imposto, serão estabelecidas mediante deliberação dos Estados e do Distrito Federal, nos termos do § 2º, XII, g."

c) Síntese

Fica revogado o § 5º do artigo 155 da constituição, uma vez que refere-se aos parágrafos 2º e 4º,também revogados.

Art. 156-A § 1º XI

a) PEC 45/2019 Art. 1º - vigência: imediata

"XI - não incidirá nas prestações de serviço de comunicação nas modalidades de radiodifusão sonora e de sons e imagens de recepção livre e gratuita; e"

b) Constituição Federal - redação atual

Art. 156-A § 1º XI - não há

c) Síntese

O IBS não incidirá nas prestações de serviço de comunicação nas modalidades de radiodifusão sonora e de sons e imagens de recepção livre e gratuita.

d) Análise - Comentários

O IBS não incidirá sobre os serviços de comunicação das TVs abertas ou emissoras de rádio. A imunidade em questão implica a anulação do crédito relativo às operações anteriores, salvo se houver previsão em contrário em Lei Complementar.

Art. 156-A § 5º V "a"

a) PEC 45/2019 Art. 1º - vigência: imediata

"V - os regimes específicos de tributação para:

a) combustíveis e lubrificantes sobre os quais o imposto incidirá uma única vez, qualquer que seja a sua finalidade, hipótese em que:

1. serão uniformes as alíquotas em todo o território nacional, podendo ser específicas, por unidade de medida, e diferenciadas por produto, admitida a não aplicação do disposto no § 1º, V a VII;

2. será vedada a apropriação de créditos em relação às aquisições dos produtos de que trata esta alínea destinados a distribuição, comercialização ou revenda; e

3. será concedido crédito nas aquisições dos produtos de que trata esta alínea por contribuinte do imposto, observado o disposto no item 2 e no § 1º, VIII;"

b) Constituição Federal - redação atual

Art. 156-A § 5º V "a"- não há

c) Síntese

A lei complementar disporá sobre regimes específicos de tributação do IBS para Combustíveis e Lubrificantes.

Para esses produtos o IBS incidirá uma só vez, podendo haver uma alíquota para cada produto. Essa alíquota será uniforme em todo território nacional, não se aplicando as alíquotas fixadas pelos entes federados.

Na distribuição, comercialização ou revenda desses produtos não será admitida a apropriação do crédito do IBS.

A apropriação do crédito será permitida para contribuintes do IBS, desde que não seja para distribuição, comercialização ou revenda.

d) Análise - Comentários

A lei complementar irá definir o regime específico de tributação para combustíveis e lubrificantes, sendo que o IBS incidirá uma única vez.

As alíquotas serão uniformes em todo território nacional, não sendo aplicadas as fixadas pelos entes federados.

Fica vedado o crédito do imposto, se a aquisição for feita para distribuição, comercialização ou revenda. Nos demais casos de aquisição por contribuinte do IBS, será permitido o crédito.

Art. 156-A § 5º V "b"

a) PEC 45/2019 Art. 1º - vigência: imediata

"b) serviços financeiros, operações com bens imóveis, planos de assistência à saúde e concursos de prognósticos, podendo prever:

1. alterações nas alíquotas, nas regras de creditamento e na base de cálculo, admitida, em relação aos adquirentes dos bens e serviços de que trata esta alínea, a não aplicação do disposto no § 1º, VIII;

Mário Bonafé Jr.

2. hipóteses em que o imposto será calculado com base na receita ou no faturamento, com alíquota uniforme em todo o território nacional, admitida a não aplicação do disposto no § 1º, V a VII, e, em relação aos adquirentes dos bens e serviços de que trata esta alínea, também do disposto no § 1º, VIII; "

b) Constituição Federal - redação atual

Art. 156-A § 5º V "b"- não há

c) Síntese

Lei Complementar disporá sobre regime específico de tributação do IBS para:

Serviços Financeiros

Operações com Bens Imóveis

Planos de Assistência à Saúde

Concursos de Prognósticos

Lei Complementar disporá sobre essas operações, podendo prever alterações nas alíquotas aplicáveis, alteração nas regras de creditamento e alteração na base de cálculo. Determinará também as hipóteses em que o IBS incidirá sobre a receita ou faturamento, com alíquota uniforme em todo o país, não se aplicando as alíquotas fixadas pelos entes federados.

Em relação aos adquirentes dos bens e serviços, poderá não ser aplicado, também, o princípio da não-cumulatividade do IBS.

Regulamentação Constitucional

ref.: Art. 156-A § 5º V "b"

a) PEC 45/2019 Art. 10 I - vigência: imediata

"Art. 10 - Para fins do disposto no art. 156-A, § 5º, V, 'b', da Constituição Federal, consideram-se:

I - serviços financeiros:

a) operações de crédito, câmbio, seguro, resseguro, consórcio, arrendamento mercantil, faturização, securitização, previdência privada, capitalização, arranjos de pagamento, operações com títulos e valores mobiliários, inclusive negociação e corretagem, e outras que impliquem captação, repasse, intermediação, gestão ou administração de recursos; e

b) outros serviços prestados por entidades administradoras de mercados organizados, infraestruturas de mercado e depositárias centrais, e por instituições autorizadas a funcionar pelo Banco Central do Brasil, na forma de lei complementar; "

b) Síntese

Lei Complementar disporá sobre regime específico de tributação do IBS para os serviços financeiros que seguem relacionados:

a) operações de crédito, câmbio, seguro, resseguro, consórcio, arrendamento mercantil, faturização, securitização, previdência privada, capitalização, arranjos de pagamento, operações com títulos e valores mobiliários, inclusive negociação e corretagem, e outras que impliquem captação, repasse, intermediação, gestão ou administração de recursos; e

b) outros serviços prestados por entidades administradoras de mercados organizados, infraestruturas de mercado e depositárias centrais, e por instituições autorizadas a funcionar pelo Banco Central do Brasil, na forma de lei complementar.

Regulamentação Constitucional

ref.: Art. 156-A § 5º V "b"

a) PEC 45/2019 Art. 10 II - vigência: imediata

"Art. 10 II - operações com bens imóveis:

a) construção e incorporação imobiliária;

b) parcelamento do solo e alienação de bem imóvel;

c) locação e arrendamento de bem imóvel; e

d) administração e intermediação de bem imóvel."

b) Síntese

Lei Complementar disporá sobre regime específico de tributação do IBS para as operações com bens imóveis que seguem relacionadas:

a) construção e incorporação imobiliária;

b) parcelamento do solo e alienação de bem imóvel;

c) locação e arrendamento de bem imóvel; e

d) administração e intermediação de bem imóvel

Regulamentação Constitucional

ref.: Art. 156-A § 5º V "b"

a) PEC 45/2019 Art. 10 § Único - vigência: imediata

"Art. 10 Parágrafo único. Em relação às instituições financeiras bancárias:

I - não se aplica o regime específico de que trata o art. 156-A, § 5º, V, 'b', da Constituição Federal aos serviços remunerados por tarifas e comissões, observado o disposto nas normas expedidas pelas entidades reguladoras; e"

Mário Bonafé Jr.

II - os demais serviços financeiros sujeitam-se ao regime específico de que trata o art. 156-A, § 5º, V, 'b', da Constituição Federal, devendo as alíquotas e a base de cálculo ser definidas de modo a não elevar o custo das operações de crédito relativamente à tributação da receita decorrente de tais serviços na data da promulgação desta Emenda Constitucional."

b) Síntese

Em relação às instituições financeiras bancárias:

O regime específico de tributação do IBS a ser regulamentado por lei complementar não se aplica aos serviços remunerados por tarifas e comissões relacionados a instituições financeiras bancárias, observado o disposto nas normas expedidas pelas entidades reguladoras.

Os demais serviços financeiros realizados por instituições financeiras bancárias sujeitam-se a regime específico de tributação do IBS a ser regulamentado por Lei Complementar, devendo as alíquotas e a base de cálculo ser definidas de modo a não elevar o custo das operações de crédito relativamente à tributação da receita decorrente de tais serviços na data da promulgação desta Emenda Constitucional.

Art. 156-A § 5º V "c"

a) PEC 45/2019 Art. 1º - vigência: imediata

"c) operações contratadas pela administração pública direta, por autarquias e por fundações públicas, podendo prever hipóteses de:

1. não incidência do imposto e da contribuição prevista no art. 195, V, admitida a manutenção dos créditos relativos às operações anteriores; e

2. destinação integral do produto da arrecadação do imposto e da contribuição prevista no art. 195, V, ao ente federativo contratante, mediante redução a zero das alíquotas dos demais entes e elevação da alíquota do ente contratante em idêntico montante;"

b) Constituição Federal - redação atual

Art. 156-A § 5º V "c"- não há

c) Síntese

Lei Complementar disporá sobre regime específico de tributação do IBS sobre operações contratadas pela administração pública direta, por autarquias e por fundações públicas. Este regime de tributação:

- poderá prever a possibilidade de não incidência do IBS e da CBS, podendo ser mantidos os créditos relativos a operações anteriores;
- poderá prever a possibilidade de destinação integral do valor do IBS e da CBS arrecadados ao ente federativo contratante. Neste caso, as alíquotas dos demais entes serão reduzidas a zero e a alíquota do ente contratante será elevada em igual montante.

d) Análise - Comentários

A lei complementar disporá sobre o regime específico de tributação sobre operações contratadas por entidades relacionadas à administração pública.

Assim, poderá haver a não incidência do IBS e da CBS nas operações em questão. Neste caso, os créditos dos fornecedores de produtos e serviços, referentes a operações anteriores, poderá ser mantido.

Há também a possibilidade de destinar a arrecadação integral do IBS e da CBS ao ente federado contratante, ou seja:

- As operações contratadas por entidades relacionadas com a administração pública federal terão a alíquota do IBS reduzida a zero e o montante correspondente destinado integralmente à União.

- As operações contratadas por entidades relacionadas com a administração pública estadual terão a parcela municipal da alíquota do IBS reduzida a zero e a parcela estadual elevada no mesmo valor, sendo que o montante da CBS federal teria destinação integral ao Estado em questão.

- As operações contratadas por entidades relacionadas com a administração pública municipal terão a parcela estadual da alíquota do IBS reduzida a zero e a parcela municipal elevada no mesmo valor, sendo que o montante da CBS federal teria destinação integral ao Município em questão.

Art. 156-A § 5º V "d"

a) PEC 45/2019 Art. 1º - vigência: imediata

"d) sociedades cooperativas, que será optativo, com vistas a assegurar sua competitividade, observados os princípios da livre concorrência e da isonomia tributária, definindo, inclusive:

1. as hipóteses em que o imposto não incidirá sobre as operações realizadas entre a sociedade cooperativa e seus associados, entre estes e aquela e pelas sociedades cooperativas entre si quando associadas para a consecução dos objetivos sociais; e

2. o regime de aproveitamento do crédito das etapas anteriores;"

b) Constituição Federal - redação atual

Art. 156-A § 5º V "d" - não há

c) Síntese

Lei Complementar disporá sobre regime específico de tributação do IBS para sociedades cooperativas, que será optativo, definindo as hipóteses em que o IBS não incidirá sobre as operações realizadas entre a sociedade cooperativa e seus associados e entre sociedades cooperativas associadas para a consecução dos objetivos sociais. A lei complementar deverá também dispor sobre o regime de aproveitamento do crédito das etapas anteriores.

d) Análise - Comentários

Na redação dada temos: "... operações realizadas entre a sociedade cooperativa e seus associados, entre estes e aquela ...".

"Operações entre a cooperativa e seus associados" e "entre os associados e a cooperativa" parece ser a mesma coisa.

Talvez o legislador quisesse dizer "... operações realizadas entre a sociedade cooperativa e seus associados, bem como as realizadas entre os seus associados ..." - a conferir.

Art. 156-A § 5º V "e"

a) PEC 45/2019 Art. 1º - vigência: imediata

"e) serviços de hotelaria, parques de diversão e parques temáticos, bares e restaurantes e aviação regional, podendo prever hipóteses de alterações nas alíquotas e nas regras de creditamento, admitida a não aplicação do disposto no § 1º, V a VIII;"

b) Constituição Federal - redação atual

Art. 156-A § 5º V "e" - não há

c) Síntese

Lei Complementar disporá sobre regimes específicos de tributação do IBS para serviços de hotelaria, parques de diversão e parques temáticos, restaurantes e aviação regional. Nestes casos poderá haver alteração das alíquotas, não se aplicando as alíquotas fixadas pelos entes federados. Poderá não ser aplicado, também, o dispositivo da não-cumulatividade do IBS.

Art. 156-A § 5º VI

a) PEC 45/2019 Art. 1º - vigência: imediata

"VI - a forma como poderá ser reduzido o impacto do imposto sobre a aquisição de bens de capital pelo contribuinte;"

b) Constituição Federal - redação atual

Art. 156-A § 5º VI - não há

c) Síntese

Lei Complementar disporá sobre a forma de reduzir o impacto do IBS sobre a aquisição de bens de capital.

d) Análise - Comentários

Lei Complementar deverá definir como reduzir o impacto da incidência do IBS sobre aquisição de bem de capital.

Art. 156-A § 5º IX
a) PEC 45/2019 Art. 1º - vigência: imediata

"IX - as hipóteses de diferimento do imposto aplicáveis aos regimes aduaneiros especiais e às zonas de processamento de exportação."

b) Constituição Federal - redação atual

Art. 156-A § 5º IX - não há

c) Síntese

Lei Complementar definirá em que hipóteses haverá diferimento do pagamento do IBS aplicáveis a regimes aduaneiros especiais e às zonas de processamento de exportação.

Art. 225 § 1º VIII
a) PEC 45/2019 Art. 1º - vigência: imediata

"Art. 225 ...

...

VIII - manter regime fiscal favorecido para os biocombustíveis, na forma de lei complementar, a fim de assegurar-lhes tributação inferior à incidente sobre os combustíveis fósseis, capaz de garantir diferencial competitivo em relação a estes, especialmente em relação às contribuições de que tratam o art. 195, I, 'b', IV e V, e o art. 239 e aos impostos a que se referem os arts. 155, II, e 156-A desta Constituição."

Art. 225 § 1º VIII
a) PEC 45/2019 Art. 3º - vigência: 2027

"Art. 225 ...

§1º ...

...

VIII - manter regime fiscal favorecido para os biocombustíveis, na forma de lei complementar, a fim de assegurar-lhes tributação inferior à incidente sobre os combustíveis fósseis, capaz de garantir diferencial competitivo em relação a estes, especialmente em relação às contribuições de que tratam o art. 195, V, e aos impostos a que se referem os arts. 155, II, e 156-A desta Constituição."

Art. 225 § 1º VIII
a) PEC 45/2019 Art. 4º - vigência: 2033

"Art. 225 ...

§ 1º

...

VIII - manter regime fiscal favorecido para os biocombustíveis, na forma de lei complementar, a fim de assegurar-lhes tributação inferior à incidente sobre os combustíveis fósseis, capaz de garantir diferencial competitivo em relação a estes, especialmente em relação às contribuições de que tratam o art. 195, V, e ao imposto a que se refere o art. 156-A desta Constituição."

b) Constituição Federal - redação atual

"Art. 225 § 1º VIII - manter regime fiscal favorecido para os biocombustíveis destinados ao consumo final, na forma de lei complementar, a fim de assegurar-lhes tributação inferior à incidente sobre os combustíveis fósseis, capaz de garantir diferencial competitivo em relação a estes, especialmente em relação às contribuições de que tratam a alínea "b" do inciso I e o inciso IV do caput do art. 195 e o art. 239 e ao imposto a que se refere o inciso II do caput do art. 155 desta Constituição."

c) Síntese

Para assegurar a manutenção de um meio-ambiente ecologicamente equilibrado, o Poder Público manterá regime especial favorecido para biocombustíveis, na forma de Lei Complementar, com tributação inferior à incidente sobre combustíveis fósseis, sobretudo em relação aos tributos:

- Contribuição Social sobre a receita ou faturamento das empresas (até 31/12/2026)
- Contribuição social na importação de bens ou serviços (até 31/12/2026)
- CBS
- PIS (até 31/12/2026)
- ICMS (até 31/12/2032)
- IBS

d) Análise - Comentários

Será mantido um regime especial de tributação sobre biocombustíveis, prevendo tributação inferior à incidente sobre combustíveis fósseis, nos termos do artigo 225: "Todos têm direito ao meio-ambiente ecologicamente equilibrado ... § 1º Para assegurar a efetividade desse direito, incumbe ao Poder Público: ... VIII - manter regime fiscal favorecido para os biocombustíveis ...". Assim, as alíquotas do IBS e da CBS deverão ser menores para os biocombustíveis.

Regulamentação Constitucional

ref.: artigo 6º da Constituição Federal

a) PEC 45/2019 Art. 8º - vigência: imediata

"Fica criada a Cesta Básica Nacional de Alimentos, em observância ao direito social à alimentação previsto no art. 6º da Constituição Federal.

Parágrafo único. Lei complementar definirá os produtos destinados à alimentação humana que comporão a Cesta Básica Nacional de Alimentos, sobre os quais as alíquotas dos tributos previstos nos arts. 156-A e 195, V, da Constituição Federal serão reduzidas a zero."

b) Síntese

Esta Emenda Constitucional institui a Cesta Básica Nacional, composta de produtos destinados à alimentação humana a serem elencados em lei complementar, cujas alíquotas do IBS e da CBS serão iguais a zero.

c) Análise - Comentários

Considerando que a alíquota da CBS, constante no Projeto de Lei nº 3887/2020, será de 12% e a alíquota média nacional do IBS poderá ser por volta de 15%, todas as operações com bens e serviços serão tributadas por estes tributos em cerca de 27%.

Fica, portanto, justificável a providência de reduzir a zero as alíquotas da Cesta Básica Nacional.

Regulamentação Constitucional

a) PEC 45/2019 Art. 9º - vigência: imediata

"A lei complementar que instituir o imposto de que trata o art. 156-A e a contribuição de que trata o art. 195, V, ambos da Constituição Federal, poderá prever os regimes diferenciados de tributação de que trata este artigo, desde que sejam uniformes em todo o território nacional e sejam realizados os respectivos ajustes nas alíquotas de referência com vistas a reequilibrar a arrecadação da esfera federativa."

b) Síntese

A lei complementar que instituir o IBS e a CBS poderá prever regimes diferenciados de tributação para os serviços e produtos relacionados no § 1º, desde que sejam uniformes em todo o território nacional e sejam reajustadas as alíquotas destes tributos de forma a reequilibrar a arrecadação da esfera federativa.

c) Análise - Comentários

Para aliviar a carga tributária do IBS e da CBS para alguns setores sensíveis, como a saúde, o ensino, o transporte público, a agropecuária, fica prevista uma lei complementar instituindo regimes diferenciados de tributação contemplando estes setores. Estes regimes devem ser uniformes em todo território nacional.

Tendo em vista que esses regimes diferenciados de tributação irão reduzir o montante arrecadado com o IBS e com a CBS, na fixação de suas alíquotas deverão ser feitos ajustes, aumentando, portanto, as referidas alíquotas, para reequilibrar a arrecadação. Nota-se, novamente, a preocupação do legislador em não diminuir a arrecadação.

Regulamentação Constitucional

ref.: artigos 156-A e 195 V

a) PEC 45/2019 - Art. 9º § 1º

"§ 1º Lei complementar definirá as operações com bens ou serviços sobre as quais as alíquotas dos tributos de que trata o caput serão reduzidas em 60% (sessenta por cento), referentes a:

I - serviços de educação;

II - serviços de saúde;

III - dispositivos médicos e de acessibilidade para pessoas com deficiência;

IV - medicamentos e produtos de cuidados básicos à saúde menstrual;

V - serviços de transporte coletivo de passageiros rodoviário, ferroviário e hidroviário, de caráter urbano, semiurbano, metropolitano, intermunicipal e interestadual;

VI - produtos agropecuários, aquícolas, pesqueiros, florestais e extrativistas vegetais in natura;

VII - insumos agropecuários e aquícolas, alimentos destinados ao consumo humano e produtos de higiene pessoal; e

VIII - produções artísticas, culturais, jornalísticas e audiovisuais nacionais e atividades desportivas;

IX - bens e serviços relacionados a segurança e soberania nacional, segurança da informação e segurança cibernética;

§ 2º É vedada a fixação de percentual de redução distinto do previsto no § 1º em relação às hipóteses nele previstas."

b) Síntese

A lei complementar que instituir o IBS e a CBS poderá prever os regimes diferenciados de tributação que contará obrigatoriamente com redução de 60% das alíquotas do IBS e da CBS e beneficiará operações, a serem definidas, referentes aos setores:

I - serviços de educação;

II - serviços de saúde;

III - dispositivos médicos e de acessibilidade para pessoas com deficiência;

IV - medicamentos e produtos de cuidados básicos à saúde menstrual;

V - serviços de transporte coletivo de passageiros rodoviário, ferroviário e hidroviário, de caráter urbano, semiurbano, metropolitano, intermunicipal e interestadual;

VI - produtos agropecuários, aquícolas, pesqueiros, florestais e extrativistas vegetais in natura;

VII - insumos agropecuários e aquícolas, alimentos destinados ao consumo humano e produtos de higiene pessoal;

VIII - produções artísticas, culturais, jornalísticas e audiovisuais nacionais e atividades desportivas; e

IX - bens e serviços relacionados a segurança e soberania nacional, segurança da informação e segurança cibernética.

Ver os parágrafos seguintes deste artigo 9º da PEC 45/2019 no capítulo LEGISLAÇÃO NECESSÁRIA.

Regulamentação Constitucional

a) PEC 45/2019 Art. 10 - vigência: imediata

"Para fins do disposto no art. 156-A, § 5º, V, 'b', da Constituição Federal, consideram-se:

I - serviços financeiros: ...

II - operações com bens imóveis: ...

Ver este artigo completo no Capítulo "IBS -Instituição" - ref.: artigo 156-A § 5º V "b".

POSFÁCIO

O sistema tributário Brasileiro, tal como implantado atualmente, torna a arrecadação do Estado onerosa (por exigir enorme estrutura), complexa, confusa e ineficiente, além de gerar uma das maiores cargas tributárias mundiais.

Há muito o sistema tributário é eleito como um dos principais entraves ao desenvolvimento econômico do país, em razão da alta burocracia, um emaranhado legislativo sobre a matéria alterado diariamente e a atuação isolada, por vezes predatória, entre os entes da federação em busca de mais receita tributária.

De fato, uma reforma do sistema era necessária e urgente, dado o impacto no ambiente de negócios e potencial de desenvolvimento do Brasil.

Os sistemas de países desenvolvidos procuram tornar a arrecadação a mais simples e objetiva possível, com poucos tributos e legislação única, ao passo que nosso sistema atual continua, como colocado, burocrático, complexo e falho, prejudicando o desenvolvimento econômico.

Houve vários avanços anteriores sobre o tema, mas de forma pontual e isolada, com avanços na legislação de entes federativos isolados, que continuam competindo na ânsia arrecadatória.

Nesse sentido, é bem-vinda e necessária a proposta de reforma tributária objeto desta obra.

Os primeiros estudos sobre o tema sugeriram uma simplificação radical, como a adoção de um imposto único ou ainda um Imposto sobre valor Agregado (IVA) somado apenas a imposto sobre a renda ou lucro. Apesar de muito coerentes, não avançaram, por afetar de forma radical a estrutura já instalada.

Posteriormente, foi apresentada a proposta original da emenda constitucional ora em comento, muito diferente da atual e que não previa a contribuição social, mas apenas a unificação de vários tributos em um só (ICMS e ISS em IBS) e a extinção de contribuições e taxas de melhoria.

No entanto, em nosso entendimento, o objetivo principal de simplificação e otimização do sistema não será alcançado, muito em razão da reforma "híbrida" que foi proposta para (tentar) atender os interesses das várias correntes políticas envolvidas no processo.

Deste modo, a proposta original foi sendo alterada e "remendada", resultando em uma proposta que, embora alcance o objetivo de iniciar a necessária reformulação do sistema tributário, não torna de fato o sistema mais simples, além de gerar efeitos colaterais graves como a concentração de poder em um conselho federativo e a manutenção de mais um tributo que deveria também ser extinto, a contribuição Social, agora chamada de CBS.

Por consequência, uma reforma que deveria simplificar o processo e alavancar o crescimento econômico poderá apenas "trocar" nomes de tributos e concentrar sua gestão financeira nas mãos de poucos burocratas do conselho federativo, com o risco de tornar a efetiva carga tributária sobre o contribuinte ainda maior do que a atual.

De fato, em alguns setores como serviços o ônus de aumento de carga é flagrante e deve ter grande impacto no desenvolvimento.

Por fim, o prazo de implementação das medidas é longo e gradual, de modo que não há como estimar a eficiência das novas previsões e impactos imediatos na economia.

Esta obra pretende, portanto, analisar e comentar, em cada artigo da emenda proposta, as vantagens e riscos trazidos pela nova legislação tributária, que contém grande paradoxo e contradição entre o objetivo declarado e o efetivamente alcançado.

Marcelo de Mello Gonçalves
Advogado

APÊNDICE 1
PEC 45/2019 – REFERÊNCIAS

Tópicos da PEC 45/2019 relacionando Assuntos e Capítulos

Capítulo	Texto da PEC 45/2019
Art. 43 § 4º 09 - BENEFÍCIOS FISCAIS 10 - LEGISLAÇÃO NECESSÁRIA 11 - TRIBUTOS EM GERAL	**Art. 1º** A Constituição Federal passa a vigorar com os seguintes artigos alterados ou acrescidos: "Art. 43. ... § 4º Sempre que possível, a concessão dos incentivos regionais a que se refere o § 2º, III, considerará critérios de preservação do meio ambiente." (NR)
Art. 61 § 3º 02 - IBS – DISPOSIÇÕES DIVERSAS 03 - CONSELHO FEDERATIVO 10 - LEGISLAÇÃO NECESSÁRIA	"Art. 61. ... § 3º A iniciativa de lei complementar que trate do imposto previsto no art. 156-A também caberá ao Conselho Federativo do Imposto sobre Bens e Serviços a que se refere o art. 156-B." (NR)
Art. 62 § 2º 11 - TRIBUTOS EM GERAL 12 - TRIBUTOS FEDERAIS	"Art. 62. ... § 2º Medida provisória que implique instituição ou majoração de impostos, exceto os previstos nos arts. 153, I, II, IV, V e VIII, e 154, II, só produzirá efeitos no exercício financeiro seguinte se houver sido convertida em lei até o último dia daquele em que foi editada. ...." (NR)
Art. 64 10 - LEGISLAÇÃO NECESSÁRIA11 - TRIBUTOS EM GERAL	"Art. 64. A discussão e votação dos projetos de lei de iniciativa do Presidente da República, do Supremo Tribunal Federal, dos Tribunais Superiores e do Conselho Federativo do Imposto sobre Bens e Serviços terão início na Câmara dos Deputados. ...." (NR)
Art. 105 I "j" 02 - IBS – DISPOSIÇÕES DIVERSAS 03 – CONSELHO FEDERATIVO	"Art. 105. .... I – .... j) os conflitos entre entes federativos, ou entre estes e o Conselho Federativo do Imposto sobre Bens e Serviços, relacionados ao imposto previsto no art. 156-A; ...." (NR)
Art. 145 § 3º 03 – CONSELHO FEDERATIVO 10 - LEGISLAÇÃO NECESSÁRIA 11 - TRIBUTOS EM GERAL 12 - TRIBUTOS FEDERAIS 13 - TRIBUTOS ESTADUAIS 14 - TRIBUTOS MUNICIPAIS	Art. 145. .... § 3º O Sistema Tributário Nacional deve observar os princípios da simplicidade, da transparência, da justiça tributária e do equilíbrio e da defesa do meio ambiente." (NR)
Art. 146 III "c" 02 - IBS – DISPOSIÇÕES DIVERSAS 05 - CBS - DISPOSIÇÕES DIVERSAS 10 - LEGISLAÇÃO NECESSÁRIA 11 - TRIBUTOS EM GERAL 13 - TRIBUTOS ESTADUAIS	"Art. 146. .... III – .... c) adequado tratamento tributário ao ato cooperativo praticado pelas sociedades cooperativas, inclusive em relação aos tributos previstos nos arts. 156-A e IBS - Normas Diversas, V; e
Art. 146 III "d" 02 - IBS – DISPOSIÇÕES DIVERSAS 05 - CBS - DISPOSIÇÕES DIVERSAS 10 - LEGISLAÇÃO NECESSÁRIA 11 - TRIBUTOS EM GERAL 12 - TRIBUTOS FEDERAIS 13 - TRIBUTOS ESTADUAIS	d) definição de tratamento diferenciado e favorecido para as microempresas e para as empresas de pequeno porte, inclusive regimes especiais ou simplificados no caso dos impostos previstos nos arts. 155, II, e 156-A, das contribuições sociais previstas no art. 195, I e V, e § 12, e da contribuição a que se refere o art. 239.

Capítulo	Texto da PEC 45/2019
Art. 146 § 2° I, II 02 - IBS – DISPOSIÇÕES DIVERSAS 05 - CBS - DISPOSIÇÕES DIVERSAS 10 - LEGISLAÇÃO NECESSÁRIA 11 - TRIBUTOS EM GERAL	§ 1° .... § 2° Na hipótese de o recolhimento dos tributos previstos nos arts. 156-A e 195, V, ser realizado por meio do regime único de que trata o § 1°, enquanto perdurar a opção: I – não será permitida a apropriação de créditos dos tributos previstos nos arts. 156-A e 195, V, pelo contribuinte optante pelo regime único; e II – será permitida ao adquirente de bens e serviços do contribuinte optante a apropriação de créditos dos tributos previstos nos arts. 156-A e 195, V, em montante equivalente ao cobrado por meio do regime único.
Art. 146 § 3° 02 - IBS – DISPOSIÇÕES DIVERSAS 05 - CBS - DISPOSIÇÕES DIVERSAS 10 - LEGISLAÇÃO NECESSÁRIA 11 - TRIBUTOS EM GERAL	§ 3° O contribuinte optante pelo regime único de que trata o § 1° poderá recolher separadamente os tributos previstos nos arts. 156-A e 195, V, não se aplicando o disposto no § 2° deste artigo, nos termos de lei complementar." (NR)
Art. 149-A 14 - TRIBUTOS MUNICIPAIS	"Art. 149-A. Os Municípios e o Distrito Federal poderão instituir contribuição, na forma das respectivas leis, para o custeio, a expansão e a melhoria do serviço de iluminação pública, observado o disposto no art. 150, I e III. ...." (NR)
Art. 149-B 02 - IBS – DISPOSIÇÕES DIVERSAS 05 - CBS - DISPOSIÇÕES DIVERSAS 09 - BENEFÍCIOS FISCAIS	"Art. 149-B. Os tributos previstos no art. 156-A e no art. 195, V, terão: I – os mesmos fatos geradores, bases de cálculo, hipóteses de não incidência e sujeitos passivos; II – as mesmas imunidades; III – os mesmos regimes específicos, diferenciados ou favorecidos de tributação; e IV – as mesmas regras de não cumulatividade e de creditamento. Parágrafo único. Para fins do disposto no inciso II, serão observadas as imunidades previstas no art. 150, VI, não se aplicando a ambos os tributos o disposto no art. 195, § 7°." (NR)
Art. 150 VI "b" 09 - BENEFÍCIOS FISCAIS 11 - TRIBUTOS EM GERAL 12 - TRIBUTOS FEDERAIS 13 - TRIBUTOS ESTADUAIS 14 - TRIBUTOS MUNICIPAIS	"Art. 150. .... VI - .... b) entidades religiosas, templos de qualquer culto, inclusive suas organizações assistenciais e beneficentes;
Art. 150 § 1° 06 - IBSP 11 - TRIBUTOS EM GERAL 12 - TRIBUTOS FEDERAIS 13 - TRIBUTOS ESTADUAIS 14 - TRIBUTOS MUNICIPAIS	§ 1° A vedação do inciso III, 'b', não se aplica aos tributos previstos nos arts. 148, I, 153, I, II, IV, V e VIII, e 154, II, e a vedação do inciso III, 'c', não se aplica aos tributos previstos nos arts. 148, I, 153, I, II, III e V, e 154, II, nem à fixação da base de cálculo dos impostos previstos nos arts. 155, III, e 156, I. ...." (NR)
Art. 153 VIII 06 - IBSP	"Art. 153. .... VIII – produção, comercialização ou importação de bens e serviços prejudiciais à saúde ou ao meio ambiente, nos termos da lei.
Art. 153 § 1° 06 - IBSP 11 - TRIBUTOS EM GERAL	§ 1° É facultado ao Poder Executivo, atendidas as condições e os limites estabelecidos em lei, alterar as alíquotas dos impostos enumerados nos incisos I, II, IV, V e VIII.
Art. 153 § 3° V 06 - IBSP 12 - TRIBUTOS FEDERAIS	§ 3° .... V – não incidirá sobre produtos tributados pelo imposto previsto no inciso VIII.
Art. 153 § 6° 02 - IBS – DISPOSIÇÕES DIVERSAS 05 - CBS - DISPOSIÇÕES DIVERSAS 06 - IBSP 11 - TRIBUTOS EM GERAL 12 - TRIBUTOS FEDERAIS 13 - TRIBUTOS ESTADUAIS	§ 6° O imposto previsto no inciso VIII: I – não incidirá sobre as exportações; II – integrará a base de cálculo dos tributos previstos nos arts. 155, II, 156, III, 156-A e 195, V; e III – poderá ter o mesmo fato gerador e a mesma base de cálculo de outros tributos." (NR)

Mário Bonafé Jr.

Capítulo	Texto da PEC 45/2019
Art. 155 § 1º II 13 - TRIBUTOS ESTADUAIS	"Art. 155. .... § 1º .... II – relativamente a bens móveis, títulos e créditos, compete ao Estado onde era domiciliado o *de cujus*, ou tiver domicílio o doador, ou ao Distrito Federal;
Art. 155 § 1º VI 13 - TRIBUTOS ESTADUAIS	VI – será progressivo em razão do valor da transmissão ou da doação; e
Art. 155 § 1º VII 10 - LEGISLAÇÃO NECESSÁRIA 13 - TRIBUTOS ESTADUAIS	VII - não incidirá sobre as transmissões e as doações para as instituições sem fins lucrativos com finalidade de relevância pública e social, inclusive as organizações assistenciais e beneficentes de entidades religiosas e institutos científicos e tecnológicos, e por elas realizadas na consecução dos seus objetivos sociais, observadas as condições estabelecidas em lei complementar.
Art. 155 § 3º 02 - IBS – DISPOSIÇÕES DIVERSAS 06 - IBSP 11 - TRIBUTOS EM GERAL 12 - TRIBUTOS FEDERAIS 13 - TRIBUTOS ESTADUAIS 15 - ATIVIDADES ECONÔMICAS	§ 3º À exceção dos impostos de que tratam o inciso II do *caput* deste artigo e os arts. 153, I, II e VIII, e 156-A, nenhum outro imposto poderá incidir sobre operações relativas a energia elétrica, serviços de telecomunicações, derivados de petróleo, combustíveis e minerais do País.
Art. 155 § 6º II 10 - LEGISLAÇÃO NECESSÁRIA 13 - TRIBUTOS ESTADUAIS	§ 6º .... II – poderá ter alíquotas diferenciadas em função do tipo, do valor, da utilização e do impacto ambiental;
Art. 155 § 6º III 13 - TRIBUTOS ESTADUAIS	III – incidirá sobre a propriedade de veículos automotores terrestres, aquáticos e aéreos, exceutadas: a) aeronaves agrícolas e de operador certificado para prestar serviços aéreos a terceiros; b) embarcações de pessoa jurídica que detenha outorga para prestar serviços de transporte aquaviário ou de pessoa física ou jurídica que pratique pesca industrial, artesanal, científica ou de subsistência; c) plataformas suscetíveis de se locomoverem na água por meios próprios; e d) tratores e máquinas agrícolas." (NR)
Art. 156 § 1º III 14 - TRIBUTOS MUNICIPAIS	"Art. 156. .... § 1º .... III – ter sua base de cálculo atualizada pelo Poder Executivo, conforme critérios estabelecidos em lei municipal. ...." (NR)
Art. 156-A 01 – IBS - INSTITUIÇÃO 10 - LEGISLAÇÃO NECESSÁRIA	Art. 156-A. Lei complementar instituirá imposto sobre bens e serviços de competência dos Estados, do Distrito Federal e dos Municípios.
Art. 156-A § 1º I e II 01 – IBS - INSTITUIÇÃO	§ 1º O imposto previsto no *caput* atenderá ao seguinte: I – incidirá sobre operações com bens materiais ou imateriais, inclusive direitos, ou com serviços; II – incidirá também sobre a importação de bens materiais ou imateriais, inclusive direitos, ou de serviços realizada por pessoa física ou jurídica, ainda que não seja contribuinte habitual do imposto, qualquer que seja a sua finalidade;
Art. 156-A § 1º III 01 – IBS - INSTITUIÇÃO	III – não incidirá sobre as exportações, assegurada ao exportador a manutenção dos créditos relativos às operações nas quais seja adquirente de bem, material ou imaterial, ou de serviço, observado o disposto no § 5º, III;
Art. 156-A § 1º IV 01 – IBS - INSTITUIÇÃO	IV – terá legislação única aplicável em todo o território nacional, ressalvado o disposto no inciso V;
Art. 156-A § 1º V 01 – IBS - INSTITUIÇÃO	V – cada ente federativo fixará sua alíquota própria por lei específica;
Art. 156-A § 1º VI 01 – IBS - INSTITUIÇÃO	VI – a alíquota fixada pelo ente federativo na forma do inciso V será a mesma para todas as operações com bens ou serviços, ressalvadas as hipóteses previstas nesta Constituição;
Art. 156-A § 1ºVII 01 – IBS - INSTITUIÇÃO	VII – será cobrado pelo somatório das alíquotas do Estado e do Município de destino da operação;

Capítulo	Texto da PEC 45/2019
Art. 156-A § 1º VIII 01 – IBS - INSTITUIÇÃO	VIII – com vistas a observar o princípio da neutralidade, será não cumulativo, compensando-se o imposto devido pelo contribuinte com o montante cobrado sobre todas as operações nas quais seja adquirente de bem, material ou imaterial, inclusive direito, ou de serviço, excetuadas exclusivamente as consideradas de uso ou consumo pessoal, nos termos da lei complementar, e as hipóteses previstas nesta Constituição;
Art. 156-A § 1º IX 01 – IBS – INSTITUIÇÃO 05 - CBS - DISPOSIÇÕES DIVERSAS 06 - IBSP 12 - TRIBUTOS FEDERAIS 13 - TRIBUTOS ESTADUAIS 14 - TRIBUTOS MUNICIPAIS	IX – não integrará sua própria base de cálculo nem a dos tributos previstos nos arts. 153, VIII, 155, II, 156, III, e 195, V;
Art. 156-A § 1º X 01 – IBS - INSTITUIÇÃO 09 - BENEFÍCIOS FISCAIS	X – não será objeto de concessão de incentivos e de benefícios financeiros ou fiscais relativos ao imposto ou de regimes específicos, diferenciados ou favorecidos de tributação, excetuadas as hipóteses previstas nesta Constituição;
Art. 156-A § 1º XI 01 – IBS - INSTITUIÇÃO 15 - ATIVIDADES ECONÔMICAS	XI – não incidirá nas prestações de serviço de comunicação nas modalidades de radiodifusão sonora e de sons e imagens de recepção livre e gratuita; e
Art. 156-A § 1º XII 01 – IBS – INSTITUIÇÃO 10 - LEGISLAÇÃO NECESSÁRIA	XII – resolução do Senado Federal fixará alíquota de referência do imposto para cada esfera federativa, nos termos de lei complementar, que será aplicada salvo disposição em contrário em lei específica, nos termos do disposto no inciso V deste parágrafo.
Art. 156-A § 2º 01 – IBS - INSTITUIÇÃO	§ 2º Para fins do disposto no § 1º, V, o Distrito Federal exercerá as competências estadual e municipal na fixação de suas alíquotas.
Art. 156-A § 3º 01 – IBS - INSTITUIÇÃO 10 - LEGISLAÇÃO NECESSÁRIA	§ 3º Lei complementar poderá definir como sujeito passivo do imposto a pessoa que concorrer para a realização, a execução ou o pagamento da operação, ainda que residente ou domiciliada no exterior.
Art. 156-A § 4º I 01 – IBS - INSTITUIÇÃO 03 – CONSELHO FEDERATIVO 08 - DISTRIBUIÇÃO ARRECADAÇÃO 10 - LEGISLAÇÃO NECESSÁRIA	§ 4º Para fins de distribuição do produto da arrecadação do imposto, o Conselho Federativo do Imposto sobre Bens e Serviços: I – reterá montante equivalente ao saldo acumulado de créditos do imposto não compensados pelos contribuintes ou não ressarcidos ao final de cada período de apuração; e
Art. 156-A § 4º II 01 – IBS - INSTITUIÇÃO 03 – CONSELHO FEDERATIVO 08 - DISTRIBUIÇÃO ARRECADAÇÃO 10 - LEGISLAÇÃO NECESSÁRIA	II – distribuirá o montante excedente ao ente federativo de destino das operações que não tenham gerado creditamento na forma prevista no § 1º, VIII, segundo o disposto no § 5º, I e IV, ambos do art. 156-A.
Art. 156-A § 5º I 01 – IBS - INSTITUIÇÃO 08 - DISTRIBUIÇÃO ARRECADAÇÃO 10 - LEGISLAÇÃO NECESSÁRIA	§ 5º Lei complementar disporá sobre: I – as regras a distribuição do produto da arrecadação do imposto, disciplinando, entre outros aspectos: a) a sua forma de cálculo; b) o tratamento em relação às operações em que o imposto não seja recolhido tempestivamente; c) as regras de distribuição aplicáveis aos regimes específicos e diferenciados de tributação previstos nesta Constituição;
Art. 156-A § 5º II 01 – IBS - INSTITUIÇÃO 08 - DISTRIBUIÇÃO ARRECADAÇÃO 10 - LEGISLAÇÃO NECESSÁRIA	II – o regime de compensação, podendo estabelecer hipóteses em que o aproveitamento do crédito ficará condicionado à verificação do efetivo recolhimento do imposto incidente sobre a operação, desde que: a) o adquirente possa efetuar o recolhimento do imposto incidente nas suas aquisições de bens ou serviços; ou b) o recolhimento do imposto ocorra na liquidação financeira da operação;
Art. 156-A § 5º III 01 – IBS - INSTITUIÇÃO 08 - DISTRIBUIÇÃO ARRECADAÇÃO 10 - LEGISLAÇÃO NECESSÁRIA	III – a forma e o prazo para ressarcimento de créditos acumulados pelo contribuinte;

Mário Bonafé Jr.

Capítulo	Texto da PEC 45/2019
Art. 156-A § 5º IV 01 – IBS - INSTITUIÇÃO 08 - DISTRIBUIÇÃO ARRECADAÇÃO 10 - LEGISLAÇÃO NECESSÁRIA	IV – os critérios para a definição do ente de destino da operação, que poderá ser, inclusive, o local da entrega, da disponibilização ou da localização do bem, o da prestação ou da disponibilização do serviço ou o do domicílio ou da localização do adquirente do bem ou serviço, admitidas diferenciações em razão das características da operação;
Art. 156-A § 5º V "a" 01 – IBS - INSTITUIÇÃO 10 - LEGISLAÇÃO NECESSÁRIA 15 - ATIVIDADES ECONÔMICAS	V – os regimes específicos de tributação para: a) combustíveis e lubrificantes sobre os quais o imposto incidirá uma única vez, qualquer que seja a sua finalidade, hipótese em que: 1. serão uniformes as alíquotas em todo o território nacional, podendo ser específicas, por unidade de medida, e diferenciadas por produto, admitida a não aplicação do disposto no § 1º, V a VII; 2. será vedada a apropriação de créditos em relação às aquisições dos produtos de que trata esta alínea destinados a distribuição, comercialização ou revenda; e 3. será concedido crédito nas aquisições dos produtos de que trata esta alínea por contribuinte do imposto, observado o disposto no item 2 e no § 1º, VIII;
Art. 156-A § 5º V "b" 01 – IBS - INSTITUIÇÃO 10 - LEGISLAÇÃO NECESSÁRIA 15 - ATIVIDADES ECONÔMICAS	b) serviços financeiros, operações com bens imóveis, planos de assistência à saúde e concursos de prognósticos, podendo prever: 1. alterações nas alíquotas, nas regras de creditamento e na base de cálculo, admitida, em relação aos adquirentes dos bens e serviços de que trata esta alínea, a não aplicação do disposto no § 1º, VIII; 2. hipóteses em que o imposto será calculado com base na receita ou no faturamento, com alíquota uniforme em todo o território nacional, admitida a não aplicação do disposto no § 1º, V a VII, e, em relação aos adquirentes dos bens e serviços de que trata esta alínea, também do disposto no § 1º, VIII;
Art. 156-A § 5º V "c" 01 – IBS - INSTITUIÇÃO 10 - LEGISLAÇÃO NECESSÁRIA 15 - ATIVIDADES ECONÔMICAS	c) operações contratadas pela administração pública direta, por autarquias e por fundações públicas, podendo prever hipóteses de: 1. não incidência do imposto e da contribuição prevista no art. 195, V, admitida a manutenção dos créditos relativos às operações anteriores; e 2. destinação integral do produto da arrecadação do imposto e da contribuição prevista no art. 195, V, ao ente federativo contratante, mediante redução a zero das alíquotas dos demais entes e elevação da alíquota do ente contratante em idêntico montante;
Art. 156-A § 5º V "d" 01 – IBS - INSTITUIÇÃO 10 - LEGISLAÇÃO NECESSÁRIA 15 - ATIVIDADES ECONÔMICAS	d) sociedades cooperativas, que será optativo, com vistas a assegurar sua competitividade, observados os princípios da livre concorrência e da isonomia tributária, definindo, inclusive: 1. as hipóteses em que o imposto não incidirá sobre as operações realizadas entre a sociedade cooperativa e seus associados, entre estes e aquela e pelas sociedades cooperativas entre si quando associadas para a consecução dos objetivos sociais; e 2. o regime de aproveitamento do crédito das etapas anteriores;
Art. 156-A § 5º V "e" 01 – IBS - INSTITUIÇÃO 10 - LEGISLAÇÃO NECESSÁRIA 15 - ATIVIDADES ECONÔMICAS	e) serviços de hotelaria, parques de diversão e parques temáticos, bares e restaurantes e aviação regional, podendo prever hipóteses de alterações nas alíquotas e nas regras de creditamento, admitida a não aplicação do disposto no § 1º, V a VIII;
Art. 156-A § 5º VI 01 – IBS - INSTITUIÇÃO 10 - LEGISLAÇÃO NECESSÁRIA 15 - ATIVIDADES ECONÔMICAS	VI – a forma como poderá ser reduzido o impacto do imposto sobre a aquisição de bens de capital pelo contribuinte;
Art. 156-A § 5º VII 01 – IBS - INSTITUIÇÃO 10 - LEGISLAÇÃO NECESSÁRIA	VII – o processo administrativo fiscal do imposto;
Art. 156-A § 5º VIII 01 – IBS - INSTITUIÇÃO 10 - LEGISLAÇÃO NECESSÁRIA 8 - DISTRIBUIÇÃO ARRECADAÇÃO	VIII – as hipóteses de devolução do imposto a pessoas físicas, inclusive os limites e os beneficiários, com o objetivo de reduzir as desigualdades de renda; e
Art. 156-A § 5º IX 01 – IBS - INSTITUIÇÃO 10 - LEGISLAÇÃO NECESSÁRIA 15 - ATIVIDADES ECONÔMICAS	IX – as hipóteses de diferimento do imposto aplicáveis aos regimes aduaneiros especiais e às zonas de processamento de exportação.
Art. 156-A § 6º I e II 01 – IBS - INSTITUIÇÃO 09 - BENEFÍCIOS FISCAIS 10 - LEGISLAÇÃO NECESSÁRIA	§ 6º A isenção e a imunidade do imposto previsto no *caput*: I – não implicarão crédito para compensação com o montante devido nas operações seguintes; e II – acarretarão a anulação do crédito relativo às operações anteriores, salvo, na hipótese da imunidade, quando determinado em contrário em lei complementar.
Art. 156-A § 7º 01 – IBS - INSTITUIÇÃO 10 - LEGISLAÇÃO NECESSÁRIA	§ 7º Para fins do disposto neste artigo, a lei complementar de que trata o *caput* poderá estabelecer o conceito de operações com serviços, seu conteúdo e alcance, admitida essa definição para qualquer operação que não seja classificada como operação com bens.

Capítulo	Texto da PEC 45/2019
Art. 156-A § 8° I 01 – IBS - INSTITUIÇÃO 10 - LEGISLAÇÃO NECESSÁRIA	§ 8° Qualquer alteração na legislação federal que reduza ou eleve a arrecadação do imposto previsto no *caput*: I – deverá ser compensada pela elevação ou redução, pelo Senado Federal, das alíquotas de referência de que trata o § 1°, XII, de modo a preservar a arrecadação das esferas federativas, nos termos de lei complementar;
Art. 156-A § 8° II 01 – IBS - INSTITUIÇÃO 10 - LEGISLAÇÃO NECESSÁRIA	II – somente entrará em vigor com o início da produção de efeitos do ajuste das alíquotas de referência de que trata o inciso I;
Art. 156-A § 9° 01 – IBS - INSTITUIÇÃO	§ 9° Os Estados, o Distrito Federal e os Municípios poderão optar por vincular suas alíquotas à alíquota de referência de que trata o § 1°, XII.
Art. 156-A § 10 01 – IBS - INSTITUIÇÃO 10 - LEGISLAÇÃO NECESSÁRIA	§ 10. Projeto de lei complementar em tramitação no Congresso Nacional que reduza ou aumente a arrecadação do imposto somente será apreciado se acompanhado de estimativa de impacto no valor das alíquotas de referência de que trata o § 1°, XII.
Art. 156-A § 11 01 – IBS - INSTITUIÇÃO 10 - LEGISLAÇÃO NECESSÁRIA	§ 11. A devolução de que trata o § 5°, VIII, não será considerada nas bases de cálculo de que tratam os arts. 29-A, 198, § 2°, 204, parágrafo único, 212, 212-A, II, e 216, § 6°, não se aplicando a ela, ainda, o disposto no art. 158, IV, 'b'.
Art. 156-B I a IV 03 – CONSELHO FEDERATIVO 10 - LEGISLAÇÃO NECESSÁRIA	Art. 156-B. Os Estados, o Distrito Federal e os Municípios exercerão de forma integrada, exclusivamente por meio do Conselho Federativo do Imposto sobre Bens e Serviços, nos termos e nos limites estabelecidos nesta Constituição e em lei complementar, as seguintes competências administrativas relativas ao imposto de que trata o art. 156-A: I – editar normas infralegais sobre temas relacionados ao imposto, de observância obrigatória por todos os entes que o integram; II – uniformizar a interpretação e a aplicação da legislação do imposto, que serão vinculantes para todos os entes que o integram; III – arrecadar o imposto, efetuar as compensações e distribuir o produto da arrecadação entre os Estados, o Distrito Federal e os Municípios; IV – dirimir as questões suscitadas no âmbito do contencioso administrativo tributário entre o sujeito passivo e a administração tributária.
Art. 156-B § 1° 03 – CONSELHO FEDERATIVO 10 - LEGISLAÇÃO NECESSÁRIA	§ 1° O Conselho Federativo do Imposto sobre Bens e Serviços, entidade pública sob regime especial, terá independência técnica, administrativa, orçamentária e financeira.
Art. 156-B § 2° I 03 – CONSELHO FEDERATIVO 10 - LEGISLAÇÃO NECESSÁRIA	§ 2° Na forma da lei complementar: I – todos os Estados, o Distrito Federal e todos os Municípios serão representados, de forma paritária, na instância máxima de deliberação do Conselho Federativo;
Art. 156-B § 2° II 03 – CONSELHO FEDERATIVO 10 - LEGISLAÇÃO NECESSÁRIA	II – será assegurada a alternância na presidência do Conselho Federativo entre o conjunto dos Estados e o Distrito Federal e o conjunto dos Municípios e o Distrito Federal;
Art. 156-B § 2° III 03 – CONSELHO FEDERATIVO 10 - LEGISLAÇÃO NECESSÁRIA	III – o Conselho Federativo será financiado por percentual do produto da arrecadação do imposto destinado a cada ente federativo;
Art. 156-B § 2° IV 03 – CONSELHO FEDERATIVO 10 - LEGISLAÇÃO NECESSÁRIA	IV – o controle externo do Conselho Federativo será exercido pelos Poderes Legislativos dos entes federativos com o auxílio dos Tribunais de Contas dos Estados e do Distrito Federal, bem como dos Tribunais e dos Conselhos de Contas dos Municípios, que atuarão de forma coordenada;
Art. 156-B § 2° V 03 – CONSELHO FEDERATIVO 10 - LEGISLAÇÃO NECESSÁRIA	V – o Conselho Federativo coordenará a atuação integrada dos Estados, do Distrito Federal e dos Municípios, na fiscalização, no lançamento, na cobrança e na representação administrativa ou judicial do imposto, podendo definir hipóteses de delegação ou de compartilhamento de competências entre as administrações tributárias e entre as procuradorias dos entes federativos;
Art. 156-B § 2° VI 03 – CONSELHO FEDERATIVO 10 - LEGISLAÇÃO NECESSÁRIA	VI – as competências exclusivas das carreiras da administração tributária e das procuradorias dos Estados, do Distrito Federal e dos Municípios serão exercidas, no Conselho Federativo, por servidores das referidas carreiras; e
Art. 156-B § 2° VII 03 – CONSELHO FEDERATIVO 10 - LEGISLAÇÃO NECESSÁRIA	VII – serão estabelecidas a estrutura e a gestão do Conselho Federativo, cabendo a regimento interno dispor sobre sua organização e funcionamento.
Art. 156-B § 3° I e II 03 – CONSELHO FEDERATIVO 10 - LEGISLAÇÃO NECESSÁRIA	§ 3° A participação dos entes federativos na instância máxima de deliberação do Conselho Federativo observará a seguinte composição: I – 27 (vinte e sete) membros, representando cada Estado e o Distrito Federal; II – 27 (vinte e sete) membros, representando o conjunto dos Municípios e do Distrito Federal, que serão eleitos nos seguintes termos: a) 14 (quatorze) representantes, com base nos votos de cada Município, com valor igual para todos; e b) 13 (treze) representantes, com base nos votos de cada Município ponderados pelas respectivas populações.

Mário Bonafé Jr.

Capítulo	Texto da PEC 45/2019
Art. 156-B § 4º 03 – CONSELHO FEDERATIVO 10 - LEGISLAÇÃO NECESSÁRIA	§ 4º As deliberações no âmbito do Conselho Federativo serão consideradas aprovadas se obtiverem, cumulativamente, os votos: I – em relação ao conjunto dos Estados e do Distrito Federal: a) da maioria absoluta de seus representantes; e b) de representantes dos Estados e do Distrito Federal que correspondam a mais de 60% (sessenta por cento) da população do País; e II – em relação ao conjunto dos Municípios e do Distrito Federal, da maioria absoluta de seus representantes.
Art. 156-B § 5º 02 - IBS – DISPOSIÇÕES DIVERSAS 03 – CONSELHO FEDERATIVO 05 - CBS - DISPOSIÇÕES DIVERSAS 10 - LEGISLAÇÃO NECESSÁRIA	§ 5º O Conselho Federativo do Imposto sobre Bens e Serviços, a administração tributária da União e a Procuradoria-Geral da Fazenda Nacional compartilharão informações fiscais relacionadas aos tributos previstos nos arts. 156-A e 195, V, e atuarão com vistas a harmonizar normas, interpretações e procedimentos a eles relativos."
Art. 158 III 08 - DISTRIBUIÇÃO ARRECADAÇÃO 13 - TRIBUTOS ESTADUAIS	"Art. 158 .... III – 50% (cinquenta por cento) do produto da arrecadação do imposto do Estado sobre a propriedade de veículos automotores licenciados em seus territórios ou, em relação a veículos aquáticos e aéreos, cujos proprietários sejam domiciliados em seus territórios;
Art. 158 IV "a" 08 - DISTRIBUIÇÃO ARRECADAÇÃO 13 - TRIBUTOS ESTADUAIS	IV – 25% (vinte e cinco por cento): a) do produto da arrecadação do imposto do Estado sobre operações relativas à circulação de mercadorias e sobre prestações de serviços de transporte interestadual e intermunicipal e de comunicação;
Art. 158 IV "b" 02 - IBS – DISPOSIÇÕES DIVERSAS 08 - DISTRIBUIÇÃO ARRECADAÇÃO	b) do produto da arrecadação do imposto previsto no art. 156-A distribuída aos Estados.
Art. 158 § 1º 08 - DISTRIBUIÇÃO ARRECADAÇÃO 13 - TRIBUTOS ESTADUAIS	§ 1º As parcelas de receita pertencentes aos Municípios mencionadas no inciso IV, 'a', serão creditadas conforme os seguintes critérios:
Art. 158 § 2º 02 - IBS – DISPOSIÇÕES DIVERSAS 08 - DISTRIBUIÇÃO ARRECADAÇÃO	§ 2º As parcelas de receita pertencentes aos Municípios mencionadas no inciso IV, 'b', serão creditadas conforme os seguintes critérios: I – 85% (oitenta e cinco por cento), na proporção da população; II – 10% (dez por cento), com base em indicadores de melhoria nos resultados de aprendizagem e de aumento da equidade, considerado o nível socioeconômico dos educandos, de acordo com o que dispuser lei estadual; e III – 5% (cinco por cento), em montantes iguais para todos os Municípios do Estado." (NR)
Art. 159 I 08 - DISTRIBUIÇÃO ARRECADAÇÃO	"Art. 159. .... I – do produto da arrecadação dos impostos sobre renda e proventos de qualquer natureza e sobre produtos industrializados e do imposto previsto no art. 153, VIII, 50% (cinquenta por cento), da seguinte forma:
Art. 159 II 08 - DISTRIBUIÇÃO ARRECADAÇÃO	II – do produto da arrecadação do imposto sobre produtos industrializados e do imposto previsto no art. 153, VIII, 10% (dez por cento) aos Estados e ao Distrito Federal, proporcionalmente ao valor das respectivas exportações de produtos industrializados.
Art. 159 § 3º 08 - DISTRIBUIÇÃO ARRECADAÇÃO	§ 3º Os Estados entregarão aos respectivos Municípios 25% (vinte e cinco por cento) dos recursos que receberem nos termos do inciso II, observados os critérios estabelecidos no art. 158, § 1º, para a parcela relativa ao imposto sobre produtos industrializados, e no art. 158, § 2º, para a parcela relativa ao imposto previsto no art. 153, VIII.
Art. 159-A 08 - DISTRIBUIÇÃO ARRECADAÇÃO	"Art. 159-A. Fica instituído o Fundo Nacional de Desenvolvimento Regional com o objetivo de reduzir as desigualdades regionais e sociais, nos termos do art. 3º, III, mediante a entrega de recursos da União aos Estados e ao Distrito Federal para: I – realização de estudos, projetos e obras de infraestrutura; II – fomento a atividades produtivas com elevado potencial de geração de emprego e renda, incluindo a concessão de subvenções econômicas e financeiras; e III – promoção de ações com vistas ao desenvolvimento científico e tecnológico e à inovação.
Art. 159-A § 1º 08 - DISTRIBUIÇÃO ARRECADAÇÃO 10 - LEGISLAÇÃO NECESSÁRIA	§ 1º Os recursos de que trata o *caput* serão entregues aos Estados e ao Distrito Federal segundo critérios definidos em lei complementar, vedada a retenção ou qualquer restrição a seu recebimento.
Art. 159-A § 2º 08 - DISTRIBUIÇÃO ARRECADAÇÃO	§ 2º Na aplicação dos recursos de que trata o *caput*, os Estados e o Distrito Federal priorizarão projetos que prevejam ações de preservação do meio ambiente.

Capítulo	Texto da PEC 45/2019
Art. 159-A § 3º 08 - DISTRIBUIÇÃO ARRECADAÇÃO	§ 3º Observado o disposto neste artigo, caberá aos Estados e ao Distrito Federal a decisão quanto à aplicação dos recursos de que trata o *caput*."
Art. 161 I 08 - DISTRIBUIÇÃO ARRECADAÇÃO 10 - LEGISLAÇÃO NECESSÁRIA	"Art. 161. .... I – definir valor adicionado para fins do disposto no art. 158, § 1º, I; ...." (NR)
Art. 167 § 4º 08 - DISTRIBUIÇÃO ARRECADAÇÃO	"Art. 167. .... § 4º É permitida a vinculação das receitas a que se referem os arts. 155, 156, 156-A, 157, 158 e as alíneas 'a', 'b', 'd', 'e' e 'f' do inciso I e o inciso II do *caput* do art. 159 desta Constituição para pagamento de débitos com a União e para prestar-lhe garantia ou contragarantia. ...." (NR)
Art. 195 V 04 – CBS – INSTITUIÇÃO 10 - LEGISLAÇÃO NECESSÁRIA	"Art. 195. .... V – sobre bens e serviços, nos termos de lei complementar.
Art. 195 § 15 04 – CBS - INSTITUIÇÃO	§ 15. Aplica-se à contribuição prevista no inciso V o disposto no art. 156-A, § 1º, I a VI, VIII, X a XII, § 3º, § 5º, II, III, V, VI e IX, e §§ 6º a 10.
Art. 195 § 16 04 – CBS - INSTITUIÇÃO	§ 16. A contribuição prevista no inciso V não integrará sua própria base de cálculo nem a dos impostos previstos nos arts. 153, VIII, 155, II, 156, III, e 156-A.
Art. 195 § 17 04 – CBS – INSTITUIÇÃO 08 - DISTRIBUIÇÃO ARRECADAÇÃO	§ 17. Lei estabelecerá as hipóteses de devolução da contribuição prevista no inciso V a pessoas físicas, inclusive em relação a limites e a beneficiários, com o objetivo de reduzir as desigualdades de renda.
Art. 195 § 18 04 – CBS – INSTITUIÇÃO 08 - DISTRIBUIÇÃO ARRECADAÇÃO	§ 18. A devolução de que trata o § 17 não será computada na receita corrente líquida da União para os fins do disposto nos arts. 100, § 15, 166, §§ 9º, 12 e 17, e 198, § 2º." (NR)
Art. 198 § 2º II 08 - DISTRIBUIÇÃO ARRECADAÇÃO	"Art. 198. .... § 2º .... II – no caso dos Estados e do Distrito Federal, o produto da arrecadação dos impostos a que se referem os arts. 155 e 156-A e dos recursos de que tratam os arts. 157 e 159, I, 'a', e II, deduzidas as parcelas que forem transferidas aos respectivos Municípios;
Art. 198 § 2º III 08 - DISTRIBUIÇÃO ARRECADAÇÃO	III – no caso dos Municípios e do Distrito Federal, o produto da arrecadação dos impostos a que se referem os arts. 156 e 156-A e dos recursos de que tratam os arts. 158 e 159, I, 'b' e § 3º. ...." (NR)
Art. 212-A II 08 - DISTRIBUIÇÃO ARRECADAÇÃO	"Art. 212-A. .... II – os fundos referidos no inciso I do *caput* deste artigo serão constituídos por 20% (vinte por cento): a) das parcelas dos Estados no imposto de que trata o art. 156-A; b) da parcela do Distrito Federal no imposto de que trata o art. 156-A, relativa ao exercício de sua competência estadual, nos termos do art. 156-A, § 2º; e c) dos recursos a que se referem os incisos I, II e III do *caput* do art. 155, o inciso II do *caput* do art. 157, os incisos II, III e IV do *caput* do art. 158 e as alíneas 'a' e 'b' do inciso I e o inciso II do *caput* do art. 159 desta Constituição;
Art. 225 10 - LEGISLAÇÃO NECESSÁRIA 15 - ATIVIDADES ECONÔMICAS	"Art. 225 ... VIII – manter regime fiscal favorecido para os biocombustíveis, na forma de lei complementar, a fim de assegurar-lhes tributação inferior à incidente sobre os combustíveis fósseis, capaz de garantir diferencial competitivo em relação a estes, especialmente em relação às contribuições de que tratam o art. 195, I, 'b', IV e V, e o art. 239 e aos impostos a que se referem os arts. 155, II, e 156-A desta Constituição.

Capítulo	Texto da PEC 45/2019
Art. 76-A do ADCT 08 - DISTRIBUIÇÃO ARRECADAÇÃO	**Art. 2º** O Ato das Disposições Constitucionais Transitórias passa a vigorar com os seguintes artigos alterados ou acrescidos: "Art. 76-A. São desvinculados de órgão, fundo ou despesa, até 31 de dezembro de 2032, 30% (trinta por cento) das receitas dos Estados e do Distrito Federal relativas a impostos, taxas e multas já instituídos ou que vierem a ser criados até a referida data, seus adicionais e respectivos acréscimos legais, e outras receitas correntes. ...." (NR)
Art. 76-B do ADCT 08 - DISTRIBUIÇÃO ARRECADAÇÃO	"Art. 76-B. São desvinculados de órgão, fundo ou despesa, até 31 de dezembro de 2032, 30% (trinta por cento) das receitas dos Municípios relativas a impostos, taxas e multas, já instituídos ou que vierem a ser criados até a referida data, seus adicionais e respectivos acréscimos legais, e outras receitas correntes.
Art. 92-B do ADCT 06 – IBSP 09 - BENEFÍCIOS FISCAIS 10 - LEGISLAÇÃO NECESSÁRIA	"Art. 92-B. As leis instituidoras dos tributos previstos nos arts. 153, VIII, 156-A e 195, V, da Constituição Federal estabelecerão os mecanismos necessários para manter, em caráter geral, o diferencial competitivo assegurado à Zona Franca de Manaus nos arts. 40 e 92-A, e às áreas de livre comércio existentes em 31 de maio de 2023, nos níveis estabelecidos pela legislação relativa aos tributos extintos a que se refere o art. 124, todos deste Ato das Disposições Constitucionais Transitórias.
Art. 92-B § 1º do ADCT 06 – IBSP 09 - BENEFÍCIOS FISCAIS 10 - LEGISLAÇÃO NECESSÁRIA	§ 1º Para fins do disposto no *caput*, serão utilizados, individual ou cumulativamente, instrumentos fiscais, econômicos ou financeiros, inclusive a ampliação da incidência do imposto de que trata o art. 153, VIII, da Constituição Federal, para alcançar a produção, a comercialização ou a importação de bens que também tenham industrialização na Zona Franca de Manaus ou nas áreas de livre comércio referidas no *caput*, garantido tratamento favorecido às operações originadas nessas áreas incentivadas.
Art. 92-B § 2º do ADCT 09 - BENEFÍCIOS FISCAIS 10 - LEGISLAÇÃO NECESSÁRIA	§ 2º Lei complementar instituirá Fundo de Sustentabilidade e Diversificação Econômica do Estado do Amazonas, que será constituído com recursos da União e por ela gerido, com o objetivo de fomentar o desenvolvimento e a diversificação das atividades econômicas no Estado.
Art. 92-B § 3º I do ADCT 09 - BENEFÍCIOS FISCAIS 10 - LEGISLAÇÃO NECESSÁRIA	§ 3º A lei complementar de que trata o § 2º: I – estabelecerá o montante mínimo de aporte anual de recursos ao Fundo, bem como os critérios para sua correção; e
Art. 92-B § 3º II do ADCT 09 - BENEFÍCIOS FISCAIS 10 - LEGISLAÇÃO NECESSÁRIA	II – preverá a possibilidade de utilização dos recursos do Fundo para compensar eventual perda de receita do Estado do Amazonas em função das alterações no sistema tributário decorrentes da instituição dos tributos previstos nos arts. 156-A e 195, V, da Constituição Federal.
Art. 92-B § 4º do ADCT 09 - BENEFÍCIOS FISCAIS 10 - LEGISLAÇÃO NECESSÁRIA	§ 4º A União poderá aportar recursos adicionais ao Fundo de que trata o § 2º, em contrapartida à redução de benefícios previstos no *caput*, mediante acordo com o Estado do Amazonas."
Art. 104 do ADCT 03 – CONSELHO FEDERATIVO 08 - DISTRIBUIÇÃO ARRECADAÇÃO	"Art. 104. .... IV – os Estados e o Conselho Federativo do Imposto sobre Bens e Serviços reterão os repasses previstos, respectivamente, nos §§ 1º e 2º do art. 158 da Constituição Federal e os depositarão na conta especial referida no art. 101 deste Ato das Disposições Constitucionais Transitórias, para utilização como nele previsto. ...." (NR)
Art. 124 do ADCT 07 - PERÍODO TRANSIÇÃO	"Art. 124. A transição entre a extinção dos impostos previstos nos arts. 153, IV, 155, II, e 156, III, das contribuições previstas no art. 195, I, 'b' e IV, e da contribuição para o Programa de Integração Social a que se refere o art. 239, e a instituição dos tributos previstos no art. 156-A e no art. 195, V, todos da Constituição Federal, atenderá aos critérios estabelecidos nos arts. 125 a 133 deste Ato das Disposições Constitucionais Transitórias."
Art. 125 do ADCT 07 - PERÍODO TRANSIÇÃO	"Art. 125. Em 2026, o imposto previsto no art. 156-A será cobrado à alíquota estadual de 0,1% (um décimo por cento) e a contribuição prevista no art. 195, V, ambos da Constituição Federal, será cobrada à alíquota de 0,9% (nove décimos por cento).
Art. 125 § 1º do ADCT 07 - PERÍODO TRANSIÇÃO	§ 1º O montante recolhido na forma do *caput* poderá ser deduzido do valor devido das contribuições previstas no art. 195, I, 'b' e IV, e da contribuição para o Programa de Integração Social a que se refere o art. 239, ambos da Constituição Federal.
Art. 125 § 2º do ADCT 07 - PERÍODO TRANSIÇÃO	§ 2º Caso o contribuinte não possua débitos suficientes para efetuar a compensação de que trata o § 1º, o valor recolhido poderá ser compensado com qualquer outro tributo federal ou ser ressarcido em até 60 (sessenta) dias, mediante requerimento.
Art. 125 § 3º do ADCT 03 – CONSELHO FEDERATIVO 07 - PERÍODO TRANSIÇÃO 09 - BENEFÍCIOS FISCAIS	§ 3º A arrecadação do imposto previsto no art. 156-A da Constituição Federal decorrente do disposto no *caput* deste artigo não observará as vinculações e destinações previstas na Constituição Federal, devendo ser aplicada, integral e sucessivamente, para: I – o financiamento do Conselho Federativo, nos termos do art. 156-B, § 2º, III, da Constituição Federal; II – a composição do Fundo de Compensação de Benefícios Fiscais ou Financeiros-Fiscais do Imposto de que trata o art. 155, II, da Constituição Federal."

Capítulo	Texto da PEC 45/2019
Art. 126 § Único. do ADCT 07 - PERÍODO TRANSIÇÃO	"Art. 126. A partir de 2027, será cobrada a contribuição sobre bens e serviços prevista no art. 195, V, da Constituição Federal, sendo extintas as contribuições previstas no art. 195, I, 'b' e IV, e a contribuição para o Programa de Integração Social de que trata o art. 239, todos da Constituição Federal. Parágrafo único. Até 2028, o imposto previsto no art. 156-A será cobrado nos termos dispostos no art. 125 deste Ato das Disposições Constitucionais Transitórias, com redução equivalente da alíquota da contribuição prevista no art. 195, V, ambos da Constituição Federal."
Art. 127 do ADCT 07 - PERÍODO TRANSIÇÃO 10 - LEGISLAÇÃO NECESSÁRIA	"Art. 127. A partir de 2027, ficam reduzidas a zero as alíquotas do imposto previsto no art. 153, IV, da Constituição Federal, exceto em relação aos produtos que também tenham industrialização na Zona Franca de Manaus, em 31 de dezembro de 2026, nos termos de lei complementar."
Art. 128 do ADCT 07 - PERÍODO TRANSIÇÃO	"Art. 128. De 2029 a 2032, as alíquotas dos impostos previstos nos arts. 155, II, e 156, III, da Constituição Federal serão fixadas nas seguintes proporções das alíquotas fixadas nas respectivas legislações: I – 9/10 (nove décimos), em 2029; II – 8/10 (oito décimos), em 2030; III – 7/10 (sete décimos), em 2031; e IV – 6/10 (seis décimos), em 2032.
Art. 128 § Único. do ADCT 07 - PERÍODO TRANSIÇÃO	Parágrafo único. Os benefícios ou os incentivos fiscais ou financeiros relativos aos impostos previstos nos arts. 155, II, e 156, III, da Constituição Federal não alcançados pelo disposto no caput deste artigo ou no art. 3º, § 2º-A, da Lei Complementar nº 160, de 7 agosto de 2017, serão reduzidos na mesma proporção."
Art. 129 do ADCT 07 - PERÍODO TRANSIÇÃO	"Art. 129. A partir de 2033, ficam extintos os impostos previstos nos arts. 153, IV, 155, II, e 156, III, todos da Constituição Federal."
Art. 130 I do ADCT 07 - PERÍODO TRANSIÇÃO 10 - LEGISLAÇÃO NECESSÁRIA	"Art. 130. Resolução do Senado Federal fixará, para todas as esferas federativas, as alíquotas de referência dos tributos previstos nos arts. 156-A e 195, V, da Constituição Federal, observados a forma de cálculo e os limites previstos em lei complementar, de forma a compensar: I – de 2027 a 2033, no caso da União, a redução da receita: a) das contribuições previstas no art. 195, I, 'b' e IV, e da contribuição para o Programa de Integração Social de que trata o art. 239, ambos da Constituição Federal; e b) do imposto previsto no art. 153, IV, deduzida da receita proveniente do imposto previsto no art. 153, VIII, ambos da Constituição Federal;
Art. 130 II do ADCT 07 - PERÍODO TRANSIÇÃO 10 - LEGISLAÇÃO NECESSÁRIA	II – de 2029 a 2033, no caso dos Estados e do Distrito Federal, a redução da receita do imposto previsto no art. 155, II, da Constituição Federal; e
Art. 130 III do ADCT 07 - PERÍODO TRANSIÇÃO 10 - LEGISLAÇÃO NECESSÁRIA	III – de 2029 a 2033, no caso dos Municípios e do Distrito Federal, a redução da receita do imposto previsto no art. 156, III, da Constituição Federal.
Art. 130 § 1º do ADCT 07 - PERÍODO TRANSIÇÃO 10 - LEGISLAÇÃO NECESSÁRIA	§ 1º As alíquotas de referência serão fixadas no ano anterior ao de sua vigência, não se aplicando o disposto no art. 150, III, 'c', da Constituição Federal, com base em cálculo realizado pelo Tribunal de Contas da União.
Art. 130 § 2º do ADCT 07 - PERÍODO TRANSIÇÃO	§ 2º Na fixação das alíquotas de referência, deverão ser considerados os efeitos dos regimes específicos, diferenciados ou favorecidos de tributação sobre a arrecadação.
Art. 130 § 3º e 4º do ADCT 07 - PERÍODO TRANSIÇÃO 10 - LEGISLAÇÃO NECESSÁRIA	§ 3º Na forma definida em lei complementar, as alíquotas de referência serão revisadas anualmente, durante os períodos estabelecidos no caput, nos termos deste artigo, com vistas à manutenção da carga tributária. § 4º A revisão de que trata o § 3º não implicará cobrança ou restituição de imposto relativo a anos anteriores ou transferência de recursos entre os entes federativos.
Art. 130 § 5º do ADCT 07 - PERÍODO TRANSIÇÃO	§ 5º Os entes federativos e o Conselho Federativo do Imposto sobre Bens e Serviços fornecerão ao Tribunal de Contas da União as informações necessárias para o cálculo a que se referem os §§ 1º e 3º.
Art. 130 § 6º do ADCT 07 - PERÍODO TRANSIÇÃO	§ 6º Nos cálculos das alíquotas de que trata o caput, deverá ser considerada a arrecadação dos tributos previstos nos arts. 156-A e 195, V, ambos da Constituição Federal, cuja cobrança tenha sido iniciada antes dos períodos de que tratam os incisos I e II deste artigo, respectivamente.
Art. 130 § 7º do ADCT 07 - PERÍODO TRANSIÇÃO	§ 7º O cálculo das alíquotas a que se refere o § 1º será realizado com base em proposta encaminhada pelo Ministério da Fazenda, que deverá fornecer todos os subsídios necessários, mediante o compartilhamento de dados e informações, inclusive as protegidas por sigilo fiscal, cujo formato e conteúdo deverão ser regulamentados pelo Tribunal de Contas da União."
Art. 131 do ADCT 07 - PERÍODO TRANSIÇÃO 10 - LEGISLAÇÃO NECESSÁRIA	"Art. 131. De 2029 a 2078, o produto da arrecadação dos Estados, do Distrito Federal e dos Municípios com o imposto de que trata o art. 156-A da Constituição Federal será distribuído a estes conforme o disposto neste artigo.

Mário Bonafé Jr.

Capítulo	Texto da PEC 45/2019
Art. 131 § 1º do ADCT 07 - PERÍODO TRANSIÇÃO 10 - LEGISLAÇÃO NECESSÁRIA	§ 1º Será retido do produto da arrecadação do imposto de cada Estado, do Distrito Federal e de cada Município, calculada nos termos do art. 156-A, § 4º, II, e § 5º, I e IV, antes da aplicação do disposto no art. 158, IV, 'b', ambos da Constituição Federal: I – de 2029 a 2034, montante correspondente a 90% (noventa por cento) do valor do imposto apurado com base nas alíquotas de referência de que trata o art. 130 deste Ato das Disposições Constitucionais Transitórias; II – de 2035 a 2078, montante correspondente ao percentual em 2034, reduzido à razão de 1/45 (um quarenta e cinco avos) por ano, do valor do imposto apurado com base nas alíquotas de referência de que trata o art. 130 deste Ato das Disposições Constitucionais Transitórias.
Art. 131 § 2º do ADCT 07 - PERÍODO TRANSIÇÃO 10 - LEGISLAÇÃO NECESSÁRIA	"§ 2º Na forma estabelecida em lei complementar, o montante retido nos termos do § 1º será distribuído entre os Estados, o Distrito Federal e os Municípios proporcionalmente à receita média de cada ente federativo entre 2024 e 2028, devendo ser considerada: I – no caso dos Estados, a arrecadação do imposto previsto no art. 155, II, após aplicação do disposto no art. 158, IV, 'a', todos da Constituição Federal; II – no caso do Distrito Federal: a) a arrecadação do imposto previsto no art. 155, II, da Constituição Federal; e b) a arrecadação do imposto previsto no art. 156, III, da Constituição Federal; III – no caso dos Municípios: a) a arrecadação do imposto previsto no art. 156, III, da Constituição Federal; e b) a parcela creditada na forma do art. 158, IV, 'a', da Constituição Federal.
Art. 131 § 3º do ADCT 07 - PERÍODO TRANSIÇÃO 10 - LEGISLAÇÃO NECESSÁRIA	§ 3º Não se aplica o disposto no art. 158, IV, 'b', da Constituição Federal aos recursos distribuídos na forma do § 2º, I, deste artigo.
Art. 131 § 4º do ADCT 07 - PERÍODO TRANSIÇÃO 10 - LEGISLAÇÃO NECESSÁRIA	§ 4º A parcela do produto da arrecadação do imposto não retida nos termos do § 1º, após a retenção de que trata o art. 132 deste Ato das Disposições Constitucionais Transitórias, será distribuída a cada Estado, ao Distrito Federal e a cada Município de acordo com os critérios da lei complementar de que trata o art. 156-A, § 5º, I, da Constituição Federal, nela computada a variação de alíquota fixada pelo ente em relação à de referência.
Art. 131 § 5º do ADCT 07 - PERÍODO TRANSIÇÃO 10 - LEGISLAÇÃO NECESSÁRIA	§ 5º Os recursos de que trata este artigo serão distribuídos nos termos estabelecidos em lei complementar, aplicando-se o seguinte: I – constituirão a base de cálculo dos fundos de que trata o art. 212-A, II, da Constituição Federal, observado que: a) para o Distrito Federal, o percentual de que trata aquele inciso será aplicado proporcionalmente à razão entre a soma dos valores distribuídos nos termos do § 2º, II, 'a', e do § 4º, e a soma dos valores distribuídos nos termos do § 2º, II, e do § 4º, considerada, em ambas as somas, somente a parcela estadual nos valores distribuídos nos termos do § 4º; e b) para os Municípios, o percentual de que trata aquele inciso será aplicado proporcionalmente à razão entre a soma dos valores distribuídos nos termos do § 2º, III, 'b', e a soma dos valores distribuídos nos termos do § 2º, III; II – constituirão as bases de cálculo de que tratam os arts. 29-A, 198, § 2º, 204, parágrafo único, 212, 216, § 6º, todos da Constituição Federal; III – poderão ser vinculados para prestação de garantias às operações de crédito por antecipação de receita previstas no art. 165, § 8º, para pagamento de débitos com a União e para prestar-lhe garantia ou contragarantia, nos termos do art. 167, § 4º, todos da Constituição Federal.
Art. 131 § 6º do ADCT 07 - PERÍODO TRANSIÇÃO 10 - LEGISLAÇÃO NECESSÁRIA	§ 6º Durante o período de que trata o *caput* deste artigo, é vedado aos Estados, ao Distrito Federal e aos Municípios fixar alíquotas próprias do imposto de que trata o art. 156-A da Constituição Federal inferiores às necessárias para garantir as retenções de que tratam o § 1º e o art. 132."
Art. 132 do ADCT 07 - PERÍODO TRANSIÇÃO	"Art. 132. Do imposto dos Estados, do Distrito Federal e dos Municípios apurado com base nas alíquotas de referência de que trata o art. 130 deste Ato das Disposições Constitucionais Transitórias, deduzida a retenção de que trata o art. 131, § 1º, será retido montante correspondente a 3% (três por cento) para distribuição aos entes com as menores razões entre: I – o valor apurado nos termos do art. 156-A, § 4º, II, e § 5º, I e IV, com base nas alíquotas de referência, após a aplicação do disposto no art. 158, IV, 'b', todos da Constituição Federal; e II – a respectiva receita média entre 2024 e 2028, apurada nos termos do art. 131, § 2º, I, II e III, limitada a 3 (três) vezes a média nacional por habitante da respectiva esfera federativa.
Art. 132 § 1º do ADCT 07 - PERÍODO TRANSIÇÃO	§ 1º Os recursos serão distribuídos, sequencial e sucessivamente, aos entes com as menores razões de que trata o *caput*, de maneira a equalizá-las.
Art. 132 § 2º do ADCT 07 - PERÍODO TRANSIÇÃO	§ 2º Aplica-se aos recursos distribuídos na forma deste artigo o disposto no art. 131, § 5º.
Art. 132 § 3º do ADCT 07 - PERÍODO TRANSIÇÃO 10 - LEGISLAÇÃO NECESSÁRIA	§ 3º Lei complementar estabelecerá os critérios para a redução gradativa, entre 2079 e 2098, do percentual de que trata o *caput*, até a sua extinção."
Art. 133 do ADCT 07 - PERÍODO TRANSIÇÃO	"Art. 133. Os tributos de que tratam os arts. 155, II, 156, III, 195, I, 'b', e IV, e a contribuição para o Programa de Integração Social a que se refere o art. 239 não integrarão a base de cálculo do imposto de que trata o art. 156-A e da contribuição de que trata o art. 195, V, todos da Constituição Federal."

Capítulo	Texto da PEC 45/2019
Art. 134 do ADCT 07 - PERÍODO TRANSIÇÃO 10 - LEGISLAÇÃO NECESSÁRIA	"Art. 134. Os saldos credores relativos ao imposto previsto no art. 155, II, da Constituição Federal existentes ao final de 2032 serão aproveitados pelos contribuintes na forma deste artigo. § 1º O disposto neste artigo alcança os saldos credores cujo aproveitamento ou ressarcimento sejam admitidos pela legislação em vigor e que tenham sido homologados pelos respectivos entes federativos, observado o seguinte: I – apresentado o pedido de homologação, o ente federativo deverá pronunciar-se no prazo estabelecido na lei complementar; II – na ausência de resposta ao pedido de homologação no prazo a que se refere o inciso I, os respectivos saldos credores serão considerados homologados. § 2º O disposto neste artigo também é aplicável aos créditos do imposto referido no caput deste artigo que sejam reconhecidos após o prazo nele estabelecido. § 3º O saldo dos créditos homologados será informado pelos Estados e pelo Distrito Federal ao Conselho Federativo do Imposto sobre Bens e Serviços para que seja compensado com o imposto de que trata o art. 156-A da Constituição Federal: I – pelo prazo remanescente, apurado nos termos do art. 20, § 5º, da Lei Complementar nº 87, de 13 de setembro de 1996, para os créditos relativos à entrada de mercadorias destinadas ao ativo permanente; II – em 240 (duzentos e quarenta) parcelas mensais, iguais e sucessivas, nos demais casos. § 4º O Conselho Federativo do Imposto sobre Bens e Serviços deduzirá do produto da arrecadação do imposto previsto no art. 156-A devido ao respectivo ente federativo o valor compensado na forma do § 3º, o qual não comporá base de cálculo para fins do disposto nos arts. 158, IV, 198, § 2º, 204, parágrafo único, 212, 212-A, II, e 216, § 6º, todos da Constituição Federal. § 5º A partir de 2033, os saldos credores serão atualizados pelo Índice Nacional de Preços ao Consumidor Amplo (IPCA), ou por outro índice que venha a substituí-lo. § 6º Lei complementar disporá sobre: I – as regras gerais de implementação do parcelamento previsto no § 3º; II – a forma mediante a qual os titulares dos créditos de que trata este artigo poderão transferilos a terceiros; III – a forma pela qual o crédito de que trata este artigo poderá ser ressarcido ao contribuinte pelo Conselho Federativo do Imposto sobre Bens e Serviços, caso não seja possível compensar o valor da parcela nos termos do § 3º."

Capítulo	Texto da PEC 45/2019
Art. 37 § 17 10 - LEGISLAÇÃO NECESSÁRIA	**Art. 3º.** A Constituição Federal passa a vigorar com os seguintes artigos alterados: § 17. Lei complementar estabelecerá normas gerais aplicáveis às administrações tributárias da União, dos Estados, do Distrito Federal e dos Municípios, dispondo sobre deveres, direitos e garantias dos servidores das carreiras de que trata o inciso XXII." (NR)
Art. 146 III d 02 - IBS – DISPOSIÇÕES DIVERSAS 05 - CBS - DISPOSIÇÕES DIVERSAS 13 - TRIBUTOS ESTADUAIS 11 - TRIBUTOS EM GERAL 10 - LEGISLAÇÃO NECESSÁRIA	"Art. 146. .... III – .... d) definição de tratamento diferenciado e favorecido para as microempresas e para as empresas de pequeno porte, inclusive regimes especiais ou simplificados no caso dos impostos previstos nos arts. 155, II, e 156-A e das contribuições previstas no art. 195, I e V.
Art. 195 I b 12 - TRIBUTOS FEDERAIS	"Art. 195. .... I – .... b) (Revogado)
Art. 195 IV 12 - TRIBUTOS FEDERAIS	IV – (Revogado)
Art. 195 § 9º 12 - TRIBUTOS FEDERAIS	§ 9º As contribuições sociais previstas no inciso I do caput deste artigo poderão ter alíquotas diferenciadas em razão da atividade econômica, da utilização intensiva de mão de obra, do porte da empresa ou da condição estrutural do mercado de trabalho, sendo também autorizada a adoção de bases de cálculo diferenciadas apenas no caso da alínea "c" do inciso I do caput.
Art. 195 § 12 12 - TRIBUTOS FEDERAIS	§ 12. (Revogado)
Art. 195 § 18 I II 04 – CBS - INSTITUIÇÃO 05 - CBS - DISPOSIÇÕES DIVERSAS 08 - DISTRIBUIÇÃO ARRECADAÇÃO	§ 18. A devolução de que trata o § 17: I – não será computada na receita corrente líquida da União para os fins do disposto nos arts. 100, § 15, 165, §§ 9º, 12 e 17, 198, § 2º; II – não integrará a base de cálculo para fins do disposto no art. 239." (NR)

Mário Bonafé Jr.

Capítulo	Texto da PEC 45/2019
Art. 225 § 1º VIII 10 - LEGISLAÇÃO NECESSÁRIA 15 - ATIVIDADES ECONÔMICAS	"Art. 225 .... §1º.. .... VIII – manter regime fiscal favorecido para os biocombustíveis, na forma de lei complementar, a fim de assegurar-lhes tributação inferior à incidente sobre os combustíveis fósseis, capaz de garantir diferencial competitivo em relação a estes, especialmente em relação às contribuições de que tratam o art. 195, V, e aos impostos a que se referem os arts. 155, II, e 156-A desta Constituição.
Art. 239 08 - DISTRIBUIÇÃO ARRECADAÇÃO 05 - CBS - DISPOSIÇÕES DIVERSAS	Art. 239. A arrecadação correspondente a 18% (dezoito por cento) da contribuição prevista no art. 195, V, e a decorrente da contribuição para o Programa de Formação do Patrimônio do Servidor Público, criado pela Lei Complementar nº 8, de 3 de dezembro de 1970, financiarão, nos termos que a lei dispuser, o programa do seguro-desemprego, outras ações da previdência social e o abono de que trata o § 3º deste artigo.
Art. 239 § 3º 08 - DISTRIBUIÇÃO ARRECADAÇÃO 05 - CBS - DISPOSIÇÕES DIVERSAS	§ 3º Aos empregados que percebam de empregadores que recolhem a contribuição prevista no art. 195, V, ou a contribuição para o Programa de Formação do Patrimônio do Servidor Público, até dois salários mínimos de remuneração mensal, é assegurado o pagamento de um salário mínimo anual, computado neste valor o rendimento das contas individuais, no caso daqueles que já participavam dos referidos programas, até a data da promulgação desta Constituição.

Capítulo	Texto da PEC 45/2019
Art. 146 III d 02 - IBS – DISPOSIÇÕES DIVERSAS 05 - CBS - DISPOSIÇÕES DIVERSAS 10 - LEGISLAÇÃO NECESSÁRIA 11 - TRIBUTOS EM GERAL 12 - TRIBUTOS FEDERAIS	**Art. 4º** A Constituição Federal passa a vigorar com os seguintes artigos alterados: Art. 146. ... III – ... d) definição de tratamento diferenciado e favorecido para as microempresas e para as empresas de pequeno porte, inclusive regimes especiais ou simplificados no caso do imposto previsto no art. 156-A, e das contribuições sociais previstas nos art. 195, I e V.
Art. 150 § 1º 11 - TRIBUTOS EM GERAL 12 - TRIBUTOS FEDERAIS 13 - TRIBUTOS ESTADUAIS 14 - TRIBUTOS MUNICIPAIS	"Art. 150. ... § 1º A vedação do inciso III, "b", não se aplica aos tributos previstos nos arts. 148, I; 153, I, II, V e VIII; e 154, II; e a vedação do inciso III, "c", não se aplica aos tributos previstos nos arts. 148, I; 153, I, II, III e V; e 154, II, nem à fixação da base de cálculo dos impostos previstos nos arts. 155, III, e 156, I.
Art. 150 § 6º 11 - TRIBUTOS EM GERAL 12 - TRIBUTOS FEDERAIS 13 - TRIBUTOS ESTADUAIS 14 - TRIBUTOS MUNICIPAIS 02 - IBS – DISPOSIÇÕES DIVERSAS 05 - CBS - DISPOSIÇÕES DIVERSAS 06 - IBSP 09 - BENEFÍCIOS FISCAIS	Art. 150. ... § 6º Qualquer subsídio ou isenção, redução de base de cálculo, concessão de crédito presumido, anistia ou remissão, relativos a impostos, taxas ou contribuições, só poderá ser concedido mediante lei específica, federal, estadual ou municipal, que regule exclusivamente as matérias acima enumeradas ou o correspondente tributo ou contribuição.
Art. 153 IV 12 - TRIBUTOS FEDERAIS	Art. 153. ... IV – (Revogado)
Art. 153 § 1º 12 - TRIBUTOS FEDERAIS	Art. 153. ... § 1º É facultado ao Poder Executivo, atendidas as condições e os limites estabelecidos em lei, alterar as alíquotas dos impostos enumerados nos incisos I, II, V e VIII.
Art. 153 § 3º 12 - TRIBUTOS FEDERAIS	Art. 153. ... § 3º (Revogado) I, II, III, IV, V (Revogados)

Capítulo	Texto da PEC 45/2019
Art. 153 § 6º 02 - IBS – DISPOSIÇÕES DIVERSAS 05 - CBS - DISPOSIÇÕES DIVERSAS 11 - TRIBUTOS EM GERAL 12 - TRIBUTOS FEDERAIS 13 - TRIBUTOS ESTADUAIS 14 - TRIBUTOS MUNICIPAIS	Art. 153. ... § 6º .... II – integrará a base de cálculo dos tributos previstos nos arts. 156-A e 195, V; e
Art. 156-A –§ 1º IX 01 – IBS – INSTITUIÇÃO 05 - CBS - DISPOSIÇÕES DIVERSAS 12 - TRIBUTOS FEDERAIS	Art. 156-A. § 1º IX – não integrará sua própria base de cálculo nem a dos tributos previstos nos arts. 153, VIII, e 195, V;
Art. 159 I 08 - DISTRIBUIÇÃO ARRECADAÇÃO	"Art. 159. .... I – do produto da arrecadação do imposto sobre renda e proventos de qualquer natureza e do imposto de que trata o art. 153, VIII, 50% (cinquenta por cento), na seguinte forma:
Art. 159 II 08 - DISTRIBUIÇÃO ARRECADAÇÃO	Art. 159 ... II – do produto da arrecadação do imposto de que trata o art. 153, VIII, 10% (dez por cento) aos Estados e ao Distrito Federal, proporcionalmente ao valor das respectivas exportações de produtos industrializados
Art. 159 § 3º 08 - DISTRIBUIÇÃO ARRECADAÇÃO	Art. 159 § 3º Os Estados entregarão aos respectivos Municípios vinte e cinco por cento dos recursos que receberem nos termos do inciso II, observados os critérios no art. 158, § 2º."
Art. 195 § 16 04 – CBS - INSTITUIÇÃO	"Art. 195. § 16. A contribuição prevista no inciso V não integrará sua própria base de cálculo nem a dos impostos previstos nos arts. 153, VIII, e 156-A.
Art. 212-A II c 08 - DISTRIBUIÇÃO ARRECADAÇÃO	Art. 212-A. ... II – ... c) dos recursos a que se referem os incisos I e III do caput do art. 155, o inciso II do caput do art. 157, os incisos II, III e IV do caput do art. 158, as alíneas "a" e "b" do inciso I e o inciso II do caput do art. 159 desta Constituição;
Art. 225 § 1º VIII 10 - LEGISLAÇÃO NECESSÁRIA 15 - ATIVIDADES ECONÔMICAS	Art. 225 .... § 1º VIII – manter regime fiscal favorecido para os biocombustíveis, na forma de lei complementar, a fim de assegurar-lhes tributação inferior à incidente sobre os combustíveis fósseis, capaz de garantir diferencial competitivo em relação a estes, especialmente em relação às contribuições de que tratam o art. 195, V, e ao imposto a que se refere o art. 156-A desta Constituição.

Capítulo	Texto da PEC 45/2019
	Art. 5º O Ato das Disposições Constitucionais Transitórias passa a vigorar com os seguintes artigos alterados ou revogados:
Art. 82 do ADCT 08 - DISTRIBUIÇÃO ARRECADAÇÃO	Art. 82. Os Estados, o Distrito Federal e os Municípios devem instituir Fundos de Combate à Pobreza, devendo os referidos Fundos ser geridos por entidades que contem com a participação da sociedade civil.
Art. 82 § 1º do ADCT 08 - DISTRIBUIÇÃO ARRECADAÇÃO	Art. 82 § 1º Para o financiamento dos Fundos Estaduais, Distrital e Municipais, poderá ser destinado percentual do Imposto previsto no art. 156-A, da Constituição Federal, e os recursos distribuídos nos termos dos arts. 130 e 131 deste Ato das Disposições Constitucionais Transitórias, nos limites definidos em lei complementar, não se aplicando, sobre estes valores, o disposto no art. 158, IV, da Constituição Federal.
Art. 82 § 2º do ADCT 08 - DISTRIBUIÇÃO ARRECADAÇÃO	Art. 82 § 2º (Revogado)."
Art. 104 IV do ADCT 08 - DISTRIBUIÇÃO ARRECADAÇÃO 03 – CONSELHO FEDERATIVO	Art. 104 IV – o Conselho Federativo do Imposto sobre Bens e Serviços reterá os repasses previstos no § 2º do art. 158 da Constituição Federal, e os depositará na conta especial referida no art. 101 deste Ato das Disposições Constitucionais Transitórias, para utilização como nele previsto.

Mário Bonafé Jr.

Capítulo	Texto da PEC 45/2019
REGULAMENTAÇÃO CONSTITUCIONAL *art. 158, IV, "b",* 08 - DISTRIBUIÇÃO ARRECADAÇÃO	**Art. 6º** Até que lei complementar disponha sobre a matéria: I – o crédito das parcelas de que trata o art. 158, IV, "b", da Constituição Federal, obedecido o § 2º do mesmo artigo, com redação dada pelo art. 1º desta Emenda Constitucional, observará, no que couber, os critérios e os prazos aplicáveis ao Imposto sobre Operações relativas à Circulação de Mercadorias e sobre Prestação de Serviços de Transporte Interestadual e Intermunicipal e de Comunicação da Lei Complementar nº 63, de 11 de janeiro de 1990, e respectivas alterações;
REGULAMENTAÇÃO CONSTITUCIONAL *Art. 159 I* 08 - DISTRIBUIÇÃO ARRECADAÇÃO	II – a entrega dos recursos do art. 153, VIII, nos termos do art. 159, I, ambos da Constituição Federal, com redação dada pelo art. 1º desta Emenda Constitucional, observará os critérios e as condições da Lei Complementar nº 62, de 28 de dezembro de 1989, e respectivas alterações;
REGULAMENTAÇÃO CONSTITUCIONAL *Art. 159 II* 08 - DISTRIBUIÇÃO ARRECADAÇÃO	III – a entrega dos recursos do imposto de que trata art. 153, VIII, nos termos do art. 159, II, ambos da Constituição Federal, com redação dada pelo art. 1º desta Emenda Constitucional, observará a Lei Complementar nº 61, de 26 de dezembro de 1989, e respectivas alterações;
REGULAMENTAÇÃO CONSTITUCIONAL *Art. 198 § 3º* 08 - DISTRIBUIÇÃO ARRECADAÇÃO	IV – as bases de cálculo dos percentuais dos Estados, do Distrito Federal e dos Municípios de que trata a Lei Complementar nº 141, de 13 de janeiro de 2012, compreenderão também: a) as respectivas parcelas do imposto de que trata o art. 156-A, com os acréscimos e as deduções decorrentes do crédito das parcelas de que trata o art. 158, IV, "b", ambos da Constituição Federal, com redação dada pelo art. 1º desta Emenda Constitucional; b) os valores recebidos nos termos dos arts. 130 e 131 do Ato das Disposições Constitucionais Transitórias, com redação dada pelo art. 2º desta Emenda Constitucional.

Capítulo	Texto da PEC 45/2019
REGULAMENTAÇÃO CONSTITUCIONAL *Art. 159 I e II* 08 - DISTRIBUIÇÃO ARRECADAÇÃO	**Art. 7º** A partir de 2027, a União compensará eventual redução no montante dos valores entregues nos termos do art. 159, I e II, em razão da substituição da arrecadação do imposto previsto no art. 153, IV, pela arrecadação do imposto previsto no art. 153, VIII, todos da Constituição Federal, nos termos de lei complementar. § 1º A compensação de que trata o caput: I – terá como referência a média de recursos transferidos do imposto previsto no art. 153, IV, de 2022 a 2026, atualizada na forma da lei complementar; II – observará os mesmos critérios, prazos e garantias aplicáveis à entrega de recursos de que trata o art. 159, I e II, da Constituição Federal; e III – será atualizada pela variação do produto da arrecadação da contribuição prevista no art. 195, V, da Constituição Federal. § 2º Aplica-se à compensação de que trata o caput o disposto nos arts. 167, § 4º, 198, § 2º, 212, caput e § 1º, e 212-A, II, todos da Constituição Federal.

Capítulo	Texto da PEC 45/2019
REGULAMENTAÇÃO CONSTITUCIONAL 10 - LEGISLAÇÃO NECESSÁRIA 09 - BENEFÍCIOS FISCAIS 15 - ATIVIDADES ECONÔMICAS	**Art. 8º** Fica criada a Cesta Básica Nacional de Alimentos, em observância ao direito social à alimentação previsto no art. 6º da Constituição Federal. Parágrafo único. Lei complementar definirá os produtos destinados à alimentação humana que comporão a Cesta Básica Nacional de Alimentos, sobre os quais as alíquotas dos tributos previstos nos arts. 156-A e 195, V, da Constituição Federal serão reduzidas a zero.

Capítulo	Texto da PEC 45/2019
REGULAMENTAÇÃO CONSTITUCIONAL *art. 156-A art. 195, V* 09 - BENEFÍCIOS FISCAIS 10 - LEGISLAÇÃO NECESSÁRIA 15 - ATIVIDADES ECONÔMICAS	**Art. 9º** A lei complementar que instituir o imposto de que trata o art. 156-A e a contribuição de que trata o art. 195, V, ambos da Constituição Federal, poderá prever os regimes diferenciados de tributação de que trata este artigo, desde que sejam uniformes em todo o território nacional e sejam realizados os respectivos ajustes nas alíquotas de referência com vistas a reequilibrar a arrecadação da esfera federativa.
	§ 1º Lei complementar definirá as operações com bens ou serviços sobre as quais as alíquotas dos tributos de que trata o caput serão reduzidas em 60% (sessenta por cento), referentes a: I – serviços de educação; II – serviços de saúde; III – dispositivos médicos e de acessibilidade para pessoas com deficiência; IV – medicamentos e produtos de cuidados básicos à saúde menstrual; V – serviços de transporte coletivo de passageiros rodoviário, ferroviário e hidroviário, de caráter urbano, semiurbano, metropolitano, intermunicipal e interestadual; VI – produtos agropecuários, aquícolas, pesqueiros, florestais e extrativistas vegetais *in natura;* VII – insumos agropecuários e aquícolas, alimentos destinados ao consumo humano e produtos de higiene pessoal; e VIII – produções artísticas, culturais, jornalísticas e audiovisuais nacionais e atividades desportivas; IX – bens e serviços relacionados a segurança e soberania nacional, segurança da informação e segurança cibernética;
	§ 2º É vedada a fixação de percentual de redução distinto do previsto no § 1º em relação às hipóteses nele previstas.
	§ 3º Lei complementar definirá as hipóteses em que será concedida: I – isenção, em relação aos serviços de que trata o § 1º, V;
	II – redução em 100% (cem por cento) das alíquotas dos tributos referidos no caput para: a) bens de que trata o § 1º, III e IV; e b) produtos hortícolas, frutas e ovos, de que trata o art. 28, III, da Lei nº 10.865, de 30 de abril de 2004, com a redação vigente em 31 de maio de 2023.
	III – redução em 100% (cem por cento) da alíquota da contribuição de que trata o art. 195, V, da Constituição Federal, incidente sobre: a) serviços de educação de ensino superior nos termos do Programa Universidade para Todos – Prouni, instituído pela Lei nº 11.096, de 13 de janeiro de 2005; b) até 28 de fevereiro de 2027, serviços beneficiados pelo Programa Emergencial de Retomada do Setor de Eventos (Perse), instituído pela Lei nº 14.148, de 3 de maio de 2021, com a redação vigente na data de publicação desta Emenda Constitucional;
	IV - isenção ou redução em até 100% (cem por cento) das alíquotas dos tributos referidos no caput para atividades de reabilitação urbana de zonas históricas e de áreas críticas de recuperação e reconversão urbanística.
	§ 4º O produtor rural pessoa física ou jurídica que obtiver receita anual inferior a R$ 3.600.000,00 (três milhões e seiscentos mil reais), atualizada anualmente pelo Índice Nacional de Preços ao Consumidor Amplo – IPCA, e o produtor integrado de que trata o art. 2º, II, da Lei nº 13.288, de 16 de maio de 2016, com a redação vigente em 31 de maio de 2023, poderão optar por ser contribuintes dos tributos de que trata o caput.
	§ 5º É autorizada a concessão de crédito ao contribuinte adquirente de bens e serviços de produtor rural pessoa física ou jurídica que não opte por ser contribuinte na hipótese de que trata o § 4º, nos termos da lei complementar, observado o seguinte: I – o Poder Executivo da União e o Conselho Federativo do Imposto de Bens e Serviços poderão revisar, anualmente, de acordo com critérios estabelecidos em lei complementar, o valor do crédito presumido concedido, não se aplicando o disposto no art. 150, I, da Constituição Federal; e
	II – o crédito presumido de que trata este parágrafo terá como objetivo permitir a apropriação de créditos não aproveitados por não contribuinte do imposto em razão do disposto no caput deste parágrafo.
	§ 6º Observado o disposto no § 5º, I, é autorizada a concessão de crédito ao contribuinte adquirente de: I – serviços de transportador autônomo pessoa física que não seja contribuinte do imposto, nos termos da lei complementar; II – resíduos e demais materiais destinados à reciclagem, reutilização ou logística reversa, de pessoa física, cooperativa ou outra forma de organização popular.
	§ 7º Lei complementar poderá prever a concessão de crédito ao contribuinte que adquira bens móveis usados de pessoa física não contribuinte para revenda, desde que esta seja tributada e o crédito seja vinculado ao respectivo bem, vedado o ressarcimento.
	§ 8º Os benefícios especiais de que trata este artigo serão concedidos observando-se o disposto no art. 149-B, II, da Constituição Federal, exceto em relação ao § 3º, III.
	§ 9º O imposto previsto no art. 153, VIII, da Constituição Federal, não incidirá sobre os bens ou serviços cujas alíquotas sejam reduzidas nos termos do § 1º.

Mário Bonafé Jr.

Capítulo	Texto da PEC 45/2019
REGULAMENTAÇÃO CONSTITUCIONAL *Art. 156-A, § 5º, V, 'b'* 01 – IBS - INSTITUIÇÃO 10 - LEGISLAÇÃO NECESSÁRIA 15 - ATIVIDADES ECONÔMICAS	**Art. 10** Para fins do disposto no art. 156-A, § 5º, V, 'b', da Constituição Federal, consideram-se: I – serviços financeiros: a) operações de crédito, câmbio, seguro, resseguro, consórcio, arrendamento mercantil, faturização, securitização, previdência privada, capitalização, arranjos de pagamento, operações com títulos e valores mobiliários, inclusive negociação e corretagem, e outras que impliquem captação, repasse, intermediação, gestão ou administração de recursos; e b) outros serviços prestados por entidades administradoras de mercados organizados, infraestruturas de mercado e depositárias centrais, e por instituições autorizadas a funcionar pelo Banco Central do Brasil, na forma de lei complementar; II – operações com bens imóveis: a) construção e incorporação imobiliária; b) parcelamento do solo e alienação de bem imóvel; c) locação e arrendamento de bem imóvel; e d) administração e intermediação de bem imóvel. Parágrafo único. Em relação às instituições financeiras bancárias: I - não se aplica o regime específico de que trata o art. 156-A, § 5º, V, 'b', da Constituição Federal aos serviços remunerados por tarifas e comissões, observado o disposto nas normas expedidas pelas entidades reguladoras; e II - os demais serviços financeiros sujeitam-se ao regime específico de que trata o art. 156-A, § 5º, V, 'b', da Constituição Federal, devendo as alíquotas e a base de cálculo ser definidas de modo a não elevar o custo das operações de crédito relativamente à tributação da receita decorrente de tais serviços na data da promulgação desta Emenda Constitucional.

Capítulo	Texto da PEC 45/2019
REGULAMENTAÇÃO CONSTITUCIONAL *Art. 195 I b* 12 - TRIBUTOS FEDERAIS	**Art. 11.** A revogação do art. 195, I, 'b', não produzirá efeitos sobre as contribuições incidentes sobre a receita ou o faturamento vigentes na data de publicação desta Emenda Constitucional que substituam a contribuição de que trata o art. 195, I, 'a', ambos da Constituição Federal, e sejam cobradas com base naquele dispositivo, observado o disposto no art. 30 da Emenda Constitucional nº 103, de 12 de novembro de 2019.

Capítulo	Texto da PEC 45/2019
REGULAMENTAÇÃO CONSTITUCIONAL 09 - BENEFÍCIOS FISCAIS	**Art. 12** Fica instituído o Fundo de Compensação de Benefícios Fiscais ou Financeiros-fiscais do Imposto de que trata o art. 155, II, da Constituição Federal, com vistas a compensar, até 31 de dezembro de 2032, pessoas jurídicas beneficiárias de isenções, incentivos e benefícios fiscais ou financeiro-fiscais relativos àquele imposto, concedidos por prazo certo e sob condição. § 1º De 2025 a 2032, a União entregará ao Fundo recursos que corresponderão aos seguintes valores, atualizados, de 2023 até o ano anterior ao da entrega, pela variação acumulada do Índice Nacional de Preços ao Consumidor Amplo – IPCA, ou de outro índice que vier a substituí-lo: I – em 2025, a R$ 8.000.000.000,00 (oito bilhões de reais); II – em 2026, a R$ 16.000.000.000,00 (dezesseis bilhões de reais); III – em 2027, a R$ 24.000.000.000,00 (vinte e quatro bilhões de reais); IV – em 2028, a R$ 32.000.000.000,00 (trinta e dois bilhões de reais); V – em 2029, a R$ 32.000.000.000,00 (trinta e dois bilhões de reais); VI – em 2030, a R$ 24.000.000.000,00 (vinte e quatro bilhões de reais); VII – em 2031, a R$ 16.000.000.000,00 (dezesseis bilhões de reais); VIII – em 2032, a R$ 8.000.000.000,00 (oito bilhões de reais). § 2º Os recursos do Fundo de que trata o caput serão utilizados para compensar a redução do nível de benefícios onerosos do imposto previsto no art. 155, II, da Constituição Federal, suportada pelas pessoas jurídicas em razão da substituição, na forma do parágrafo único do art. 127 do Ato das Disposições Constitucionais Transitórias, do referido imposto pelo previsto no art. 156-A da Constituição Federal, nos termos deste artigo. § 3º Para efeitos deste artigo, consideram-se benefícios onerosos as isenções, os incentivos e os benefícios fiscais ou financeiro-fiscais vinculados ao referido imposto concedidos por prazo certo e sob condição, na forma do art. 178 do Lei nº 5.172, de 25 de outubro de 1966. § 4º A compensação de que trata o § 1º: I -aplica-se aos titulares de benefícios onerosos referentes ao imposto previsto no art. 155, II, da Constituição Federal regularmente concedidos até 31 de maio de 2023, observada, se aplicável, a exigência de registro e de depósito estabelecida no art. 3º, II, da Lei Complementar nº 160, de

7 de agosto de 2017, que tenham cumprido tempestivamente as condições exigidas pela norma concessiva do benefício;

II – não se aplica à redução do nível de benefícios decorrente do disposto no art. 3º, § 2º-A, da Lei Complementar nº 160, de 7 de agosto de 2017.

§ 5º A pessoa jurídica perderá o direito à compensação de que trata o § 2º caso deixe de cumprir tempestivamente as condições exigidas pela norma concessiva do benefício.

§ 6º Lei complementar estabelecerá:

I – critérios e limites para apuração do nível de benefícios e de sua redução;

II – procedimentos de análise, pela União, dos requisitos para habilitação do requerente à compensação de que trata o § 2º.

§ 7º É vedada a prorrogação dos prazos de que trata o art. 3º, §§ 2º e 2º-A, da Lei Complementar nº 160, de 7 de agosto de 2017.

§ 8º A União deverá complementar os recursos de que trata o § 1º em caso de insuficiência de recursos para a compensação de que trata o § 2º.

§ 9º Eventual saldo financeiro existente em 31 de dezembro de 2032 será transferido ao Fundo de que trata o art. 159-A, da Constituição Federal, com a redação dada pelo art. 1º desta Emenda Constitucional.

Capítulo	Texto da PEC 45/2019
REGULAMENTAÇÃO CONSTITUCIONAL Art. 159-A 08 - DISTRIBUIÇÃO ARRECADAÇÃO	**Art. 13** Os recursos de que trata o art. 159-A, da Constituição Federal, com a redação dada pelo art. 1º desta Emenda Constitucional, corresponderão aos seguintes valores, atualizados, de 2023 até o ano anterior ao da entrega, pela variação acumulada do Índice Nacional de Preços ao Consumidor Amplo – IPCA, ou de outro índice que vier a substituí-lo: I – em 2029, a R$ 8.000.000.000,00 (oito bilhões de reais); II – em 2030, a R$ 16.000.000.000,00 (dezesseis bilhões de reais); III – em 2031, a R$ 24.000.000.000,00 (vinte e quatro bilhões de reais); IV – em 2032, a R$ 32.000.000.000,00 (trinta e dois bilhões de reais); V – a partir de 2033, a R$ 40.000.000.000,00 (quarenta bilhões de reais), por ano.
Capítulo	**Texto da PEC 45/2019**
REGULAMENTAÇÃO CONSTITUCIONAL Art. 125 ADCT 03 – CONSELHO FEDERATIVO	**Art. 14.** A União custeará, com posterior ressarcimento, as despesas necessárias para a instalação do Conselho Federativo do Imposto sobre Bens e Serviços de que trata o art. 156-B da Constituição Federal.
Capítulo	**Texto da PEC 45/2019**
REGULAMENTAÇÃO CONSTITUCIONAL Art. 159-A 09 - BENEFÍCIOS FISCAIS 08 - DISTRIBUIÇÃO ARRECADAÇÃO	**Art. 15.** Os recursos entregues na forma do art. 159-A da Constituição Federal, com a redação dada pelo art. 1º desta Emenda Constitucional, os recursos de que trata o art. 12 e as compensações de que tratam o art. 7º não se incluem em bases de cálculo ou em limites de despesas estabelecidos pela lei complementar de que trata o art. 6º da Emenda Constitucional nº 126, de 21 de dezembro de 2022.
Capítulo	**Texto da PEC 45/2019**
REGULAMENTAÇÃO CONSTITUCIONAL Art. 155 § 1º III 13 - TRIBUTOS ESTADUAIS 10 - LEGISLAÇÃO NECESSÁRIA	**Art. 16.** Até que lei complementar regule o disposto no art. 155, § 1º, III, da Constituição Federal, o imposto incidente nas hipóteses de que trata aquele dispositivo competirá a: I – relativamente a bens imóveis e respectivos direitos, ao Estado da situação do bem, ou ao Distrito Federal; II – se o doador tiver domicílio ou residência no exterior: a) ao Estado onde tiver domicílio o donatário ou ao Distrito Federal; b) se o donatário tiver domicílio ou residir no exterior, ao Estado em que se encontrar o bem ou ao Distrito Federal; III – relativamente aos bens do de cujus, ainda que situados no exterior, ao Estado onde era domiciliado, ou, se domiciliado ou residente no exterior, onde tiver domicílio o herdeiro ou legatário, ou ao Distrito Federal.
REGULAMENTAÇÃO CONSTITUCIONAL Art. 155, 1º, II 13 - TRIBUTOS ESTADUAIS	**Art. 17.** A alteração do art. 155, 1º, II, da Constituição Federal, promovida pelo art. 1º desta Emenda Constitucional aplica-se às sucessões abertas a partir da publicação desta Emenda Constitucional.

Capítulo	Texto da PEC 45/2019
REGULAMENTAÇÃO CONSTITUCIONAL Art. 153 III 12 - TRIBUTOS FEDERAIS	Art. 18. O Poder Executivo deverá encaminhar ao Congresso Nacional, em até 180 (cento e oitenta) dias após a promulgação desta Emenda Constitucional, projeto de lei que reforme a tributação da renda, acompanhado das correspondentes estimativas e estudos de impactos orçamentários e financeiros. Parágrafo único. Eventual arrecadação adicional da União decorrente da aprovação da medida de que trata o caput poderá ser considerada como fonte de compensação para redução da tributação incidente sobre a folha de pagamentos e sobre o consumo de bens e serviços.
Capítulo	Texto da PEC 45/2019
13 - TRIBUTOS ESTADUAIS	Art. 19 Os Estados e o Distrito Federal poderão instituir contribuição sobre produtos primários e semielaborados, produzidos nos respectivos territórios, para investimento em obras de infraestrutura e habitação, em substituição a contribuição a fundos estaduais, estabelecida como condição à aplicação de diferimento, regime especial ou outro tratamento diferenciado, relacionados com o imposto de que trata o art. 155, II, da Constituição Federal, prevista na respectiva legislação estadual em 30 de abril de 2023. Parágrafo único. O disposto neste artigo aplica-se até 31 de dezembro de 2043.
Capítulo	Texto da PEC 45/2019
REGULAMENTAÇÃO CONSTITUCIONAL 12 - TRIBUTOS FEDERAIS	Art. 20 Ficam revogados: I – em 2027, o art. 195, I, "b", IV e § 12, da Constituição Federal; II – em 2033: a) os arts. 153, IV e § 3º,
13 - TRIBUTOS ESTADUAIS	155, II e §§ 2º a 5º,
14 - TRIBUTOS MUNICIPAIS	156, III e § 3º,
08 - DISTRIBUIÇÃO ARRECADAÇÃO	158, IV, 'a', e § 1º, e 161, I, todos da Constituição Federal; e b) os arts. 80, II, 82, § 2º, e 83, do Ato das Disposições Constitucionais Transitórias.
	Art. 21 Esta Emenda Constitucional entra em vigor: I – em 2027, em relação aos arts. 3º e 11; II – em 2033, em relação aos arts. 4º e 5º; e III – em relação aos demais dispositivos, na data de sua publicação

Mário Bonafé Jr.

APÊNDICE 2
Cronologia da Reforma Tributária – PEC 45 / 2019

A PEC 45/2019 prevê um período, para os novos impostos terem plena vigência, bem como para a extinção de outros, que não se caracteriza como destinado a testar, mas sim a implantar o novo sistema tributário, possibilitando, aos entes federados e aos contribuintes, a adaptação gradual aos procedimentos fiscais e contábeis envolvidos.

Da mesma forma, no que respeita à destinação da arrecadação, prevê um outro período, em que haverá retenção de parte dela para redistribuição aos entes federados, com regras que visam sua manutenção nos mesmos níveis de anos anteriores ao início da reforma tributária. Essa retenção será gradualmente menor, ano a ano.

IMPLANTAÇÃO - 2024 a 2033

2024 e 2025
Cobrança dos tributos sem alteração.

Criação do Conselho Federativo e formulação das normas e regras.

Elaboração e aprovação de Leis Complementares

2026
Cobrança de ICMS e de ISS sem alteração.

Cobrança do IBS à alíquota de 0,1% sobre todas as operações com bens e serviços.

Cobrança da CBS à alíquota de 0,9% sobre todas as operações com bens e serviços.

Cobrança do IPI – normal.

Contribuição social do empregador incidente sobre sua receita ou faturamento – normal.

Contribuição Social do importador de bens ou serviços – normal.

PIS – normal.

2027 e 2028
Cobrança de ICMS e de ISS sem alteração.

Cobrança do IBS à alíquota de 0,1% sobre todas as operações com bens e serviços.

Cobrança da CBS integral sobre todas as operações com bens e serviços à alíquota de 12% (se aprovado o PL 3887/2020) menos 0,1% para compensar o pagamento do IBS.

Cobrança do IPI – alíquota igual a zero, com exceção de produtos que tenham similar em fabricação na Zona Franca de Manaus em 31/12/2026.

Contribuição social do empregador incidente sobre sua receita ou faturamento – extinta em 2027.

Contribuição Social do importador de bens ou serviços – extinta em 2027.

PIS – extinto em 2027

2029

Cobrança de ICMS e de ISS com alíquotas iguais a 9/10 da atual. Cobrança do IBS à alíquota própria de cada ente federado de destino, sobre todas as operações com bens e serviços.

Cobrança da CBS integral sobre todas as operações com bens e serviços à alíquota de 12%, se aprovado o PL 3887/2020.

Cobrança do IPI – alíquota igual a zero, com exceção de produtos que tenham similar em fabricação na Zona Franca de Manaus em 31/12/2026.

2030

Cobrança de ICMS e de ISS com alíquotas iguais a 8/10 da atual. Cobrança da CBS integral sobre todas as operações com bens e serviços à alíquota de 12%, se aprovado o PL 3887/2020

Cobrança do IBS à alíquota de cada ente federado de destino sobre todas as operações com bens e serviços.

Cobrança do IPI – alíquota igual a zero, com exceção de produtos que tenham similar em fabricação na Zona Franca de Manaus em 31/12/2026.

2031

Cobrança de ICMS e de ISS com alíquotas iguais a 7/10 da atual. Cobrança da CBS integral sobre todas as operações com bens e serviços à alíquota de 12%, se aprovado o PL 3887/2020

Cobrança do IBS à alíquota de cada ente federado de destino sobre todas as operações com bens e serviços.

Cobrança do IPI – alíquota igual a zero, com exceção de produtos que tenham similar em fabricação na Zona Franca de Manaus em 31/12/2026.

2032

Cobrança de ICMS e de ISS com alíquotas iguais a 6/10 da atual. Cobrança da CBS integral sobre todas as operações com bens e serviços à alíquota de 12%, se aprovado o PL 3887/2020

Cobrança do IBS à alíquota de cada ente federado de destino sobre todas as operações com bens e serviços.

Cobrança do IPI – alíquota igual a zero, com exceção de produtos que tenham similar em fabricação na Zona Franca de Manaus em 31/12/2026.

31/12/2032

FIM DA IMPLANTAÇÃO DA REFORMA TRIBUTÁRIA

2033 em diante

ICMS – extinto
ISS – extinto
IPI – extinto
CBS – Cobrança sobre todas as operações com bens e serviços à alíquota fixada. A alíquota será de 12%, se aprovado o PL 3887/2020.
IBS – Cobrança sobre todas as operações com bens e serviços às alíquotas dos entes federados de destino.

DISTRIBUIÇÃO DA ARRECADAÇÃO – 2024 a 2098

2024 a 2098

A PEC 45/2019, no ADCT, prevê regras de distribuição da arrecadação entre os Estados, Municípios e Distrito Federal do início da implantação, em 2024 até o ano de 2098.

APÊNDICE 3

ESTIMATIVA DAS ALÍQUOTAS DO IBS

Parâmetros adotados para análise:

1. Alíquota considerada do ISS: 5%;
2. Alíquota considerada do ICMS: 18%;
3. Arrecadação nacional de ICMS em 2021: R$ 523.539.278.759,07;
4. Arrecadação nacional de ISS em 2021:   R$ 71.167.730.260,80

Arrecadação total de ICMS e ISS em 2021: R$ 594.707.009.019,87

Bases de cálculo, considerando os parâmetros acima:

1. Base de cálculo do ICMS: R$ 2.908.551.548.661,50;
2. Base de cálculo do ISS: R$ 1.423.354.605.216,00

Considerando que na base de cálculo do ICMS está incluído o valor do próprio tributo, a parcela das operações com bens, que comporá a base de cálculo do IBS, será de R$ 2.908.551.548.661,50 – R$ 523.539.278.759,07 = R$ 2.385.012.269.902,43.

Para manter a mesma arrecadação, a base de cálculo das operações sujeitas ao IBS será: R$ 2.385.012.269.902,43 + R$ 1.423.354.605.216,00 = R$ 3.808.366.875.118,43

Cálculo da alíquota média do IBS, para manter os valores arrecadados pelos Estados e Municípios (dados de 2021)

   Base de cálculo do IBS: R$ 3.808.366.875.118,43

   Arrecadação com o IBS: R$ 594.707.009.019,87

Mantendo a mesma base de cálculo e arrecadação com o IBS, a alíquota média nacional deste imposto será de (R$ 594.707.009.019,87 / R$ 3.808.366.875.118,43) = **15,62%**.

Alíquota do IBS (média macional) = 15,62% =

alíquota própria do município (média nacional) + alíquota própria do seu estado (média nacional).

Cálculo da **alíquota média do IBS**, de cada esfera federativa, para manter os valores arrecadados pelos Estados e Municípios (dados de 2021)

Alíquota própria estadual média = (R$ 523.539.278.759,07/ R$ 3.808.366.875.118,43) = **13,75%**.

Alíquota própria municipal média = (R$ 71.167.730.260,80/ R$ 3.808.366.875.118,43) = **1,87%**.

Considerando o total de operações sujeitas ao IBS = $ 3.808.366.875.118,43, a alíquota média do IBS deverá ser de 15,62% para manter a mesma arrecadação de $ 594.707.009.019,87 considerando os dados de 2021 (ICMS + ISS).

Este montante deverá ser dividido entre os entes federados, cabendo aos Estados $ 523.539.278.759,07 e aos Municípios $ 71.167.730.260,80, mantendo-se assim a mesma arrecadação (valores de 2021).

Uma das premissas para implantação do novo sistema de tributação é não haver redução da arrecadação dos entes federados, face à extinção do ICMS e do ISS.

Essa alíquota de 15,62% seria suficiente para manter no mesmo nível o montante distribuído aos Estados, Municípios e Distrito Federal, mas também sem aumentar a carga tributária sobre a população.

Entretanto a legislação proposta pela PEC 45 determina que parte da arrecadação seja destinada à criação e manutenção do Conselho Federativo do IBS. Assim, a alíquota média nacional, calculada em 15,62% não será suficiente para manter no mesmo nível o montante distribuído aos Estados, Municípios e Distrito Federal.

Fica claro que será necessário fixar alíquota do IBS maior que essa que foi calculada. Aumentando a alíquota do IBS aumentará a carga tributária sobre a população.

Por outro lado, estão previstos benefícios fiscais para inúmeros alimentos, como redução a zero da alíquota, bem como para alguns bens e serviços. Assim, a alíquota nacional média do IBS será superior a **16%**.

Mário Bonafé Jr.

Setor Serviços:

Para efeito de análise, vamos considerar que atualmente incide sobre o setor de serviços, cerca de 8,65% considerando os tributos ISS, COFINS e PIS, que serão extintos.

O IBS e a CBS incidirão simultaneamente em todas as operações com bens e serviços. A alíquota da CBS será de 12%, conforme o PL nº 3887/2020.

Sobre o setor de serviços, em média nacional, passará a incidir 16% (ou mais) de IBS e 12% de CBS, ou seja, **28%** (ou mais).

Conclusões baseadas na análise acima:

A alíquota média mínima de IBS será superior a 16%.

Haverá aumento da carga tributária sobre a população, para que sejam mantidos em níveis atuais os montantes da arrecadação cabíveis para os entes federados e para cobrir os custos do Conselho Federativo.

A tributação sobre serviços, considerando o ISS, o PIS e o COFINS, passará de 8,65%, para mais de 28%.

Não se levou em conta, neste ensaio:

1- efeitos possíveis, causados pelas novas regras:
   - a que determina que cada ente terá liberdade de fixar sua alíquota e
   - a que determina que a arrecadação seja destinada ao ente federado de destino da operação com bens ou serviços.

   De fato, regiões com população de menor capacidade aquisitiva e de consumo, para manter a arrecadação em montantes iguais aos atuais, terão que fixar alíquotas maiores que as demais, onerando assim a população local e distorcendo assim o tecido social da nação.

   As regiões com população de maior capacidade aquisitiva e de consumo poderão fixar alíquotas menores. Mas, poderão também fixar alíquotas maiores e assim arrecadar mais, aumentando a carga tributária.

2- a incidência obrigatório da CBS em todas as operações sujeitas ao IBS.

   TODAS as operações com bens e serviços que pagarem o IBS também pagarão obrigatoriamente os 12 % da CBS, mesmo as que, antes da Reforma Tributária, não estivessem sujeitas a um ou mais dos tributos extintos (IPI, Contribuição Social do empregador sobre a Receita, Contribuição Social do Importador, PIS).

Alíquota de Referência

Resolução do Senado irá fixar uma alíquota de referência para cada esfera legislativa de forma a compensar a redução da receita com a extinção dos tributos.

Para tanto, o Senado deverá considerar a arrecadação anterior à extinção dos tributos em pauta, dos estados, municípios e Distrito Federal e fixar uma alíquota de referência estadual e uma municipal.

Os entes federados, até 2078, não poderão fixar alíquota própria menor que 90,3% da alíquota de referência. A razão disso é que este percentual da arrecadação de cada estado será retido e entrará num "pacote", que será rateado entre todos os estados, segundo regras definidas.

O valor não retido de cada estado será a ele entregue.

Exemplificando, vamos supor que a alíquota de referência estadual, fixada pelo Senado, seja de 16% e que, no estado de São Paulo, grande centro de consumo, a alíquota de 12% seria suficiente para manter a arrecadação no mesmo patamar que era sob a tributação do ICMS e ISS.

Neste caso hipotético, São Paulo não poderá fixar sua alíquota própria em valor inferior a 90,3% da alíquota de referência que o Senado fixou, ou seja, inferior a 14,45%.

Se fixar sua alíquota em 14,45%, toda a arrecadação que lhe seria cabível será retida, embora a parte que lhe couber pelo rateio posterior possa ser suficiente para manter sua arrecadação no mesmo nível de anos anteriores.

Entretanto, nada impede que São Paulo fixe uma alíquota de 20%, por exemplo, pois assim, após a aludida retenção de 14,45%, o montante arrecadado excedente lhe será entregue, além do que lhe será eventualmente destinado pelo referido rateio.

APÊNDICE 4

GLOSSÁRIO DE SIGLAS E ABREVIATURAS

ADCT: Ato das Disposições Constitucionais Transitórias

CBS: Contribuição Social sobre Bens e Serviços

COFINS: Contribuição sobre a receita ou faturamento das empresas para o Financiamento da Seguridade Social (Art. 195 I "b" da Constituição Federal e LC 70/1991)

CONFAZ: Conselho Nacional de Política Fazendária

FUNDEB: Fundo de Manutenção e Desenvolvimento da Educação Básica e de Valorização dos Profissionais da Educação

IBS: Imposto sobre Bens e Serviços

IBSP: Imposto sobre Bens e Serviços Prejudiciais à Saúde e ao Meio-ambiente nos termos do artigo 153 VIII e § 6º desta proposta de alteração da Constituição Federal

ICMS: Imposto sobre circulação de mercadorias e sobre prestações de serviços de transporte interestadual e intermunicipal e de comunicação,

IPI: Imposto sobre produtos industrializados;

IPTU: Imposto sobre a propriedade predial e territorial urbana

IR: Imposto sobre a renda e proventos de qualquer natureza

ISS: Imposto sobre serviços de qualquer natureza

ITBI: Imposto sobre transmissão intervivos de bens imóveis

ITCMD: Imposto sobre transmissão causa mortis e doação, de quaisquer bens ou direitos

ITR: Imposto sobre a propriedade territorial rural;

IPVA: Imposto sobre propriedade de veículos automotores

PEC: Proposta de Emenda à Constituição

PIS: Programa de Integração Social

ZFM: Zona Franca de Manaus

Mário Bonafé Jr.

ANEXO 1

PEC 45/2019

**TEXTO APROVADO PELA CÂMARA DE DEPUTADOS
E ENCAMINHADO AO SENADO NACIONAL EM 03/08/2023**

CÂMARA DOS DEPUTADOS

Of. nº 161/2023/SGM-P

Brasília, 3 de Agosto de 2023.

A Sua Excelência o Senhor
Senador RODRIGO PACHECO
Presidente do Senado Federal

Assunto: **Envio de PEC para apreciação**

Senhor Presidente,

Encaminho a Vossa Excelência, para os fins constantes do § 2º do art. 60 da Constituição Federal, a Proposta de Emenda à Constituição nº 45, de 2019, da Câmara dos Deputados, que "Altera o Sistema Tributário Nacional".

Atenciosamente,

ARTHUR LIRA
Presidente

24.579 (AGO/18)

Mário Bonafé Jr.

Altera o Sistema Tributário Nacional.

As Mesas da Câmara dos Deputados e do Senado Federal, nos termos do art. 60, § 3º, da Constituição Federal, promulgam a seguinte Emenda ao texto constitucional:

Art. 1º A Constituição Federal passa a vigorar com as seguintes alterações:

"Art. 43. ....
....

§ 4º Sempre que possível, a concessão dos incentivos regionais a que se refere o § 2º, III, considerará critérios de preservação do meio ambiente." (NR)

"Art. 61. ....
....

§ 3º A iniciativa de lei complementar que trate do imposto previsto no art. 156-A também caberá ao Conselho Federativo do Imposto sobre Bens e Serviços a que se refere o art. 156-B." (NR)

"Art. 62. ....
....

§ 2º Medida provisória que implique instituição ou majoração de impostos, exceto os previstos nos arts. 153, I, II, IV, V e VIII, e 154, II, só produzirá efeitos no exercício financeiro seguinte se houver sido convertida em lei até o último dia daquele em que foi editada.
...." (NR)

"Art. 64. A discussão e votação dos projetos de lei de iniciativa do Presidente da República, do Supremo Tribunal Federal, dos Tribunais Superiores e do Conselho Federativo do Imposto sobre Bens e Serviços terão início na Câmara dos Deputados.

1

...." (NR)

"Art. 105. ....

I – ....

....

j) os conflitos entre entes federativos, ou entre estes e o Conselho Federativo do Imposto sobre Bens e Serviços, relacionados ao imposto previsto no art. 156-A;

...." (NR)

"Art. 145. ....

....

§ 3º O Sistema Tributário Nacional deve observar os princípios da simplicidade, da transparência, da justiça tributária e do equilíbrio e da defesa do meio ambiente." (NR)

"Art. 146. ....

....

III – ....

....

c) adequado tratamento tributário ao ato cooperativo praticado pelas sociedades cooperativas, inclusive em relação aos tributos previstos nos arts. 156-A e 195, V; e

d) definição de tratamento diferenciado e favorecido para as microempresas e para as empresas de pequeno porte, inclusive regimes especiais ou simplificados no caso dos impostos previstos nos arts. 155, II, e 156-A, das contribuições sociais previstas no art. 195, I e V, e § 12, e da contribuição a que se refere o art. 239.

§ 1º ....

....

2

§ 2º Na hipótese de o recolhimento dos tributos previstos nos arts. 156-A e 195, V, ser realizado por meio do regime único de que trata o § 1º, enquanto perdurar a opção:

I – não será permitida a apropriação de créditos dos tributos previstos nos arts. 156-A e 195, V, pelo contribuinte optante pelo regime único; e

II – será permitida ao adquirente de bens e serviços do contribuinte optante a apropriação de créditos dos tributos previstos nos arts. 156-A e 195, V, em montante equivalente ao cobrado por meio do regime único.

§ 3º O contribuinte optante pelo regime único de que trata o § 1º poderá recolher separadamente os tributos previstos nos arts. 156-A e 195, V, não se aplicando o disposto no § 2º deste artigo, nos termos de lei complementar." (NR)

"Art. 149-A. Os Municípios e o Distrito Federal poderão instituir contribuição, na forma das respectivas leis, para o custeio, a expansão e a melhoria do serviço de iluminação pública, observado o disposto no art. 150, I e III.
...." (NR)

"Art. 149-B. Os tributos previstos no art. 156-A e no art. 195, V, terão:
I – os mesmos fatos geradores, bases de cálculo, hipóteses de não incidência e sujeitos passivos;
II – as mesmas imunidades;
III – os mesmos regimes específicos, diferenciados ou favorecidos de tributação; e
IV – as mesmas regras de não cumulatividade e de creditamento.
Parágrafo único. Para fins do disposto no inciso II, serão observadas as imunidades previstas no art. 150, VI, não se aplicando a ambos os tributos o disposto no art. 195, § 7º." (NR)

"Art. 150. ....
....
VI - ....
....
b) entidades religiosas, templos de qualquer culto, inclusive suas organizações assistenciais e beneficentes;

3

....

§ 1º A vedação do inciso III, 'b', não se aplica aos tributos previstos nos arts. 148, I, 153, I, II, IV, V e VIII, e 154, II, e a vedação do inciso III, 'c', não se aplica aos tributos previstos nos arts. 148, I, 153, I, II, III e V, e 154, II, nem à fixação da base de cálculo dos impostos previstos nos arts. 155, III, e 156, I.

...." (NR)

"Art. 153. ....

....

VIII – produção, comercialização ou importação de bens e serviços prejudiciais à saúde ou ao meio ambiente, nos termos da lei.

§ 1º É facultado ao Poder Executivo, atendidas as condições e os limites estabelecidos em lei, alterar as alíquotas dos impostos enumerados nos incisos I, II, IV, V e VIII.

....

§ 3º ....

....

V – não incidirá sobre produtos tributados pelo imposto previsto no inciso VIII.

....

§ 6º O imposto previsto no inciso VIII:

I – não incidirá sobre as exportações;

II – integrará a base de cálculo dos tributos previstos nos arts. 155, II, 156, III, 156-A e 195, V; e

III – poderá ter o mesmo fato gerador e a mesma base de cálculo de outros tributos." (NR)

"Art. 155. ....

....

§ 1º ....

....

4

II – relativamente a bens móveis, títulos e créditos, compete ao Estado onde era domiciliado o *de cujus*, ou tiver domicílio o doador, ou ao Distrito Federal;

....

VI – será progressivo em razão do valor da transmissão ou da doação; e

VII - não incidirá sobre as transmissões e as doações para as instituições sem fins lucrativos com finalidade de relevância pública e social, inclusive as organizações assistenciais e beneficentes de entidades religiosas e institutos científicos e tecnológicos, e por elas realizadas na consecução dos seus objetivos sociais, observadas as condições estabelecidas em lei complementar.

....

§ 3º À exceção dos impostos de que tratam o inciso II do *caput* deste artigo e os arts. 153, I, II e VIII, e 156-A, nenhum outro imposto poderá incidir sobre operações relativas a energia elétrica, serviços de telecomunicações, derivados de petróleo, combustíveis e minerais do País.

....

§ 6º ....

....

II – poderá ter alíquotas diferenciadas em função do tipo, do valor, da utilização e do impacto ambiental;

III – incidirá sobre a propriedade de veículos automotores terrestres, aquáticos e aéreos, exceptuadas:

a) aeronaves agrícolas e de operador certificado para prestar serviços aéreos a terceiros;

b) embarcações de pessoa jurídica que detenha outorga para prestar serviços de transporte aquaviário ou de pessoa física ou jurídica que pratique pesca industrial, artesanal, científica ou de subsistência;

c) plataformas suscetíveis de se locomoverem na água por meios próprios; e

d) tratores e máquinas agrícolas." (NR)

"Art. 156. ....

....

5

§ 1° ....

....

III – ter sua base de cálculo atualizada pelo Poder Executivo, conforme critérios estabelecidos em lei municipal.

...." (NR)

"SEÇÃO V-A

DO IMPOSTO DOS ESTADOS, DO DISTRITO FEDERAL E DOS MUNICÍPIOS

Art. 156-A. Lei complementar instituirá imposto sobre bens e serviços de competência dos Estados, do Distrito Federal e dos Municípios.

§ 1° O imposto previsto no *caput* atenderá ao seguinte:

I – incidirá sobre operações com bens materiais ou imateriais, inclusive direitos, ou com serviços;

II – incidirá também sobre a importação de bens materiais ou imateriais, inclusive direitos, ou de serviços realizada por pessoa física ou jurídica, ainda que não seja contribuinte habitual do imposto, qualquer que seja a sua finalidade;

III – não incidirá sobre as exportações, assegurada ao exportador a manutenção dos créditos relativos às operações nas quais seja adquirente de bem, material ou imaterial, ou de serviço, observado o disposto no § 5°, III;

IV – terá legislação única aplicável em todo o território nacional, ressalvado o disposto no inciso V;

V – cada ente federativo fixará sua alíquota própria por lei específica;

VI – a alíquota fixada pelo ente federativo na forma do inciso V será a mesma para todas as operações com bens ou serviços, ressalvadas as hipóteses previstas nesta Constituição;

VII – será cobrado pelo somatório das alíquotas do Estado e do Município de destino da operação;

VIII – com vistas a observar o princípio da neutralidade, será não cumulativo, compensando-se o imposto devido pelo contribuinte com o montante cobrado sobre todas as operações nas quais seja adquirente de bem material ou imaterial, inclusive direito, ou de serviço, excetuadas

6

Mário Bonafé Jr.

exclusivamente as consideradas de uso ou consumo pessoal, nos termos da lei complementar, e as hipóteses previstas nesta Constituição;

IX – não integrará sua própria base de cálculo nem a dos tributos previstos nos arts. 153, VIII, 155, II, 156, III, e 195, V;

X – não será objeto de concessão de incentivos e de benefícios financeiros ou fiscais relativos ao imposto ou de regimes específicos, diferenciados ou favorecidos de tributação, excetuadas as hipóteses previstas nesta Constituição;

XI – não incidirá nas prestações de serviço de comunicação nas modalidades de radiodifusão sonora e de sons e imagens de recepção livre e gratuita; e

XII – resolução do Senado Federal fixará alíquota de referência do imposto para cada esfera federativa, nos termos de lei complementar, que será aplicada salvo disposição em contrário em lei específica, nos termos do disposto no inciso V deste parágrafo.

§ 2º Para fins do disposto no § 1º, V, o Distrito Federal exercerá as competências estadual e municipal na fixação de suas alíquotas.

§ 3º Lei complementar poderá definir como sujeito passivo do imposto a pessoa que concorrer para a realização, a execução ou o pagamento da operação, ainda que residente ou domiciliada no exterior.

§ 4º Para fins de distribuição do produto da arrecadação do imposto, o Conselho Federativo do Imposto sobre Bens e Serviços:

I – reterá montante equivalente ao saldo acumulado de créditos do imposto não compensados pelos contribuintes ou não ressarcidos ao final de cada período de apuração; e

II – distribuirá o montante excedente ao ente federativo de destino das operações que não tenham gerado creditamento na forma prevista no § 1º, VIII, segundo o disposto no § 5º, I e IV, ambos do art. 156-A.

§ 5º Lei complementar disporá sobre:

I – as regras para a distribuição do produto da arrecadação do imposto, disciplinando, entre outros aspectos:

a) a sua forma de cálculo;

b) o tratamento em relação às operações em que o imposto não seja recolhido tempestivamente;

7

c) as regras de distribuição aplicáveis aos regimes específicos e diferenciados de tributação previstos nesta Constituição;

II – o regime de compensação, podendo estabelecer hipóteses em que o aproveitamento do crédito ficará condicionado à verificação do efetivo recolhimento do imposto incidente sobre a operação, desde que:

a) o adquirente possa efetuar o recolhimento do imposto incidente nas suas aquisições de bens ou serviços; ou

b) o recolhimento do imposto ocorra na liquidação financeira da operação;

III – a forma e o prazo para ressarcimento de créditos acumulados pelo contribuinte;

IV – os critérios para a definição do ente de destino da operação, que poderá ser, inclusive, o local da entrega, da disponibilização ou da localização do bem, o da prestação ou da disponibilização do serviço ou o do domicílio ou da localização do adquirente do bem ou serviço, admitidas diferenciações em razão das características da operação;

V – os regimes específicos de tributação para:

a) combustíveis e lubrificantes sobre os quais o imposto incidirá uma única vez, qualquer que seja a sua finalidade, hipótese em que:

1. serão uniformes as alíquotas em todo o território nacional, podendo ser específicas, por unidade de medida, e diferenciadas por produto, admitida a não aplicação do disposto no § 1º, V a VII;

2. será vedada a apropriação de créditos em relação às aquisições dos produtos de que trata esta alínea destinados a distribuição, comercialização ou revenda; e

3. será concedido crédito nas aquisições dos produtos de que trata esta alínea por contribuinte do imposto, observado o disposto no item 2 e no § 1º, VIII;

b) serviços financeiros, operações com bens imóveis, planos de assistência à saúde e concursos de prognósticos, podendo prever:

1. alterações nas alíquotas, nas regras de creditamento e na base de cálculo, admitida, em relação aos adquirentes dos bens e serviços de que trata esta alínea, a não aplicação do disposto no § 1º, VIII;

2. hipóteses em que o imposto será calculado com base na receita ou no faturamento, com alíquota uniforme em todo o território nacional, admitida a não aplicação do disposto no § 1º, V

8

a VII, e, em relação aos adquirentes dos bens e serviços de que trata esta alínea, também do disposto no § 1º, VIII;

c) operações contratadas pela administração pública direta, por autarquias e por fundações públicas, podendo prever hipóteses de:

1. não incidência do imposto e da contribuição prevista no art. 195, V, admitida a manutenção dos créditos relativos às operações anteriores; e

2. destinação integral do produto da arrecadação do imposto e da contribuição prevista no art. 195, V, ao ente federativo contratante, mediante redução a zero das alíquotas dos demais entes e elevação da alíquota do ente contratante em idêntico montante;

d) sociedades cooperativas, que será optativo, com vistas a assegurar sua competitividade, observados os princípios da livre concorrência e da isonomia tributária, definindo, inclusive:

1. as hipóteses em que o imposto não incidirá sobre as operações realizadas entre a sociedade cooperativa e seus associados, entre estes e aquela e pelas sociedades cooperativas entre si quando associadas para a consecução dos objetivos sociais; e

2. o regime de aproveitamento do crédito das etapas anteriores;

e) serviços de hotelaria, parques de diversão e parques temáticos, bares e restaurantes e aviação regional, podendo prever hipóteses de alterações nas alíquotas e nas regras de creditamento, admitida a não aplicação do disposto no § 1º, V a VIII;

VI – a forma como poderá ser reduzido o impacto do imposto sobre a aquisição de bens de capital pelo contribuinte;

VII – o processo administrativo fiscal do imposto;

VIII – as hipóteses de devolução do imposto a pessoas físicas, inclusive os limites e os beneficiários, com o objetivo de reduzir as desigualdades de renda; e

IX – as hipóteses de diferimento do imposto aplicáveis aos regimes aduaneiros especiais e às zonas de processamento de exportação.

§ 6º A isenção e a imunidade do imposto previsto no *caput*:

I – não implicarão crédito para compensação com o montante devido nas operações seguintes; e

II – acarretarão a anulação do crédito relativo às operações anteriores, salvo, na hipótese da imunidade, quando determinado em contrário em lei complementar.

9

§ 7º Para fins do disposto neste artigo, a lei complementar de que trata o *caput* poderá estabelecer o conceito de operações com serviços, seu conteúdo e alcance, admitida essa definição para qualquer operação que não seja classificada como operação com bens.

§ 8º Qualquer alteração na legislação federal que reduza ou eleve a arrecadação do imposto previsto no *caput*:

I – deverá ser compensada pela elevação ou redução, pelo Senado Federal, das alíquotas de referência de que trata o § 1º, XII, de modo a preservar a arrecadação das esferas federativas, nos termos de lei complementar;

II – somente entrará em vigor com o início da produção de efeitos do ajuste das alíquotas de referência de que trata o inciso I;

§ 9º Os Estados, o Distrito Federal e os Municípios poderão optar por vincular suas alíquotas à alíquota de referência de que trata o § 1º, XII.

§ 10. Projeto de lei complementar em tramitação no Congresso Nacional que reduza ou aumente a arrecadação do imposto somente será apreciado se acompanhado de estimativa de impacto no valor das alíquotas de referência de que trata o § 1º, XII.

§ 11. A devolução de que trata o § 5º, VIII, não será considerada nas bases de cálculo de que tratam os arts. 29-A, 198, § 2º, 204, parágrafo único, 212, 212-A, II, e 216, § 6º, não se aplicando a ela, ainda, o disposto no art. 158, IV, 'b'.

Art. 156-B. Os Estados, o Distrito Federal e os Municípios exercerão de forma integrada, exclusivamente por meio do Conselho Federativo do Imposto sobre Bens e Serviços, nos termos e nos limites estabelecidos nesta Constituição e em lei complementar, as seguintes competências administrativas relativas ao imposto de que trata o art. 156-A:

I – editar normas infralegais sobre temas relacionados ao imposto, de observância obrigatória por todos os entes que o integram;

II – uniformizar a interpretação e a aplicação da legislação do imposto, que serão vinculantes para todos os entes que o integram;

III – arrecadar o imposto, efetuar as compensações e distribuir o produto da arrecadação entre os Estados, o Distrito Federal e os Municípios;

10

IV – dirimir as questões suscitadas no âmbito do contencioso administrativo tributário entre o sujeito passivo e a administração tributária.

§ 1º O Conselho Federativo do Imposto sobre Bens e Serviços, entidade pública sob regime especial, terá independência técnica, administrativa, orçamentária e financeira.

§ 2º Na forma da lei complementar:

I – todos os Estados, o Distrito Federal e todos os Municípios serão representados, de forma paritária, na instância máxima de deliberação do Conselho Federativo;

II – será assegurada a alternância na presidência do Conselho Federativo entre o conjunto dos Estados e o Distrito Federal e o conjunto dos Municípios e o Distrito Federal;

III – o Conselho Federativo será financiado por percentual do produto da arrecadação do imposto destinado a cada ente federativo;

IV – o controle externo do Conselho Federativo será exercido pelos Poderes Legislativos dos entes federativos com o auxílio dos Tribunais de Contas dos Estados e do Distrito Federal, bem como dos Tribunais e dos Conselhos de Contas dos Municípios, que atuarão de forma coordenada;

V – o Conselho Federativo coordenará a atuação integrada dos Estados, do Distrito Federal e dos Municípios, na fiscalização, no lançamento, na cobrança e na representação administrativa ou judicial do imposto, podendo definir hipóteses de delegação ou de compartilhamento de competências entre as administrações tributárias e entre as procuradorias dos entes federativos;

VI – as competências exclusivas das carreiras da administração tributária e das procuradorias dos Estados, do Distrito Federal e dos Municípios serão exercidas, no Conselho Federativo, por servidores das referidas carreiras; e

VII – serão estabelecidas a estrutura e a gestão do Conselho Federativo, cabendo a regimento interno dispor sobre sua organização e funcionamento.

§ 3º A participação dos entes federativos na instância máxima de deliberação do Conselho Federativo observará a seguinte composição:

I – 27 (vinte e sete) membros, representando cada Estado e o Distrito Federal;

II – 27 (vinte e sete) membros, representando o conjunto dos Municípios e do Distrito Federal, que serão eleitos nos seguintes termos:

11

a) 14 (quatorze) representantes, com base nos votos de cada Município, com valor igual para todos; e

b) 13 (treze) representantes, com base nos votos de cada Município ponderados pelas respectivas populações.

§ 4° As deliberações no âmbito do Conselho Federativo serão consideradas aprovadas se obtiverem, cumulativamente, os votos:

I – em relação ao conjunto dos Estados e do Distrito Federal:

a) da maioria absoluta de seus representantes; e

b) de representantes dos Estados e do Distrito Federal que correspondam a mais de 60% (sessenta por cento) da população do País; e

II – em relação ao conjunto dos Municípios e do Distrito Federal, da maioria absoluta de seus representantes.

§ 5° O Conselho Federativo do Imposto sobre Bens e Serviços, a administração tributária da União e a Procuradoria-Geral da Fazenda Nacional compartilharão informações fiscais relacionadas aos tributos previstos nos arts. 156-A e 195, V, e atuarão com vistas a harmonizar normas, interpretações e procedimentos a eles relativos."

"Art. 158 ....

....

III – 50% (cinquenta por cento) do produto da arrecadação do imposto do Estado sobre a propriedade de veículos automotores licenciados em seus territórios ou, em relação a veículos aquáticos e aéreos, cujos proprietários sejam domiciliados em seus territórios;

IV – 25% (vinte e cinco por cento):

a) do produto da arrecadação do imposto do Estado sobre operações relativas à circulação de mercadorias e sobre prestações de serviços de transporte interestadual e intermunicipal e de comunicação;

b) do produto da arrecadação do imposto previsto no art. 156-A distribuída aos Estados.

§ 1° As parcelas de receita pertencentes aos Municípios mencionadas no inciso IV, 'a', serão creditadas conforme os seguintes critérios:

12

§ 2° As parcelas de receita pertencentes aos Municípios mencionadas no inciso IV, 'b', serão creditadas conforme os seguintes critérios:

I – 85% (oitenta e cinco por cento), na proporção da população;

II – 10% (dez por cento), com base em indicadores de melhoria nos resultados de aprendizagem e de aumento da equidade, considerado o nível socioeconômico dos educandos, de acordo com o que dispuser lei estadual; e

III – 5% (cinco por cento), em montantes iguais para todos os Municípios do Estado." (NR)

"Art. 159. ....

I – do produto da arrecadação dos impostos sobre renda e proventos de qualquer natureza e sobre produtos industrializados e do imposto previsto no art. 153, VIII, 50% (cinquenta por cento), da seguinte forma:

....

II – do produto da arrecadação do imposto sobre produtos industrializados e do imposto previsto no art. 153, VIII, 10% (dez por cento) aos Estados e ao Distrito Federal, proporcionalmente ao valor das respectivas exportações de produtos industrializados.

....

§ 3° Os Estados entregarão aos respectivos Municípios 25% (vinte e cinco por cento) dos recursos que receberem nos termos do inciso II, observados os critérios estabelecidos no art. 158, § 1°, para a parcela relativa ao imposto sobre produtos industrializados, e no art. 158, § 2°, para a parcela relativa ao imposto previsto no art. 153, VIII.

.... " (NR)

"Art. 159-A. Fica instituído o Fundo Nacional de Desenvolvimento Regional com o objetivo de reduzir as desigualdades regionais e sociais, nos termos do art. 3°, III, mediante a entrega de recursos da União aos Estados e ao Distrito Federal para:

I – realização de estudos, projetos e obras de infraestrutura;

13

II – fomento a atividades produtivas com elevado potencial de geração de emprego e renda, incluindo a concessão de subvenções econômicas e financeiras; e

III – promoção de ações com vistas ao desenvolvimento científico e tecnológico e à inovação.

§ 1º Os recursos de que trata o *caput* serão entregues aos Estados e ao Distrito Federal segundo critérios definidos em lei complementar, vedada a retenção ou qualquer restrição a seu recebimento.

§ 2º Na aplicação dos recursos de que trata o *caput*, os Estados e o Distrito Federal priorizarão projetos que prevejam ações de preservação do meio ambiente.

§ 3º Observado o disposto neste artigo, caberá aos Estados e ao Distrito Federal a decisão quanto à aplicação dos recursos de que trata o *caput*."

"Art. 161. ....

I – definir valor adicionado para fins do disposto no art. 158, § 1º, I;

...." (NR)

"Art. 167. ....

....

§ 4º É permitida a vinculação das receitas a que se referem os arts. 155, 156, 156-A, 157, 158 e as alíneas 'a', 'b', 'd', 'e' e 'f' do inciso I e o inciso II do *caput* do art. 159 desta Constituição para pagamento de débitos com a União e para prestar-lhe garantia ou contragarantia.

...." (NR)

"Art. 195. ....

....

V – sobre bens e serviços, nos termos de lei complementar.

....

§ 15. Aplica-se à contribuição prevista no inciso V o disposto no art. 156-A, § 1º, I a VI, VIII, X a XII, § 3º, § 5º, II, III, V, VI e IX, e §§ 6º a 10.

14

§ 16. A contribuição prevista no inciso V não integrará sua própria base de cálculo nem a dos impostos previstos nos arts. 153, VIII, 155, II, 156, III, e 156-A.

§ 17. Lei estabelecerá as hipóteses de devolução da contribuição prevista no inciso V a pessoas físicas, inclusive em relação a limites e a beneficiários, com o objetivo de reduzir as desigualdades de renda.

§ 18. A devolução de que trata o § 17 não será computada na receita corrente líquida da União para os fins do disposto nos arts. 100, § 15, 166, §§ 9º, 12 e 17, e 198, § 2º." (NR)

"Art. 198. ....

....

§ 2º ....

....

II – no caso dos Estados e do Distrito Federal, o produto da arrecadação dos impostos a que se referem os arts. 155 e 156-A e dos recursos de que tratam os arts. 157 e 159, I, 'a', e II, deduzidas as parcelas que forem transferidas aos respectivos Municípios;

III – no caso dos Municípios e do Distrito Federal, o produto da arrecadação dos impostos a que se referem os arts. 156 e 156-A e dos recursos de que tratam os arts. 158 e 159, I, 'b' e § 3º.

...." (NR)

"Art. 212-A. ....

....

II – os fundos referidos no inciso I do *caput* deste artigo serão constituídos por 20% (vinte por cento):

a) das parcelas dos Estados no imposto de que trata o art. 156-A;

b) da parcela do Distrito Federal no imposto de que trata o art. 156-A, relativa ao exercício de sua competência estadual, nos termos do art. 156-A, § 2º; e

c) dos recursos a que se referem os incisos I, II e III do *caput* do art. 155, o inciso II do *caput* do art. 157, os incisos II, III e IV do *caput* do art. 158 e as alíneas 'a' e 'b' do inciso I e o inciso II do *caput* do art. 159 desta Constituição;

15

...." (NR)

"Art. 225. ....

§1º ....

....

VIII – manter regime fiscal favorecido para os biocombustíveis, na forma de lei complementar, a fim de assegurar-lhes tributação inferior à incidente sobre os combustíveis fósseis, capaz de garantir diferencial competitivo em relação a estes, especialmente em relação às contribuições de que tratam o art. 195, I, 'b', IV e V, e o art. 239 e aos impostos a que se referem os arts. 155, II, e 156-A desta Constituição.

...." (NR)

Art. 2º O Ato das Disposições Constitucionais Transitórias passa a vigorar com as seguintes alterações:

"Art. 76-A. São desvinculados de órgão, fundo ou despesa, até 31 de dezembro de 2032, 30% (trinta por cento) das receitas dos Estados e do Distrito Federal relativas a impostos, taxas e multas já instituídos ou que vierem a ser criados até a referida data, seus adicionais e respectivos acréscimos legais, e outras receitas correntes.

...." (NR)

"Art. 76-B. São desvinculados de órgão, fundo ou despesa, até 31 de dezembro de 2032, 30% (trinta por cento) das receitas dos Municípios relativas a impostos, taxas e multas, já instituídos ou que vierem a ser criados até a referida data, seus adicionais e respectivos acréscimos legais, e outras receitas correntes.

...." (NR)

"Art. 92-B. As leis instituidoras dos tributos previstos nos arts. 153, VIII, 156-A e 195, V, da Constituição Federal estabelecerão os mecanismos necessários para manter, em caráter geral, o diferencial competitivo assegurado à Zona Franca de Manaus nos arts. 40 e 92-A, e às áreas

16

336   *Mário Bonafé Jr.*

de livre comércio existentes em 31 de maio de 2023, nos níveis estabelecidos pela legislação relativa aos tributos extintos a que se refere o art. 124, todos deste Ato das Disposições Constitucionais Transitórias.

§ 1º Para fins do disposto no *caput*, serão utilizados, individual ou cumulativamente, instrumentos fiscais, econômicos ou financeiros, inclusive a ampliação da incidência do imposto de que trata o art. 153, VIII, da Constituição Federal, para alcançar a produção, a comercialização ou a importação de bens que também tenham industrialização na Zona Franca de Manaus ou nas áreas de livre comércio referidas no *caput*, garantido tratamento favorecido às operações originadas nessas áreas incentivadas.

§ 2º Lei complementar instituirá Fundo de Sustentabilidade e Diversificação Econômica do Estado do Amazonas, que será constituído com recursos da União e por ela gerido, com o objetivo de fomentar o desenvolvimento e a diversificação das atividades econômicas no Estado.

§ 3º A lei complementar de que trata o § 2º:

I – estabelecerá o montante mínimo de aporte anual de recursos ao Fundo, bem como os critérios para sua correção; e

II – preverá a possibilidade de utilização dos recursos do Fundo para compensar eventual perda de receita do Estado do Amazonas em função das alterações no sistema tributário decorrentes da instituição dos tributos previstos nos arts. 156-A e 195, V, da Constituição Federal.

§ 4º A União poderá aportar recursos adicionais ao Fundo de que trata o § 2º, em contrapartida à redução de benefícios previstos no *caput*, mediante acordo com o Estado do Amazonas."

"Art. 104. ....

....

IV – os Estados e o Conselho Federativo do Imposto sobre Bens e Serviços reterão os repasses previstos, respectivamente, nos §§ 1º e 2º do art. 158 da Constituição Federal e os depositarão na conta especial referida no art. 101 deste Ato das Disposições Constitucionais Transitórias, para utilização como nele previsto.

...." (NR)

17

"Art. 124. A transição entre a extinção dos impostos previstos nos arts. 153, IV, 155, II, e 156, III, das contribuições previstas no art. 195, I, 'b' e IV, e da contribuição para o Programa de Integração Social a que se refere o art. 239, e a instituição dos tributos previstos no art. 156-A e no art. 195, V, todos da Constituição Federal, atenderá aos critérios estabelecidos nos arts. 125 a 133 deste Ato das Disposições Constitucionais Transitórias."

"Art. 125. Em 2026, o imposto previsto no art. 156-A será cobrado à alíquota estadual de 0,1% (um décimo por cento) e a contribuição prevista no art. 195, V, ambos da Constituição Federal, será cobrada à alíquota de 0,9% (nove décimos por cento).

§ 1º O montante recolhido na forma do *caput* poderá ser deduzido do valor devido das contribuições previstas no art. 195, I, 'b' e IV, e da contribuição para o Programa de Integração Social a que se refere o art. 239, ambos da Constituição Federal.

§ 2º Caso o contribuinte não possua débitos suficientes para efetuar a compensação de que trata o § 1º, o valor recolhido poderá ser compensado com qualquer outro tributo federal ou ser ressarcido em até 60 (sessenta) dias, mediante requerimento.

§ 3º A arrecadação do imposto previsto no art. 156-A da Constituição Federal decorrente do disposto no *caput* deste artigo não observará as vinculações e destinações previstas na Constituição Federal, devendo ser aplicada, integral e sucessivamente, para:

I – o financiamento do Conselho Federativo, nos termos do art. 156-B, § 2º, III, da Constituição Federal;

II – a composição do Fundo de Compensação de Benefícios Fiscais ou Financeiros-Fiscais do Imposto de que trata o art. 155, II, da Constituição Federal."

"Art. 126. A partir de 2027, será cobrada a contribuição sobre bens e serviços prevista no art. 195, V, da Constituição Federal, sendo extintas as contribuições previstas no art. 195, I, 'b' e IV, e a contribuição para o Programa de Integração Social de que trata o art. 239, todos da Constituição Federal.

Parágrafo único. Até 2028, o imposto previsto no art. 156-A será cobrado nos termos dispostos no art. 125 deste Ato das Disposições Constitucionais Transitórias, com redução equivalente da alíquota da contribuição prevista no art. 195, V, ambos da Constituição Federal."

18

"Art. 127. A partir de 2027, ficam reduzidas a zero as alíquotas do imposto previsto no art. 153, IV, da Constituição Federal, exceto em relação aos produtos que também tenham industrialização na Zona Franca de Manaus, em 31 de dezembro de 2026, nos termos de lei complementar."

"Art. 128. De 2029 a 2032, as alíquotas dos impostos previstos nos arts. 155, II, e 156, III, da Constituição Federal serão fixadas nas seguintes proporções das alíquotas fixadas nas respectivas legislações:

I – 9/10 (nove décimos), em 2029;

II – 8/10 (oito décimos), em 2030;

III – 7/10 (sete décimos), em 2031; e

IV – 6/10 (seis décimos), em 2032.

Parágrafo único. Os benefícios ou os incentivos fiscais ou financeiros relativos aos impostos previstos nos arts. 155, II, e 156, III, da Constituição Federal não alcançados pelo disposto no *caput* deste artigo ou no art. 3º, § 2º-A, da Lei Complementar nº 160, de 7 agosto de 2017, serão reduzidos na mesma proporção."

"Art. 129. A partir de 2033, ficam extintos os impostos previstos nos arts. 153, IV, 155, II, e 156, III, todos da Constituição Federal."

"Art. 130. Resolução do Senado Federal fixará, para todas as esferas federativas, as alíquotas de referência dos tributos previstos nos arts. 156-A e 195, V, da Constituição Federal, observados a forma de cálculo e os limites previstos em lei complementar, de forma a compensar:

I – de 2027 a 2033, no caso da União, a redução da receita:

a) das contribuições previstas no art. 195, I, 'b' e IV, e da contribuição para o Programa de Integração Social de que trata o art. 239, ambos da Constituição Federal; e

b) do imposto previsto no art. 153, IV, deduzida da receita proveniente do imposto previsto no art. 153, VIII, ambos da Constituição Federal;

II – de 2029 a 2033, no caso dos Estados e do Distrito Federal, a redução da receita do imposto previsto no art. 155, II, da Constituição Federal; e

19

III – de 2029 a 2033, no caso dos Municípios e do Distrito Federal, a redução da receita do imposto previsto no art. 156, III, da Constituição Federal.

§ 1º As alíquotas de referência serão fixadas no ano anterior ao de sua vigência, não se aplicando o disposto no art. 150, III, 'c', da Constituição Federal, com base em cálculo realizado pelo Tribunal de Contas da União.

§ 2º Na fixação das alíquotas de referência, deverão ser considerados os efeitos dos regimes específicos, diferenciados ou favorecidos de tributação sobre a arrecadação.

§ 3º Na forma definida em lei complementar, as alíquotas de referência serão revisadas anualmente, durante os períodos estabelecidos no *caput*, nos termos deste artigo, com vistas à manutenção da carga tributária.

§ 4º A revisão de que trata o § 3º não implicará cobrança ou restituição de imposto relativo a anos anteriores ou transferência de recursos entre os entes federativos.

§ 5º Os entes federativos e o Conselho Federativo do Imposto sobre Bens e Serviços fornecerão ao Tribunal de Contas da União as informações necessárias para o cálculo a que se referem os §§ 1º e 3º.

§ 6º Nos cálculos das alíquotas de que trata o *caput*, deverá ser considerada a arrecadação dos tributos previstos nos arts. 156-A e 195, V, ambos da Constituição Federal, cuja cobrança tenha sido iniciada antes dos períodos de que tratam os incisos I e II deste artigo, respectivamente.

§ 7º O cálculo das alíquotas a que se refere o § 1º será realizado com base em proposta encaminhada pelo Ministério da Fazenda, que deverá fornecer todos os subsídios necessários, mediante o compartilhamento de dados e informações, inclusive as protegidas por sigilo fiscal, cujo formato e conteúdo deverão ser regulamentados pelo Tribunal de Contas da União."

"Art. 131. De 2029 a 2078, o produto da arrecadação dos Estados, do Distrito Federal e dos Municípios com o imposto de que trata o art. 156-A da Constituição Federal será distribuído a estes conforme o disposto neste artigo.

§ 1º Será retido do produto da arrecadação do imposto de cada Estado, do Distrito Federal e de cada Município, calculada nos termos do art. 156-A, § 4º, II, e § 5º, I e IV, antes da aplicação do disposto no art. 158, IV, 'b', ambos da Constituição Federal:

20

I – de 2029 a 2034, montante correspondente a 90% (noventa por cento) do valor do imposto apurado com base nas alíquotas de referência de que trata o art. 130 deste Ato das Disposições Constitucionais Transitórias;

II – de 2035 a 2078, montante correspondente ao percentual em 2034, reduzido à razão de 1/45 (um quarenta e cinco avos) por ano, do valor do imposto apurado com base nas alíquotas de referência de que trata o art. 130 deste Ato das Disposições Constitucionais Transitórias.

§ 2º Na forma estabelecida em lei complementar, o montante retido nos termos do § 1º será distribuído entre os Estados, o Distrito Federal e os Municípios proporcionalmente à receita média de cada ente federativo entre 2024 e 2028, devendo ser considerada:

I – no caso dos Estados, a arrecadação do imposto previsto no art. 155, II, após aplicação do disposto no art. 158, IV, 'a', todos da Constituição Federal;

II – no caso do Distrito Federal:

a) a arrecadação do imposto previsto no art. 155, II, da Constituição Federal; e

b) a arrecadação do imposto previsto no art. 156, III, da Constituição Federal;

III – no caso dos Municípios:

a) a arrecadação do imposto previsto no art. 156, III, da Constituição Federal; e

b) a parcela creditada na forma do art. 158, IV, 'a', da Constituição Federal.

§ 3º Não se aplica o disposto no art. 158, IV, 'b', da Constituição Federal aos recursos distribuídos na forma do § 2º, I, deste artigo.

§ 4º A parcela do produto da arrecadação do imposto não retida nos termos do § 1º, após a retenção de que trata o art. 132 deste Ato das Disposições Constitucionais Transitórias, será distribuída a cada Estado, ao Distrito Federal e a cada Município de acordo com os critérios da lei complementar de que trata o art. 156-A, § 5º, I, da Constituição Federal, nela computada a variação de alíquota fixada pelo ente em relação à de referência.

§ 5º Os recursos de que trata este artigo serão distribuídos nos termos estabelecidos em lei complementar, aplicando-se o seguinte:

I – constituirão a base de cálculo dos fundos de que trata o art. 212-A, II, da Constituição Federal, observado que:

a) para o Distrito Federal, o percentual de que trata aquele inciso será aplicado proporcionalmente à razão entre a soma dos valores distribuídos nos termos do § 2º, II, 'a', e do

21

§ 4°, e a soma dos valores distribuídos nos termos do § 2°, II, e do § 4°, considerada, em ambas as somas, somente a parcela estadual nos valores distribuídos nos termos do § 4°; e

b) para os Municípios, o percentual de que trata aquele inciso será aplicado proporcionalmente à razão entre a soma dos valores distribuídos nos termos do § 2°, III, 'b', e a soma dos valores distribuídos nos termos do § 2°, III;

II – constituirão as bases de cálculo de que tratam os arts. 29-A, 198, § 2°, 204, parágrafo único, 212, 216, § 6°, todos da Constituição Federal;

III – poderão ser vinculados para prestação de garantias às operações de crédito por antecipação de receita previstas no art. 165, § 8°, para pagamento de débitos com a União e para prestar-lhe garantia ou contragarantia, nos termos do art. 167, § 4°, todos da Constituição Federal.

§ 6° Durante o período de que trata o *caput* deste artigo, é vedado aos Estados, ao Distrito Federal e aos Municípios fixar alíquotas próprias do imposto de que trata o art. 156-A da Constituição Federal inferiores às necessárias para garantir as retenções de que tratam o § 1° e o art. 132."

"Art. 132. Do imposto dos Estados, do Distrito Federal e dos Municípios apurado com base nas alíquotas de referência de que trata o art. 130 deste Ato das Disposições Constitucionais Transitórias, deduzida a retenção de que trata o art. 131, § 1°, será retido montante correspondente a 3% (três por cento) para distribuição aos entes com as menores razões entre:

I – o valor apurado nos termos do art. 156-A, § 4°, II, e § 5°, I e IV, com base nas alíquotas de referência, após a aplicação do disposto no art. 158, IV, 'b', todos da Constituição Federal; e

II – a respectiva receita média entre 2024 e 2028, apurada nos termos do art. 131, § 2°, I, II e III, limitada a 3 (três) vezes a média nacional por habitante da respectiva esfera federativa.

§ 1° Os recursos serão distribuídos, sequencial e sucessivamente, aos entes com as menores razões de que trata o *caput*, de maneira a equalizá-las.

§ 2° Aplica-se aos recursos distribuídos na forma deste artigo o disposto no art. 131, § 5°.

§ 3° Lei complementar estabelecerá os critérios para a redução gradativa, entre 2079 e 2098, do percentual de que trata o *caput*, até a sua extinção."

22

"Art. 133. Os tributos de que tratam os arts. 155, II, 156, III, 195, I, 'b', e IV, e a contribuição para o Programa de Integração Social a que se refere o art. 239 não integrarão a base de cálculo do imposto de que trata o art. 156-A e da contribuição de que trata o art. 195, V, todos da Constituição Federal."

"Art. 134. Os saldos credores relativos ao imposto previsto no art. 155, II, da Constituição Federal existentes ao final de 2032 serão aproveitados pelos contribuintes na forma deste artigo.

§ 1º O disposto neste artigo alcança os saldos credores cujo aproveitamento ou ressarcimento sejam admitidos pela legislação em vigor e que tenham sido homologados pelos respectivos entes federativos, observado o seguinte:

I – apresentado o pedido de homologação, o ente federativo deverá pronunciar-se no prazo estabelecido na lei complementar;

II – na ausência de resposta ao pedido de homologação no prazo a que se refere o inciso I, os respectivos saldos credores serão considerados homologados.

§ 2º O disposto neste artigo também é aplicável aos créditos do imposto referido no *caput* deste artigo que sejam reconhecidos após o prazo nele estabelecido.

§ 3º O saldo dos créditos homologados será informado pelos Estados e pelo Distrito Federal ao Conselho Federativo do Imposto sobre Bens e Serviços para que seja compensado com o imposto de que trata o art. 156-A da Constituição Federal:

I – pelo prazo remanescente, apurado nos termos do art. 20, § 5º, da Lei Complementar nº 87, de 13 de setembro de 1996, para os créditos relativos à entrada de mercadorias destinadas ao ativo permanente;

II – em 240 (duzentos e quarenta) parcelas mensais, iguais e sucessivas, nos demais casos.

§ 4º O Conselho Federativo do Imposto sobre Bens e Serviços deduzirá do produto da arrecadação do imposto previsto no art. 156-A devido ao respectivo ente federativo o valor compensado na forma do § 3º, o qual não comporá base de cálculo para fins do disposto nos arts. 158, IV, 198, § 2º, 204, parágrafo único, 212, 212-A, II, e 216, § 6º, todos da Constituição Federal.

§ 5º A partir de 2033, os saldos credores serão atualizados pelo Índice Nacional de Preços ao Consumidor Amplo (IPCA), ou por outro índice que venha a substituí-lo.

23

§ 6º Lei complementar disporá sobre:

I – as regras gerais de implementação do parcelamento previsto no § 3º;

II – a forma mediante a qual os titulares dos créditos de que trata este artigo poderão transferi-los a terceiros;

III – a forma pela qual o crédito de que trata este artigo poderá ser ressarcido ao contribuinte pelo Conselho Federativo do Imposto sobre Bens e Serviços, caso não seja possível compensar o valor da parcela nos termos do § 3º."

Art. 3º A Constituição Federal passa a vigorar com as seguintes alterações:

"Art. 37. ....
....

§ 17. Lei complementar estabelecerá normas gerais aplicáveis às administrações tributárias da União, dos Estados, do Distrito Federal e dos Municípios, dispondo sobre deveres, direitos e garantias dos servidores das carreiras de que trata o inciso XXII." (NR)

"Art. 146. ....
....

III – ....
....

d) definição de tratamento diferenciado e favorecido para as microempresas e para as empresas de pequeno porte, inclusive regimes especiais ou simplificados no caso dos impostos previstos nos arts. 155, II, e 156-A e das contribuições previstas no art. 195, I e V.
...." (NR)

"Art. 195. ....

24

I – ....
....

b) (revogada);

....

IV – (revogado).

....

§ 9° As contribuições sociais previstas no inciso I do *caput* deste artigo poderão ter alíquotas diferenciadas em razão da atividade econômica, da utilização intensiva de mão de obra, do porte da empresa ou da condição estrutural do mercado de trabalho, sendo também autorizada a adoção de bases de cálculo diferenciadas apenas no caso da alínea 'c' do inciso I do *caput*.

....

§ 12. (Revogado).

....

§ 18. A devolução de que trata o § 17:

I – não será computada na receita corrente líquida da União para os fins do disposto nos arts. 100, § 15, 166, §§ 9°, 12 e 17, e 198, § 2°;

II – não integrará a base de cálculo para fins do disposto no art. 239." (NR)

"Art. 225. ....

§1° ....

....

VIII – manter regime fiscal favorecido para os biocombustíveis, na forma de lei complementar, a fim de assegurar-lhes tributação inferior à incidente sobre os combustíveis fósseis, capaz de garantir diferencial competitivo em relação a estes, especialmente em relação à contribuição de que trata o art. 195, V, e aos impostos a que se referem os arts. 155, II, e 156-A.

...." (NR)

25

"Art. 239. A arrecadação correspondente a 18% (dezoito por cento) da contribuição prevista no art. 195, V, e a decorrente da contribuição para o Programa de Formação do Patrimônio do Servidor Público, criado pela Lei Complementar nº 8, de 3 de dezembro de 1970, financiarão, nos termos que a lei dispuser, o programa do seguro-desemprego, outras ações da previdência social e o abono de que trata o § 3º deste artigo.

....

§ 3º Aos empregados que percebam de empregadores que recolhem a contribuição prevista no art. 195, V, ou a contribuição para o Programa de Formação do Patrimônio do Servidor Público, até 2 (dois) salários mínimos de remuneração mensal, é assegurado o pagamento de 1 (um) salário mínimo anual, computado neste valor o rendimento das contas individuais, no caso daqueles que já participavam dos referidos programas, até a data da promulgação desta Constituição.

...." (NR)

Art. 4º A Constituição Federal passa a vigorar com as seguintes alterações:

"Art. 146. ....

....

III – ....

....

d) definição de tratamento diferenciado e favorecido para as microempresas e para as empresas de pequeno porte, inclusive regimes especiais ou simplificados no caso do imposto previsto no art. 156-A e das contribuições sociais previstas no art. 195, I e V.

...." (NR)

"Art. 150. ....

....

§ 1º A vedação do inciso III, 'b', não se aplica aos tributos previstos nos arts. 148, I, 153, I, II, V e VIII, e 154, II, e a vedação do inciso III, 'c', não se aplica aos tributos previstos nos arts. 148, I,

26

153, I, II, III e V, e 154, II, nem à fixação da base de cálculo dos impostos previstos nos arts. 155, III, e 156, I.

....

§ 6º Qualquer subsídio ou isenção, redução de base de cálculo, concessão de crédito presumido, anistia ou remissão, relativos a impostos, taxas ou contribuições, só poderá ser concedido mediante lei específica, federal, estadual ou municipal, que regule exclusivamente as matérias acima enumeradas ou o correspondente tributo ou contribuição.

...." (NR)

"Art. 153. ....

....

IV – (revogado);

....

§ 1º É facultado ao Poder Executivo, atendidas as condições e os limites estabelecidos em lei, alterar as alíquotas dos impostos enumerados nos incisos I, II, V e VIII.

....

§ 3º (Revogado).

I – (revogado);

II – (revogado);

III – (revogado);

IV – (revogado);

V – (revogado).

....

§ 6º ....

....

II – integrará a base de cálculo dos tributos previstos nos arts. 156-A e 195, V; e
...." (NR)

27

"Art. 156-A. ....

§ 1º ....

....

IX – não integrará sua própria base de cálculo nem a dos tributos previstos nos arts. 153, VIII, e 195, V;

...." (NR)

"Art. 159 ....

I – do produto da arrecadação do imposto sobre renda e proventos de qualquer natureza e do imposto de que trata o art. 153, VIII, 50% (cinquenta por cento), na seguinte forma:

....

II – do produto da arrecadação do imposto de que trata o art. 153, VIII, 10% (dez por cento) aos Estados e ao Distrito Federal, proporcionalmente ao valor das respectivas exportações de produtos industrializados.

....

§ 3º Os Estados entregarão aos respectivos Municípios 25% (vinte e cinco por cento) dos recursos que receberem nos termos do inciso II, observados os critérios estabelecidos no art. 158, § 2º.

...." (NR)

"Art. 195. ....

....

§ 16. A contribuição prevista no inciso V não integrará sua própria base de cálculo nem a dos impostos previstos nos arts. 153, VIII, e 156-A.

...." (NR)

"Art. 212-A. ....

28

....

II – ....

....

c) dos recursos a que se referem os incisos I e III do *caput* do art. 155, o inciso II do *caput* do art. 157, os incisos II, III e IV do *caput* do art. 158, as alíneas 'a' e 'b' do inciso I e o inciso II do *caput* do art. 159 desta Constituição;

...." (NR)

"Art. 225 ....

§ 1º ....

....

VIII – manter regime fiscal favorecido para os biocombustíveis, na forma de lei complementar, a fim de assegurar-lhes tributação inferior à incidente sobre os combustíveis fósseis, capaz de garantir diferencial competitivo em relação a estes, especialmente em relação à contribuição de que trata o art. 195, V, e ao imposto a que se refere o art. 156-A.

...." (NR)

Art. 5º O Ato das Disposições Constitucionais Transitórias passa a vigorar com as seguintes alterações:

"Art. 82. Os Estados, o Distrito Federal e os Municípios devem instituir Fundos de Combate à Pobreza, devendo os referidos Fundos ser geridos por entidades que contem com a participação da sociedade civil.

§ 1º Para o financiamento dos Fundos Estaduais, Distrital e Municipais, poderá ser destinado percentual do imposto previsto no art. 156-A da Constituição Federal e dos recursos distribuídos nos termos dos arts. 131 e 132 deste Ato das Disposições Constitucionais Transitórias, nos limites definidos em lei complementar, não se aplicando, sobre estes valores, o disposto no art. 158, IV, da Constituição Federal.

29

§ 2° (Revogado)." (NR)

"Art. 104. ....
....

IV – o Conselho Federativo do Imposto sobre Bens e Serviços reterá os repasses previstos no § 2° do art. 158 da Constituição Federal e os depositará na conta especial referida no art. 101 deste Ato das Disposições Constitucionais Transitórias, para utilização como nele previsto.

...." (NR)

Art. 6° Até que lei complementar disponha sobre a matéria:

I – o crédito das parcelas de que trata o art. 158, IV, "b", da Constituição Federal, obedecido o § 2° do referido artigo, com redação dada pelo art. 1° desta Emenda Constitucional, observará, no que couber, os critérios e os prazos aplicáveis ao Imposto sobre Operações relativas à Circulação de Mercadorias e sobre Prestação de Serviços de Transporte Interestadual e Intermunicipal e de Comunicação a que se refere a Lei Complementar n° 63, de 11 de janeiro de 1990, e respectivas alterações;

II – a entrega dos recursos do art. 153, VIII, nos termos do art. 159, I, ambos da Constituição Federal, com redação dada pelo art. 1° desta Emenda Constitucional, observará os critérios e as condições da Lei Complementar n° 62, de 28 de dezembro de 1989, e respectivas alterações;

III – a entrega dos recursos do imposto de que trata art. 153, VIII, nos termos do art. 159, II, ambos da Constituição Federal, com redação dada pelo art. 1° desta Emenda Constitucional, observará a Lei Complementar n° 61, de 26 de dezembro de 1989, e respectivas alterações;

IV – as bases de cálculo dos percentuais dos Estados, do Distrito Federal e dos Municípios de que trata a Lei Complementar n° 141, de 13 de janeiro de 2012, compreenderão também:

a) as respectivas parcelas do imposto de que trata o art. 156-A, com os acréscimos e as deduções decorrentes do crédito das parcelas de que trata o art. 158, IV, "b", ambos da Constituição Federal, com redação dada pelo art. 1° desta Emenda Constitucional;

b) os valores recebidos nos termos dos arts. 131 e 132 do Ato das Disposições Constitucionais Transitórias, com redação dada pelo art. 2° desta Emenda Constitucional.

30

Art. 7º A partir de 2027, a União compensará eventual redução no montante dos valores entregues nos termos do art. 159, I e II, em razão da substituição da arrecadação do imposto previsto no art. 153, IV, pela arrecadação do imposto previsto no art. 153, VIII, todos da Constituição Federal, nos termos de lei complementar.

§ 1º A compensação de que trata o *caput*:

I – terá como referência a média de recursos transferidos do imposto previsto no art. 153, IV, da Constituição Federal, de 2022 a 2026, atualizada na forma da lei complementar;

II – observará os mesmos critérios, prazos e garantias aplicáveis à entrega de recursos de que trata o art. 159, I e II, da Constituição Federal; e

III – será atualizada pela variação do produto da arrecadação da contribuição prevista no art. 195, V, da Constituição Federal.

§ 2º Aplica-se à compensação de que trata o *caput* o disposto nos arts. 167, § 4º, 198, § 2º, 212, *caput* e § 1º, e 212-A, II, todos da Constituição Federal.

Art. 8º Fica criada a Cesta Básica Nacional de Alimentos, em observância ao direito social à alimentação previsto no art. 6º da Constituição Federal.

Parágrafo único. Lei complementar definirá os produtos destinados à alimentação humana que comporão a Cesta Básica Nacional de Alimentos, sobre os quais as alíquotas dos tributos previstos nos arts. 156-A e 195, V, da Constituição Federal serão reduzidas a zero.

Art. 9º A lei complementar que instituir o imposto de que trata o art. 156-A e a contribuição de que trata o art. 195, V, ambos da Constituição Federal, poderá prever os regimes diferenciados de tributação de que trata este artigo, desde que sejam uniformes em todo o território nacional e sejam realizados os respectivos ajustes nas alíquotas de referência com vistas a reequilibrar a arrecadação da esfera federativa.

§ 1º Lei complementar definirá as operações com bens ou serviços sobre as quais as alíquotas dos tributos de que trata o *caput* serão reduzidas em 60% (sessenta por cento), referentes a:

I – serviços de educação;

II – serviços de saúde;

III – dispositivos médicos e de acessibilidade para pessoas com deficiência;

31

IV – medicamentos e produtos de cuidados básicos à saúde menstrual;

V – serviços de transporte coletivo de passageiros rodoviário, ferroviário e hidroviário, de caráter urbano, semiurbano, metropolitano, intermunicipal e interestadual;

VI – produtos agropecuários, aquícolas, pesqueiros, florestais e extrativistas vegetais *in natura*;

VII – insumos agropecuários e aquícolas, alimentos destinados ao consumo humano e produtos de higiene pessoal;

VIII – produções artísticas, culturais, jornalísticas e audiovisuais nacionais e atividades desportivas; e

IX – bens e serviços relacionados a segurança e soberania nacional, segurança da informação e segurança cibernética.

§ 2º É vedada a fixação de percentual de redução distinto do previsto no § 1º em relação às hipóteses nele previstas.

§ 3º Lei complementar definirá as hipóteses em que será concedida:

I – isenção, em relação aos serviços de que trata o § 1º, V;

II – redução em 100% (cem por cento) das alíquotas dos tributos referidos no *caput* para:

a) bens de que trata o § 1º, III e IV; e

b) produtos hortícolas, frutas e ovos, de que trata o art. 28, III, da Lei nº 10.865, de 30 de abril de 2004, com a redação vigente em 31 de maio de 2023;

III – redução em 100% (cem por cento) da alíquota da contribuição de que trata o art. 195, V, da Constituição Federal, incidente sobre:

a) serviços de educação de ensino superior nos termos do Programa Universidade para Todos (Prouni), instituído pela Lei nº 11.096, de 13 de janeiro de 2005;

b) até 28 de fevereiro de 2027, serviços beneficiados pelo Programa Emergencial de Retomada do Setor de Eventos (Perse), instituído pela Lei nº 14.148, de 3 de maio de 2021, com a redação vigente na data de publicação desta Emenda Constitucional;

IV – isenção ou redução em até 100% (cem por cento) das alíquotas dos tributos referidos no *caput* para atividades de reabilitação urbana de zonas históricas e de áreas críticas de recuperação e de reconversão urbanística.

32

Mário Bonafé Jr.

§ 4º O produtor rural pessoa física ou jurídica que obtiver receita anual inferior a R$ 3.600.000,00 (três milhões e seiscentos mil reais), atualizada anualmente pelo Índice Nacional de Preços ao Consumidor Amplo (IPCA), e o produtor integrado de que trata o art. 2º, II, da Lei nº 13.288, de 16 de maio de 2016, com a redação vigente em 31 de maio de 2023, poderão optar por ser contribuintes dos tributos de que trata o *caput*.

§ 5º É autorizada a concessão de crédito ao contribuinte adquirente de bens e serviços de produtor rural pessoa física ou jurídica que não opte por ser contribuinte na hipótese de que trata o § 4º, nos termos da lei complementar, observado o seguinte:

I – o Poder Executivo da União e o Conselho Federativo do Imposto de Bens e Serviços poderão revisar, anualmente, de acordo com critérios estabelecidos em lei complementar, o valor do crédito presumido concedido, não se aplicando o disposto no art. 150, I, da Constituição Federal; e

II – o crédito presumido de que trata este parágrafo terá como objetivo permitir a apropriação de créditos não aproveitados por não contribuinte do imposto em razão do disposto no *caput* deste parágrafo.

§ 6º Observado o disposto no § 5º, I, é autorizada a concessão de crédito ao contribuinte adquirente de:

I – serviços de transportador autônomo pessoa física que não seja contribuinte do imposto, nos termos da lei complementar;

II – resíduos e demais materiais destinados a reciclagem, a reutilização ou a logística reversa, de pessoa física, de cooperativa ou de outra forma de organização popular.

§ 7º Lei complementar poderá prever a concessão de crédito ao contribuinte que adquira bens móveis usados de pessoa física não contribuinte para revenda, desde que esta seja tributada e o crédito seja vinculado ao respectivo bem, vedado o ressarcimento.

§ 8º Os benefícios especiais de que trata este artigo serão concedidos observando-se o disposto no art. 149-B, II, da Constituição Federal, exceto em relação ao § 3º, III.

§ 9º O imposto previsto no art. 153, VIII, da Constituição Federal não incidirá sobre os bens ou serviços cujas alíquotas sejam reduzidas nos termos do § 1º.

Art. 10. Para fins do disposto no art. 156-A, § 5º, V, 'b', da Constituição Federal, consideram-se:

33

I – serviços financeiros:

a) operações de crédito, câmbio, seguro, resseguro, consórcio, arrendamento mercantil, faturização, securitização, previdência privada, capitalização, arranjos de pagamento, operações com títulos e valores mobiliários, inclusive negociação e corretagem, e outras que impliquem captação, repasse, intermediação, gestão ou administração de recursos; e

b) outros serviços prestados por entidades administradoras de mercados organizados, infraestruturas de mercado e depositárias centrais, bem como por instituições autorizadas a funcionar pelo Banco Central do Brasil, na forma de lei complementar;

II – operações com bens imóveis:

a) construção e incorporação imobiliária;

b) parcelamento do solo e alienação de bem imóvel;

c) locação e arrendamento de bem imóvel; e

d) administração e intermediação de bem imóvel.

Parágrafo único. Em relação às instituições financeiras bancárias:

I - não se aplica o regime específico de que trata o art. 156-A, § 5º, V, "b", da Constituição Federal aos serviços remunerados por tarifas e comissões, observado o disposto nas normas expedidas pelas entidades reguladoras; e

II - sujeitam-se os demais serviços financeiros ao regime específico de que trata o art. 156-A, § 5º, V, "b", da Constituição Federal, devendo as alíquotas e a base de cálculo ser definidas de modo a não elevar o custo das operações de crédito relativamente à tributação da receita decorrente de tais serviços na data da promulgação desta Emenda Constitucional.

Art. 11. A revogação do art. 195, I, "b", não produzirá efeitos sobre as contribuições incidentes sobre a receita ou o faturamento vigentes na data de publicação desta Emenda Constitucional que substituam a contribuição de que trata o art. 195, I, "a", ambos da Constituição Federal, e sejam cobradas com base naquele dispositivo, observado o disposto no art. 30 da Emenda Constitucional nº 103, de 12 de novembro de 2019.

Art. 12. Fica instituído o Fundo de Compensação de Benefícios Fiscais ou Financeiros-Fiscais do imposto de que trata o art. 155, II, da Constituição Federal, com vistas a compensar, até 31

34

de dezembro de 2032, pessoas jurídicas beneficiárias de isenções, incentivos e benefícios fiscais ou financeiro-fiscais relativos àquele imposto, concedidos por prazo certo e sob condição.

§ 1º De 2025 a 2032, a União entregará ao Fundo recursos que corresponderão aos seguintes valores, atualizados, de 2023 até o ano anterior ao da entrega, pela variação acumulada do IPCA, ou de outro índice que vier a substituí-lo:

I – em 2025, a R$ 8.000.000.000,00 (oito bilhões de reais);

II – em 2026, a R$ 16.000.000.000,00 (dezesseis bilhões de reais);

III – em 2027, a R$ 24.000.000.000,00 (vinte e quatro bilhões de reais);

IV – em 2028, a R$ 32.000.000.000,00 (trinta e dois bilhões de reais);

V – em 2029, a R$ 32.000.000.000,00 (trinta e dois bilhões de reais);

VI – em 2030, a R$ 24.000.000.000,00 (vinte e quatro bilhões de reais);

VII – em 2031, a R$ 16.000.000.000,00 (dezesseis bilhões de reais);

VIII – em 2032, a R$ 8.000.000.000,00 (oito bilhões de reais).

§ 2º Os recursos do Fundo de que trata o *caput* serão utilizados para compensar a redução do nível de benefícios onerosos do imposto previsto no art. 155, II, da Constituição Federal, suportada pelas pessoas jurídicas em razão da substituição, na forma do parágrafo único do art. 128 do Ato das Disposições Constitucionais Transitórias, do referido imposto por aquele previsto no art. 156-A da Constituição Federal, nos termos deste artigo.

§ 3º Para efeitos deste artigo, consideram-se benefícios onerosos as isenções, os incentivos e os benefícios fiscais ou financeiro-fiscais vinculados ao referido imposto concedidos por prazo certo e sob condição, na forma do art. 178 da Lei nº 5.172, de 25 de outubro de 1966 (Código Tributário Nacional).

§ 4º A compensação de que trata o § 1º:

I – aplica-se aos titulares de benefícios onerosos referentes ao imposto previsto no art. 155, II, da Constituição Federal regularmente concedidos até 31 de maio de 2023, observada, se aplicável, a exigência de registro e de depósito estabelecida no art. 3º, II, da Lei Complementar nº 160, de 7 de agosto de 2017, que tenham cumprido tempestivamente as condições exigidas pela norma concessiva do benefício;

II – não se aplica à redução do nível de benefícios decorrente do disposto no art. 3º, § 2º-A, da Lei Complementar nº 160, de 7 de agosto de 2017.

35

§ 5º A pessoa jurídica perderá o direito à compensação de que trata o § 2º caso deixe de cumprir tempestivamente as condições exigidas pela norma concessiva do benefício.

§ 6º Lei complementar estabelecerá:

I – critérios e limites para apuração do nível de benefícios e de sua redução;

II – procedimentos de análise, pela União, dos requisitos para habilitação do requerente à compensação de que trata o § 2º.

§ 7º É vedada a prorrogação dos prazos de que trata o art. 3º, §§ 2º e 2º-A, da Lei Complementar nº 160, de 7 de agosto de 2017.

§ 8º A União deverá complementar os recursos de que trata o § 1º em caso de insuficiência de recursos para a compensação de que trata o § 2º.

§ 9º Eventual saldo financeiro existente em 31 de dezembro de 2032 será transferido ao Fundo de que trata o art. 159-A da Constituição Federal, com a redação dada pelo art 1º desta Emenda Constitucional.

Art. 13. Os recursos de que trata o art. 159-A, da Constituição Federal, com a redação dada pelo art. 1º desta Emenda Constitucional, corresponderão aos seguintes valores, atualizados, de 2023 até o ano anterior ao da entrega, pela variação acumulada do IPCA, ou de outro índice que vier a substituí-lo:

I – em 2029, a R$ 8.000.000.000,00 (oito bilhões de reais);

II – em 2030, a R$ 16.000.000.000,00 (dezesseis bilhões de reais);

III – em 2031, a R$ 24.000.000.000,00 (vinte e quatro bilhões de reais);

IV – em 2032, a R$ 32.000.000.000,00 (trinta e dois bilhões de reais);

V – a partir de 2033, a R$ 40.000.000.000,00 (quarenta bilhões de reais) por ano.

Art. 14. A União custeará, com posterior ressarcimento, as despesas necessárias para a instalação do Conselho Federativo do Imposto sobre Bens e Serviços de que trata o art. 156-B da Constituição Federal.

36

Art. 15. Os recursos entregues na forma do art. 159-A da Constituição Federal, com a redação dada pelo art. 1º desta Emenda Constitucional, os recursos de que trata o art. 12 e as compensações de que trata o art. 7º não se incluem em bases de cálculo ou em limites de despesas estabelecidos pela lei complementar de que trata o art. 6º da Emenda Constitucional nº 126, de 21 de dezembro de 2022.

Art. 16. Até que lei complementar regule o disposto no art. 155, § 1º, III, da Constituição Federal, o imposto incidente nas hipóteses de que trata o referido dispositivo competirá:

I – relativamente a bens imóveis e respectivos direitos, ao Estado da situação do bem, ou ao Distrito Federal;

II – se o doador tiver domicílio ou residência no exterior:

a) ao Estado onde tiver domicílio o donatário ou ao Distrito Federal;

b) se o donatário tiver domicílio ou residir no exterior, ao Estado em que se encontrar o bem ou ao Distrito Federal;

III – relativamente aos bens do de cujus, ainda que situados no exterior, ao Estado onde era domiciliado, ou, se domiciliado ou residente no exterior, onde tiver domicílio o herdeiro ou legatário, ou ao Distrito Federal.

Art. 17. A alteração do art. 155, § 1º, II, da Constituição Federal, promovida pelo art. 1º desta Emenda Constitucional, aplica-se às sucessões abertas a partir da data de publicação desta Emenda Constitucional.

Art. 18. O Poder Executivo deverá encaminhar ao Congresso Nacional, em até 180 (cento e oitenta) dias após a promulgação desta Emenda Constitucional, projeto de lei que reforme a tributação da renda, acompanhado das correspondentes estimativas e estudos de impactos orçamentários e financeiros.

Parágrafo único. Eventual arrecadação adicional da União decorrente da aprovação da medida de que trata o *caput* poderá ser considerada como fonte de compensação para redução da tributação incidente sobre a folha de pagamentos e sobre o consumo de bens e serviços.

37

Art. 19. Os Estados e o Distrito Federal poderão instituir contribuição sobre produtos primários e semielaborados, produzidos nos respectivos territórios, para investimento em obras de infraestrutura e habitação, em substituição a contribuição a fundos estaduais, estabelecida como condição à aplicação de diferimento, de regime especial ou de outro tratamento diferenciado, relacionados com o imposto de que trata o art. 155, II, da Constituição Federal, prevista na respectiva legislação estadual em 30 de abril de 2023.

Parágrafo único. O disposto neste artigo aplica-se até 31 de dezembro de 2043.

Art. 20. Ficam revogados:

I – em 2027, o art. 195, I, "b", IV e § 12, da Constituição Federal;

II – em 2033:

a) os arts. 153, IV e § 3º, 155, II e §§ 2º a 5º, 156, III e § 3º, 158, IV, "a", e § 1º, e 161, I, todos da Constituição Federal; e

b) os arts. 80, II, 82, § 2º, e 83, do Ato das Disposições Constitucionais Transitórias.

Art. 21. Esta Emenda Constitucional entra em vigor:

I – em 2027, em relação aos arts. 3º e 11;

II – em 2033, em relação aos arts. 4º e 5º; e

III – na data de sua publicação, em relação aos demais dispositivos.

CÂMARA DOS DEPUTADOS, 3 de Agosto de 2023.

ARTHUR LIRA
Presidente

38

Mário Bonafé Jr.

ANEXO 2

ARRECADAÇÃO DO ICMS E DO ISS - Ano: 2021

Arrecadação do ICMS em 2021

Arrecadação do ISS em 2021

Sobre o Autor

Mário Bonafé Jr.

Mário Bonafé Jr é Auditor da Receita Estadual do Estado de São Paulo aposentado e engenheiro civil pela Universidade Estadual de Campinas - UNICAMP.